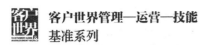

客户世界管理—运营—技能
基准系列

U0274215

全媒体运营师

（第2版）

赵溪 张艳 王嫣菁 胡仕龙 著

清华大学出版社

北京

内容简介

在产品多样、竞争加剧、流量稀缺、消费者追求极致体验、企业追求成本与效益平衡的当下，如何做好从服务客户到经营客户的所有工作，是每位经营者都在考虑的问题。本书共 10 章，主要内容包括数字经济背景下的服务机遇、社会化营销、流量生态建设、基于流量经营的个人品牌打造、短视频运营概述与实操要点、直播运营、社群运营及搭建、从品牌到产品的四维营销管理、全媒体社交化客户关系管理、全媒体服务营销管理体系等。本书可助力传统客服行业做好转型工作，帮助线下企业利用私域流量做好服务工作，旨在引导企业在全域流量运营中服务好客户、经营好客户，形成服务营销一体化、服务运营一体化、服务公关一体化的全新模式。

本书可作为求变的客服中心负责人、求发展的客服从业者的学习参考书，也可供自媒体从业者、线下连锁店经营者、运营或产品岗位从业者阅读。

图书在版编目(CIP)数据

全媒体运营师 / 赵溪等著. —2 版. —北京：清华大学出版社，2023.3（2024.1重印）
(客户世界管理—运营—技能基准系列)
ISBN 978-7-302-62828-6

Ⅰ.①全… Ⅱ.①赵… Ⅲ.①传播媒介—运营管理 Ⅳ.①G206.2

中国国家版本馆 CIP 数据核字(2023)第 035170 号

责任编辑：高　岫
封面设计：马筱琨
版式设计：孔祥峰
责任校对：马遥遥
责任印制：杨　艳

出版发行：清华大学出版社
　　　　　网　　　址：https://www.tup.com.cn，https://www.wqxuetang.com
　　　　　地　　　址：北京清华大学学研大厦 A 座　　　邮　编：100084
　　　　　社 总 机：010-83470000　　　　　　　　　邮　购：010-62786544
　　　　　投稿与读者服务：010-62776969，c-service@tup.tsinghua.edu.cn
　　　　　质 量 反 馈：010-62772015，zhiliang@tup.tsinghua.edu.cn
印 装 者：北京鑫海金澳胶印有限公司
经　　销：全国新华书店
开　　本：170mm×240mm　　印　张：19.75　　字　　数：354 千字
版　　次：2022 年 6 月第 1 版　2023 年 5 月第 2 版　印　次：2024 年 1 月第 4 次印刷
定　　价：78.00 元

产品编号：100318-01

推荐语

在数字经济背景下，如何进行数据化分析，如何采用文字、图像、视频等多媒体传播手段，构建更加全面的流量矩阵，为客户提供精准的服务内容，做到客户、企业、员工、合作伙伴共赢，本书会给你一些参考和启示。

到家集团首席人才官　段冬

在数字经济背景下，激发企业服务与营销的价值潜能，形成客户、企业、员工、合作伙伴共赢的价值链是企业数字化转型的驱动力之一。本书通过丰富的案例阐述服务营销一体化、服务运营一体化、服务公关一体化的全新模式，为企业服务营销数字化转型提供有益的参考。

远传科技董事长　徐立新

在数字经济和人工智能的背景下，企业如何利用各类新型媒体升级客户服务体系？如何建立企业的私域流量池和客户生态系统？本书为大家提供了完整的方法论和丰富的实操案例，无论是对传统客服中心的转型，还是对创新客服系统的建立，都具有很好的指导价值。

北京新程医世界科技有限公司董事长兼CEO　陈爽

第2版序言

全媒体运营师的思辨与展望

2020 年 2 月 25 日，中华人民共和国人力资源和社会保障部正式发布了"全媒体运营师"新职业，其定义为：综合利用各种媒介技术和渠道，采用数据分析、创意策划等方式，从事对信息进行加工、匹配、分发传播、反馈等工作，协同运营全媒体传播矩阵的人员。

涉及这个职业的主要任务，官方定义如下：

(1) 运用网络信息技术和相关工具，对媒介和受众进行数据化分析，指导媒体运营和信息传播的匹配性与精准性；

(2) 负责对文字、声音、影像、动画、网页等信息内容进行策划和加工，使其成为适用于传播的信息载体；

(3) 将信息载体向目标受众进行精准分发、传播和营销；

(4) 采集相关数据，根据实时数据分析、监控情况，精准调整媒体分发的渠道、策略和动作；

(5) 建立全媒体传播矩阵，构建多维度立体化的信息出入口，对各端口进行协同运营。

一时间，市场上出现了大量的相关培训，受众对这个职业普遍的认知停留在"网红直播带货"的阶段。在读者朋友们打开这本书之前，笔者先谈谈本书写作团队对"全媒体运营师"这个新兴的"数字化运营核心技能岗位"是如何理解的。其可能和各领域专家们的见解有所出入，在此抛砖引玉，仅供批评指正。

一、全媒体中"全"体现在哪里

本书写作团队是做呼叫中心运营和客户服务管理出身的，核心工作是立足于 B 端企业(即企业用户商家)，为企业各渠道和各层级的客户提供服务和营销的相

关工作。因此，从"电信九七工程"开始，我们一直在传统通信(老)媒体里与 C
端客户(即消费者个人用户)间开展契动(customer engagement)，这样的状况持续到
互联网和移动互联网蓬勃发展的时代。由于互联网媒体的快速普及，客户的沟通
习惯发生了根本性的变化，他们开始在互联网(新)媒体的社交渠道里发表自己的
观点、找到共鸣并传播自己的影响力，这就对传统意义上的企业客户服务产生了
根本性的颠覆。因此，我们开始拥抱新媒体，试图覆盖新的渠道，与客户再次全
面契动。

基于二十多年的专业化客户服务理论和运营实践，我们深刻地理解到：所谓
"全媒体"，实际上是"传统通信媒体"和"新兴互联网媒体"的扩展、交融和深
度整合。全媒体运营师这个新兴的数字化运营核心技能岗位的根本，绝不是"网
红直播带货"那么简单。它的核心包括如下几个方面：

(1) 熟练掌握在跨传统通信媒体和新兴互联网媒体里与客户建立联系、提升
体验和实现价值等关键技能；

(2) 能够通过必要的工具支撑，将各渠道的客户数据进行转换、归集、分析
和利用；

(3) 基于数据开展产品和服务的设计、营销、服务、反馈等全流程和全渠道
的数字化运营工作。

二、运营师"运营"什么

在传统客服中心的运营管理场景中，作为企业的"客户服务代表"，我们所谓
的运营是对"话务"的管理，追求的指标包括平均通话时长、一站式解决率、挂
机满意度等关键绩效指标(key performance indicator，KPI)。而在数智时代，这些
长期积累的涉及运营管理的核心能力将以"数字化运营"的新形态释放出来。

所谓数字化运营，是充分借助数字化带来的新能力、新机制，在实现范式转
移的基础上全面达成实现卓越运营的过程，是数智时代每个组织要做的管理跃迁；
数字化运营有可能让能力、机制、范式叠加并实现突破，也有可能让新能力、新
机制实现新范式，还有可能是数字经济产生价值的根源。这个巨大可能性是其被
定位为国家战略的原因和成为世界性趋势的基础。

在可见的未来，传统客户服务的边界将会被打破。企业从售前、售中乃至售
后的全流程将会全面进行整合，再通过与客户契动的全渠道进行交叉作用，并且
以数字化的方式开展全新的产品和服务运营，这就为本领域的从业人员勾画出了
一张全新的蓝图。

三、未来将走向哪里

毫无疑问，"全媒体运营师"是一个阶段性的职业标签，就如同我们同步研究并大力推广的"人工智能训练师"一样。传统客服中心的作业模式是：一个班组长带一个班组的人(大约 20 名小伙伴)，他们通常以班前/后会、录音监听、现场辅导、针对性培训等形式开展团队管理工作，包括对运营现场和客服人员的管理。

随着 AI 技术的不断发展，在客服中心这样流程清晰、服务标准且数字化基础较好的场景下，其更容易产生对人员的机器替代。因此，我们目前看到的行业普遍现象是：一个班组长带一个班组的机器(大约 20 台"被 AI 武装到牙齿"的电脑)，原先与人打交道的班组长就被迫转型成为"人工智能训练师"，这个改变是巨大且不可逆的。而随着 ChatGPT[①]的快速迭代，大平台/大模型对传统客服中心的颠覆才刚刚开始。我们有理由相信，未来将不会再有独立的"客服"，传统"客服"的作业模式将被彻底重写。大量传统企业数字化转型之后必将带来大量的数字化运营的新需求，而掌握了全媒体运营能力、人机交互能力，骨子里就擅长和客户进行体验式沟通的专业人士将变得非常稀缺。我们正热切地期待，在不久的将来看到这样一个新范式出现。

在快速的变化中学习和思考，这个过程越发让我们变得审慎和乐观。一切才刚刚起步，一切都还在路上，期待能陪伴读者朋友们在快速迭代中不断成长！

赵溪

客户世界机构创办人

希莫标准组织(CC-CMM / DO-CMM)主席

中国信息协会数字经济专业委员会副会长

2023 年 4 月于北京

---

① ChatGPT，全名为 chat generative pre-trained transformer，是美国 OpenAI 研发的聊天机器人程序，于 2022 年 11 月 30 日发布。

第1版序言

客户契动的未来

庚子年岁末，一个人在清冷的北美大陆"闭关"，每月阅读十多本各类闲书，跑步超过 160 千米。从 1998 年误打误撞进入客服行当开始，笔者伴随着这个行业的发展"一路狂飙"二十多年，干了自己认为有意义的几乎所有事情，一度甚至有了志得意满的感觉。突然停下来了，因为突发的疫情，也因为人生的种种变化。于是，各种念头就涌了出来，该是认真反思的时刻了！

"过去心不可得，现在心不可得，未来心不可得。"

在我国，客服领域的发展起步于计算机电信集成(computer telecommunication integration，CTI)技术的应用和发展。自 20 世纪 90 年代开始，北京邮电大学的宋俊德教授率先引入了 CTI 的概念，并且组织开展了大量的研究工作；随后的 2000 年，业内第一个媒体平台"CTI 论坛"诞生。以"电信九七工程"为标志，呼叫中心(call center)作为 CTI 技术最核心的应用之一开始快速建立和发展，这是一个技术推动市场发展的阶段，边研究边实践，并且快速形成产业基础。

然而，行业先行者们却迅速发现：建立一个客服系统其实是比较容易的，而管好用好这个平台绝非易事。他们开始反思推广 CTI 技术应用的初心，于是，呼叫中心运营管理转而成为行业发展的核心。大规模的从业人员岗位培训及后续的管理咨询项目自 2000 年开始大量涌现，行业知识亟待总结和沉淀。基于此，《客户世界》杂志于 2003 年 1 月创刊，呼叫中心能力成熟度模型(customer center-capability maturity model，CC-CMM)于 2008 年正式推出，培训教材和管理图书从零起步，快速发展起来。

如今，行业迎来了"数智化时代"，人工智能技术在数字化基础相对良好的客服场景首先取得应用突破，我们正式进入全行业的"人机耦合新时代"。因而，我们再一次对原有业务体系进行重新的思考和定位，"customer engagement"①的行业新定位成为主流共识。

二十多年，转眼一瞬，却是一个小小的轮回。

"不惊，不怖，不畏。"

人工智能技术的快速发展，首先带来的是客服行业从业人员对自己安身立命的饭碗是否会很快被取代的担忧和恐惧。而我以为，这恰恰是行业发展真正进入良性循环的重要拐点。

可以被人工智能(artificial intelligence，AI)机器人取代的岗位一定是处理标准化、业务结构化的简单低端工作，而那些具备社会阅历和工作实践经验的人才反而会变得越来越抢手。低端岗位的简单重复性工作逐渐被机器人取代，高端岗位的技能训练则必然会得到进一步的加强，以配合员工职业生涯的跃升。

这一轮新的行业跨越，核心动因是数字化和智能化，主要方向是人机协同和渠道创新。这也是我们首先推动"客服域人工智能训练师"和"全媒体运营师"岗位技能认证项目的重要原因。

这是一个新的长征，因为无我，所以无畏。

"云何应住？云何降伏其心？"

不管时代怎么改变，商业世界里总有一些基础的原则是不会改变的。比如为客户创造价值，而这又可以分为三层基本的能力：建立连接，优化体验，实现价值。

随着技术的快速迭代，移动互联网在经历十年发展后即将迎来下一波升级，进入全真互联网的时代。虚拟世界与真实世界的通道已经打开，但无论是从虚到实，还是由实入虚，都在致力于帮助用户实现更真实的体验。

从消费互联网到产业互联网，互联网细分到已完全打开的客服业务场景，进一步出现了服务互联网的概念。从实时通信发展到音视频等一系列基础技术，我们已做好准备。计算能力的快速提升，必然会推动信息接触，人机交互的模式将发生更丰富的变化。

---

① 国内有些学者将"customer engagement"译为"顾客参与"，也有一些学者译为"顾客融入"，作者将它译为"客户契动"。

这是一个从量变到质变的过程，意味着线上线下的一体化，实体和电子方式的融合。通信、社交正实现"视频化"，如视频会议、直播等的崛起。随着 VR①等新技术、新的硬件和软件在各种不同场景的应用，游戏也在云化。

技术基础已经具备，业务场景已经完全打开，接下来的核心必然是对平台、工具的掌握和对运营管理能力的改善，而符合这个未来趋势的核心骨干，我们称之为"全媒体运营师"。为了更好地迎接全行业的这次新的变革浪潮，我们认真组织了写作团队，全力以赴，希望为客服行业从业者提供有意义的参考。

是为序。

赵 溪

客户世界机构创办人

希莫标准组织(CC-CMM/DO-CMM)主席

中国信息协会数字经济专业委员会副会长

2022 年 12 月

---

① VR(virtual reality)，虚拟现实，是仿真技术的一个重要方向，是仿真技术与计算机图形学、人机接口技术、多媒体技术、传感技术、网格技术等多种技术的结合。

第2版前言

2021 年 6 月，本书在清华大学出版社、客户世界机构的共同努力下得以面世。作为"全媒体运营师"工具书，本书得到了客户服务领域，服务营销领域，新零售、新媒体从业者，以及广大读者的广泛关注，并在出版首月问鼎当当网经营管理类新书榜榜首。

我深知，图书销量好，并非个人影响力或者内容本身带来的，而应归功于时代的发展。时代的力量带领勇于尝试与突破的"弄潮儿"逐步走出舒适区，试图使用新的工具与方法，不断做出改变。

这三年，世界格局、商业环境、企业经营思路、消费者购买习惯、从业者心态等发生了巨变。有人说这是乌卡时代(VUCA)，即指我们正处于一个易变性(volatile)、不确定性(uncertain)、复杂性(complex)、模糊性(ambiguous)的世界。在这样的大环境下，永远不变的是改变！

科技创新驱动 "小客服，大体验"时代的到来，原有的经营模式逐步被新模式改变，服务边界逐步打开，我们已经迈向全媒体时代。所谓的全媒体时代，指的是充分运用视觉、听觉、触觉等人们接受资讯的全部感官，并针对受众的不同需求选择最适合的媒体形式和渠道，实现对受众的全面覆盖及更佳的传播效果。从文字到图片，从短视频到直播，表面上看，这是网络营销方式的变革，是主播们的在线营销，究其背后的意义，则是满足消费者追求更真实、更可信度的购物诉求，而这一切，更加需要激发每一个个体的创造力，也是去中心化带给我们每一个从业者、个人自媒体乃至新农村、新品牌、新经济的机会。

未来已来。作为新时代的"弄潮儿"，全媒体运营师应运而生。

自觉觉他。科技创新、智能普及可以取代基础的运营，而对人的觉知、共情、需求的捕捉及量身定制的服务解决方案，则是全媒体运营师的核心竞争力。

本书围绕个人品牌打造、私域流量、社群、直播、短视频、会员经营、数字化管理、服务运营一体化、服务公关一体化及服务营销一体化等 10 个模块，赋能面向客户经营与服务的个体及企业经营人员向全媒体运营师进化。自本书出版后，得到了众多读友和企业在实际应用中的反馈，为此我们结合反馈及行业变化情况，进行了改版，更新第二章中的社会化媒体的概念及运营方式内容、第三章中的微信生态运营内容、第四章中的基于个人品牌(IP)打造的微信经营内容，以及重新撰写了第五章短视频运营概述与实操要点、第六章直播运营，以及第七章社群运营及搭建等章节。

本书是集体智慧的结晶，从选题、立意、策划、大纲拟定到成书，得到客户世界机构及业界众多企业家的鼎力支持。感谢积极参与本书短视频、直播及四维营销章节编写的胡仕龙、陆元捷、王嫣菁。

没有任何成就出于偶然，没有任何辉煌源于等待。让我们一起拥抱变化，拓宽边界，在不确定的时代寻找确定。

张艳

闻达天下创始人

全媒体运营师作者

2021 年 4 月

第1版前言

人类的生活无时无刻不在改变，回首 2020 年，一场突如其来的新型冠状病毒感染疫情给全球带来了变革性的影响，更深刻地改变了各国民众的生活方式。

"停课不停学"加速了在线教育行业 AI 教学赋能和教学模式的创新，带来了新一轮的经济增长。"宅经济"下的复工复产直接将直播电商推上了风口浪尖，随着"人货场"的持续扩大，直播电商行业的整体规模也将继续保持较高速的增长，展现出数字经济时代的活力。

商业环境正在发生巨变，随着 5G 技术的快速发展与商用普及，我们已经进入全媒体时代。所谓的全媒体时代，指的是充分运用视、听、触觉等人们接受资讯的全部感官，并针对受众的不同需求选择最合适的媒体形式和渠道，实现对受众的全面覆盖及最佳传播效果。从文字到图片，从短视频到直播，从表面上看，这是网络营销方式的变革，是主播们的在线推销，其实质是要满足消费者更真实、更可信的购物诉求，这需要千千万万的客户服务行业从业人员不断进行知识和技术的更新迭代。

未来，扑面而来，作为全媒体时代的"弄潮儿"，客服行业的新职业——全媒体运营师应运而生。全媒体运营师是指综合利用各种媒介技术和渠道，采用数据分析、创意策划等方式，从事对信息进行加工、匹配、分发、传播、反馈等工作的人员。

本书从选题、立意、策划、大纲拟定到成书，得到客户服务行业学术机构及业界众多企业家的鼎力支持。书中围绕个人品牌打造、私域流量、社群、直播、短视频、会员经营、数字化管理、服务运营一体化、服务公关一体化，以及服务营销一体化等内容，全面赋能客服人员，帮助其快速成长，成为合格的全媒体运营师。

应客户世界机构之邀,笔者有幸参与本书的编写,感谢陆元捷、许伊伊、温婷、姚雨薇和黄熙伦等人对书中短视频、直播及思维营销内容所做的编写工作。**没有任何成就出于偶然,没有任何辉煌源于等待。**

期盼本书能够为希望了解或成为全媒体运营师的人提供一项赋能的利器。

胡仕龙

金慧科技董事长

2021 年 1 月

目　录

第一章

数字经济背景下的服务机遇

第一节　全媒体客户中心在数字经济背景下的机遇与定位

互联网在中国的发展可以追溯到 1994 年，此后便一路飞速发展。从线下到线上，从 PC 阶段到移动互联网，再到微信生态和当下如火如荼的短视频、直播平台，随着交易平台的不断变化，服务场景、形式、内容及社会和企业赋予服务的价值与期望越来越丰富多彩。

互联网的发展改变了人们的沟通习惯、生活习惯、学习习惯、理财方式、管理方式、生活节奏、社交方式等，也改变着人与人之间的关系。通过互联网，企业与客户的关系、与上游供应链的关系，甚至与竞争对手的关系都发生了变化。更重要的是，互联网改变了企业的经营模式、交易渠道、交互渠道，从而改变了企业的竞争格局。

人工智能(artificial intelligence)、商业智能(business intelligence)、场景智能(contextual intelligence)和数据智能(data intelligence)正在改变人们的生活方式，甚至改变了社会分工。各行各业、各个领域基于互联网的应用，开始向信息化、数字化、智能化转型。

就客户服务行业而言，随着线上交易和服务能力的提升，以及整体从业者服务意识的提升，基础的客户问答及问题解决逐步通过产品流程优化实现服务前置；人工智能的飞速发展分担了大部分基础的客服人工应答及回访。企业、客户对人工服务的期望也从解决基本问题的服务向专业化、定制化服务转型，从单点解决问题向整体解决方案转型。随着交易渠道和交互渠道不断创新，服务的日常交互也将逐步从解决问题向商机挖掘和提供整体解决方案转型。

2020年2月25日，人力资源和社会保障部与国家市场监督管理总局、国家统计局联合向社会发布了智能制造工程技术人员、工业互联网工程技术人员、虚拟现实工程技术人员、连锁经营管理师、供应链管理师、网约配送员、人工智能训练师、电气电子产品环保检测员、全媒体运营师、健康照护师、呼吸治疗师、出生缺陷防控咨询师、康复辅助技术咨询师、无人机装调检修工、铁路综合维修工和装配式建筑施工员共16个新职业。其中，对于全媒体运营师的介绍如下。

全媒体运营师是综合利用各种媒介技术和渠道，采用数据分析、创意策划等方式，从事对信息进行加工、匹配、分发传播、反馈等工作，协同运营全媒体传播矩阵的人员。

全媒体运营师主要有哪些职能？人力资源和社会保障部给出了具体的任务：

(1) 运用网络信息技术和相关工具，对媒介和受众进行数据化分析，指导媒体运营和信息传播的匹配性与精准性；

(2) 负责对文字、声音、影像、动画、网页等信息内容进行策划和加工，使其成为适用于传播的信息载体；

(3) 将信息载体向目标受众进行精准分发、传播和营销；

(4) 采集相关数据，根据实时数据分析、监控情况，精准调整媒体分发的渠道、策略和动作；

(5) 建立全媒体传播矩阵，构建多维度、立体化的信息出入口，对各端口进行协同运营。

作为企业中服务客户、代表客户发声的客服群体，他们了解产品、了解客户、了解内部流程，善于沟通、善于帮助客户解决问题，具有长期积累的知识体系，是全媒体运营师的最佳人选。新的市场需求将会赋予客服行业从业人员新的定位与机遇。

第二节 互联网发展变革与客户中心产业发展

早在2000年前后，搜狐、雅虎、百度等互联网平台是大家获取信息的主要渠道，刚创立的淘宝等购物平台只有小部分敢于尝鲜的年轻人在使用，携程旅行网开始从门户网站向商旅预订平台转型。而经过 20 余年的发展，互联网在中国已经渗透到各行各业，人们的生活、购物、社交和教育都离不开网络和智能终端(手机等)。网络和智能终端已经成为新的生产和生活工具。

2020 年全球疫情之下，我国互联网行业、各个领域的数字化转型速度加快，行业分工和人才需求也发生了新的变化。随着企业的线上化转型，客服行业人才需求出现爆发式增长；而企业的数字化转型则促使全媒体运营师这一角色在各行各业中发挥重大的作用，需求量也呈爆发式增长。

一、我国互联网发展阶段与行业分析

互联网的发展历程，实际上是互联网、大数据、人工智能与实体经济融合发展的过程。在近 30 年的互联网发展进程中，有三个重要阶段推进了社会的改变，也影响着各个领域。而客服作为跨领域业务的第一线，无论是被环境裹挟着被动改变，还是自身发展迭代，都在飞速变化着。

(一) 互联网 1.0 阶段

互联网 1.0 阶段(1995—2011 年)即 PC 互联网阶段，也可称为信息互联阶段。在这一阶段，PC 互联网具有几个主要特点：

(1) 内容的载体是网站；

(2) 出现大量垂直领域的流量平台；

(3) 流量的发展历经"从分散到集中，再到垄断"的三段路径。

互联网的构建基础是内容，而在 PC 互联网时代，内容的最佳载体是网站。在此阶段，百度成为 PC 互联网的最大赢家，也就是 PC 互联网流量的垄断寡头。企业在选择推广渠道时，百度是企业不得不选择的流量入口。

互联网 1.0 阶段，一批新型互联网企业利用网络及媒体营销的方式进行业务推广，再通过客服中心人工接入电话的形式引导交易。此阶段也是中国呼叫中心产业飞速发展的阶段。

企业通过网络信息导流、电子或纸制 DM(直邮广告)杂志、联名会员卡等方式引导客户拨打 800 免费电话或通过 400 专业客服电话进行咨询，进而通过客服的解答推荐产品，将咨询客户转化为会员，将咨询业务转化为订单。例如，商旅行业的携程旅行网、垂直电商的苏宁红孩子、以会员营销方式为主的麦考林等，它们借助"网络+呼叫中心"的方式迅速打开销售渠道，取得丰厚的收入。

在此阶段，行业标准初建，规则迅速拓展，语音呼入、呼出成为主要的客户互动与营销渠道；技术、管理能力和行业规模快速发展，产业链日趋成熟。

(二) 互联网 2.0 阶段

自 2011 年起，随着 3G 移动网络及智能手机的出现，我们迎来了互联网 2.0 阶段——移动互联网时代。

在移动互联网时代，随着上网设备等基础设施和工具技术的升级，其呈现出不同于 PC 互联网时代的特点：

(1) 内容的载体从网站升级为 App；

(2) 主流应用大幅减少，头部效应更加明显；

(3) 流量发展路径和 PC 互联网阶段类似，微信逐步超越百度成为新的主要流量入口。

移动互联网的崛起，推动线上交易、线上消费迅速发展，内容和生活服务也逐步数据化。如今，淘宝、京东、美团、支付宝、滴滴、优酷等 App 改变了人们的生活方式、出行方式、社交方式、理财方式和教育方式，也使众多企业的经营模式发生了巨变。

在此阶段，移动互联网、客户体验变革、大数据、云计算、人工智能等深刻改变着客户交互与服务领域的形态与内涵。线上自助服务成为企业服务能力建设的核心竞争力，人工服务需求逐步被自助服务、智能服务分解。从单渠道到全渠道，从声音到图文视频并茂，从客户服务到客户经营，呼叫中心运营日益智能化、精准化、多通路化、普适化。

客户中心的发展经历着从呼叫中心(call center)、接触中心(contact center)、互动中心(interaction center)到契合互动(engagement)的转变，逐步从成本中心转化为价值中心，从服务客户向经营客户与服务营销转变。

(三) 互联网 3.0 阶段

2013 年，中国互联网开始进入 3.0 阶段——商业社交互联网时代。

在商业社交互联网时代，移动端百花齐放，微信生态已经成为企业、个人、商业和生活中的必需品。

下面几个极具代表性的社交、分享平台也对整个社会的交流方式和商业模式产生了重大影响。

- 今日头条：一个致力于人与人连接的信息发布平台。
- 抖音：一个帮助大众用户表达自我、记录美好生活的短视频分享平台。
- 小红书：一个分享年轻人生活方式的平台。
- 拼多多：一个专注于C2M(用户直连制造)拼团购物的第三方社交电商平台。

这几个社交化平台迅速赶超传统电商或媒体，拥有超高流量。而在这个时期，一个新词语"私域流量"成为越来越多企业关注的重点。

私域流量是商业社交互联网时代的红利。在传统互联网时代，流量基本聚合在流量平台上，用户要获取流量，只能通过向流量平台投放广告，流量的分发路径是从平台到广告主单向进行的。而在商业社交互联网时代，每个人都是一个流量载体，可以通过社交关系使流量无限裂变，具有垄断性的流量组织不复存在。基于社交，尤其是熟人社交，产生的流量动力最大。因此，社交会源源不断地催生大量的流量红利。这就要求传统的客服中心迅速成为低成本获取私域流量的渠道，随着人工智能和自助化程度的发展，传统的咨询也将成为经营流量的渠道和方式之一。

客服人员处于与客户接触和深度互动的第一线，是最有机会成为低成本获取和经营私域流量的人群。

二、数字化变革

(一) 数字化在企业经营方面带来的变化

数字化在企业经营方面带来的变化，主要表现在如下几个方面。

(1) 在线化。企业从客户的获取、客户的接触点、客户的沟通到流程节点的流转，实现全面在线化，从而实现业务数字化。其表现为全行业在线化、全程交易在线化、客户交互在线化。

(2) 智能化。互联网已经成为各行各业的标配，是国家基础建设的一部分，促进新业态、新模式的快速迭代。线下企业已经快速布局线上线下接轨，实现线上到线下全面融合。智能化可以迅速地解放大量的人力，这是发展的趋势。在智能化的推进中，客服是其中最重要的一个应用环节。

(3) 企业竞争格局发生变化。数字化时代，企业经营范围从跨界到无界，企业间的竞争已经打破原有的格局。特别是对于创新型企业来说，很难找到完全可复制的业务和参考。

(4) 企业组织扁平化。沟通方式、技术力量的变化让企业的管理半径越来越大，使信息传递速度越来越快，人与人之间的沟通变得更方便，企业的组织方式更加扁平化。

(5) 社会化新型组织形成。从早期的远端座席，到众包的服务模式，再到社交互联网带动的个人 IP 的分销人群等，越来越多的社会化新型组织在各个领域应运而生。

(6) 企业轻资产运营。轻资产运营的程度是如今企业管理水平与智能化的衡量标准之一。现在的企业扩张越来越理性，如投资与交易规模增长，而基于人力、场地等的规模扩张越来越有节制。

(7) 企业跨界协同。企业深耕解决方案，向专业深挖，并搭建生态链，与不同领域的企业展开合作，拓宽业务线。通过这种横向发展以延长企业客户的生命周期，深度经营客户。

(二) 数字化对客户体验的改变

数字化对客户体验的改变，主要表现在如下几个方面。

(1) 实现客户信息数字化。企业通过客户信息数字化，了解每个客户的实际需求，从而实现"千人千面"的精准服务营销。

(2) 突破客户体验的时效性，提高服务质量。借助信息数字化，企业可提升自助服务能力，在降低服务成本的同时，突破原本服务时间的限制，实现 7×24 小时的全天候服务。此外，服务的标准化可以解决专业性问题从而提升效率与质量。

(3) 实现服务体验过程管理数字化。数字化还可以帮助企业量化每个协作岗位的效率和成果，实现企业服务质量的全程可控性。

(三) 数字化对服务管理的影响

数字化对服务管理的影响，主要表现在如下几个方面。

(1) 服务跨界，即服务覆盖运营、销售环节。随着企业业务实现线上化，服务贯穿于业务的每个触点，从单一的服务能力向业务的上下游延伸，扩展至企业的运营、销售等环节，融入客户交互的每一个接触点。

(2) 标准重构。环境的变化，带动客户需求的改变，原有的服务标准已经被打破，适用性变弱，这也促使企业的管理工具、服务标准、产品形态随之改变。客户服务体验的追求从标准化向个性化、定制化发展。企业需要重构营销、服务、运营的管理和执行标准。

(3) 关系重构。社会化媒体的出现、业务模型的创新、用工模式的创新，让企业与客户、企业与合作伙伴之间的关系发生了巨大的变化。B2C、B2B2C、C2B、C2F、F2C、C2M[①]等新的商业模式，促使企业与员工、企业与客户、企业与企业之间的关系越来越多元化，越来越具有可塑性。

三、互联网发展与营销手段的变化

互联网的发展改变了人们获取信息的渠道、消费方式和社交方式，也改变着企业的宣传、营销、获客方式，以及企业与客户的交互方式。企业的获客方式也从广撒网的模式逐步精准化，客户的经营随着数字化的发展逐步实现"千人千面"的精准营销。

(一) 传统媒体营销

传统媒体营销，是指以电视、广播、报纸、杂志、户外广告、印刷品(DM)等媒介为传播手段的营销方式(新媒体以外的媒介)。当前虽然自媒体快速发展，但传统媒体营销方式仍在塑造品牌形象、提升品牌影响力、传递品牌理念和价值观等方面发挥着不可取代的作用。

传统媒体营销信息一般由企业发布，但是这种单向沟通方式不易拉近企业与顾客间的距离，且制作成本高，迭代周期长，具有时空局限性。

采用传统媒体营销的方式，会为企业带来呼入咨询与呼入销售。客服中心是企业的门户和窗口，也是企业与客户建立关系的第一站。

(二) 直复营销

直复营销是以盈利为目标,通过个性化的沟通媒介向目标市场成员发布信息,以寻求对方直接回应(问询或订购)的过程。直复营销的手段包括公关活动、客户服务、电话营销、邮件营销、短信等，适用于客户关系建立与维系、会员精准营销、销售转化、拓客、会员复购拉动、产品交叉营销等。

直复营销是一种互动的营销系统，运用一种或多种广告媒介在任意地点产生可衡量的反应或交易。它采用一对一的营销模式，人群定位精准，转化率较高，双向沟通与互动，连接企业与客户；低成本，跨越时空限制，内容含量大，信息丰富完整；图文并茂，易于吸引顾客；顾客信息作为资料长期保存，反复使用。

[①] 关于 B2C、B2B2C、C2B、C2F、F2C、C2M 的名词解释详见附录 A。

但是，这种营销方式的设计与制作成本相对较高，形式单一，随着互联网及智能手机的发展，人们的沟通渠道越来越多元化，电话、短信、宣传页、电子邮件等载体使用频次骤减。同时，智能手机对骚扰电话的拦截，加之电话诈骗对市场的干扰，使得电话、短信等效率骤降，电话接通率、短信到达率、打开率逐渐下降。

在市场运营中，通过观察戴尔、DHC、益生康健等企业的直复营销经营模式，我们可很容易地发现"媒体即终端"这一特色，媒体的价值与销售指标直接挂钩。在过去十几年的时间里，电话销售一直是企业获客、销售转化、复购拉动的利器。

(三) 社会化营销

社会化营销，顾名思义就是利用社会化媒体(如社交网络、在线社区、博客、百科、社群、抖音等各类互联网协作平台媒体)进行营销、公共关系维护和客户服务管理的一种方式。

社会化营销也称社交媒体营销、社交媒体整合营销、大众弱关系营销。其特点为私人化、去中心化、平民化、普泛化、自主化，能够对人群实行精准定位，借助口碑分享，使传播速度快、效果好；激发个体购买欲望，效率高且成本低，投资回报率高。

社会化营销能够进行双向沟通，借助图、文、视频、声音等全方位、立体化的沟通方式，平等、自由、礼貌地对话，迅速拉近企业与顾客的关系。但这种营销方式对销售及服务专业度、时效性要求较高，对高质量内容的依赖度较高，对创新的营销策划依赖度较高。

社会化营销就是要和消费者进行"社交"互动，如聊天、互动、玩游戏等，让客户体会到企业的优势，自动成为口碑的传播者、业务的参与者，让品牌人格化，让企业形象更加鲜活生动。与客户交朋友是社会化营销的核心价值与优势。

四、客服中心的发展与定位

(一) 外部环境的变化

外部环境带来交互渠道的变化、交易渠道的变化、客户关系的变化、服务期望的变化，而服务也一直围绕外部变化而飞速进化。外部环境的变化主要体现在如下三个方面。

1. 交互渠道变革

外部环境的变化使企业的交互渠道从单一的电话渠道，发展为电话、微信生态、短视频平台等，通过语音、文字、图片、视频、文件、链接等多种方式完成与客户的沟通。

2. 多元化组织变革

未来，组织会发生非常大的变化，即发展为多元化组织。例如，在 2020 年新型冠状病毒感染疫情的影响下，中国的居家办公软件和提供远程服务的社会化组织迅速发展，很多企业开始进行尝试。服务的需求除了职场雇佣的方式以外，还可以通过社会化力量完成，一方面更好地发挥社会资源的使用效率，另一方面有效地解决就业问题，促进人才资源在培养和分配上逐步实现区域均衡。多元化组织的运营重于管理，对团队运营管理层面的要求更高。

3. 智能化轻服务模式变革

技术力量带来服务方式的变化，随着互联网的发展，企业与客户的触点越来越多，服务能力成为企业成败的关键，它贯穿日常与客户互动的每一个触点。

图 1-1 为智能化轻服务的 5 个阶段，可助力企业实现轻资产运营。

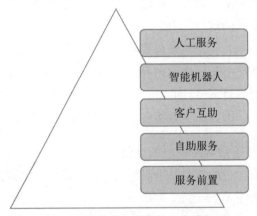

图 1-1 智能化轻服务的 5 个阶段

(1) 服务前置，即让问题少发生。通过优化平台体验，让客户轻松完成交易。

(2) 自助服务。通过提供友好的交互页面、精准的需求预判、细致入微的提示等，让客户通过自行操作得到所需服务。

(3) 客户互助。互联网实现的信息共享，使得客户除了成为平台或企业的购买者，还可以是分享者。他们通过分享自己的观点、知识，从而帮助其他同类客户解决问题。因而，其会产生很多高价值、高忠诚度的关键意见领袖(key opinion leader，KOL)，通过社区、社群完成知识传递。这种形式既能够激发客户群体精神层面的追求(社交与被认可)，又能够有效借助客户的力量完成分享和传播。

(4) 智能机器人。智能机器人可以为企业服务节省大量的人力成本，同时可以实现 7×24 小时的响应，提升客户的服务体验。

(5) 人工服务。互联网发展推进智能化建设，从将所有需求集中到人工受理，到目前人工成为服务的设计者、平均 70%的标准化业务可以通过非企业内部员工处理完成。其可以有效地降低企业成本，从而为轻资产运营奠定基础，同时也对客服中心及客服人员的定位产生非常大的改变。

(二) 客户中心的内部发展

1. 客户中心的发展历程

在过去长时间的发展历程中，很多企业将客服中心定位为被动服务、派工、信息传达、业务处理的部门。将客服中心定位得过于被动，会产生一系列恶性循环，包括问题因得不到解决而反复发生、用户体验不佳而投诉无门、客户流失率高、复购率低等问题。这些看似个体的问题，实际上体现着企业内部的综合服务能力与运营能力存在缺陷，深度挖掘这些问题并加以解决，这一过程即是整体服务能力和运营能力提升的过程。

全媒体客户中心承载着企业最重要的客户沟通环节，尤其是在企业互联网化的背景下，每一次互动都是一次营销行为，每一个服务人员都是自媒体人，每一个交易都是在客户的监督下进行的，每一位顾客的抱怨和称赞都会带来成百上千，乃至成千上万的围观。因此，企业服务必须变被动为主动。

2. 企业不同发展阶段客户中心的定位

客户中心的定位与企业的发展阶段相关，依据马斯洛需求层次理论，可以将其分成 6 个层级，如图 1-2 所示。

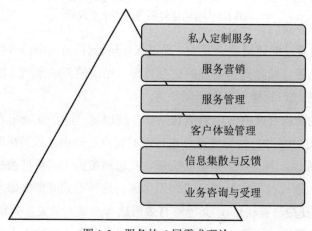

图 1-2　服务的 6 层需求理论

第一层次：业务咨询与受理(或处理)。这个定位相当于马斯洛需求层次理论的第一个层次，即满足生理的需要(physiological needs)，如温饱需要，也是最基础的需要。

- 承担的内部职能：日常客户问题的受理、问题解答、内部信息的传达。
- 为企业创造的价值：作为业务流程的一环，完成企业与客户的沟通。
- 为用户创造的价值：作为业务流程的一环，为顾客提供基础的服务，解决基本问题。
- 为员工创造的价值：提供工作机会、生存所需要的基础物质需求。
- 适用的管理手段：需要建立基本的服务规范及管理制度，要采取指导、监控、辅导，甚至处罚的方式强化执行。
- 发展趋势：随着前置服务和自助服务能力的提升，业务咨询与受理中心将逐步被流程化、系统化、业务外包、众包取代。客服的前台也将会变得越来越小。

第二层次：信息集散与反馈。这个定位相当于马斯洛需求层次理论的第二个层次，即满足安全的需要(safety needs)，比如对稳定、安全、秩序的需要。

- 承担的内部职能：传递企业的最新信息，解答客户问题，反馈客户的意见、想法、不满。将顾客的反馈进行有效的归纳、分析，供决策层参考。这是企业信息公示等单向信息传递方式或现在的人工智能服务模式所不能取代的。
- 为企业创造的价值：传递企业信息、举措、产品及服务优势，改善计划，宣传企业品牌价值。信息集散与反馈中心为企业收集、整理有价值的信息，可作为企业的耳目。
- 为用户创造的价值：帮助客户了解企业，并做出正确的选择；传递客户需求与意见，让企业迎合客户，并创造更加便捷的服务与产品。
- 为员工创造的价值：深度了解企业和客户，逐步具备经营管理思路，拓展沟通能力，找到成就感和归属感。
- 适用的管理手段：强化培训辅导与训练，强化对业务的深度理解，其中，案例式、场景化的规范尤为重要。这需要拓展管理、分析全业务流程的能力，其中至关重要的是激发潜能。
- 发展趋势：这部分职能通过企业中台的建设和中台能力的提升，新型的客户沟通方式，以及客户关系管理体系，而逐步被数据中台捕捉到信息，通过社群迅速反馈客户体验。透过数据看本质，应通过互动挖掘需求，这需要更多懂客户、懂业务、能落地的实战型管理人员通过问题分类分析推动企业中台的能力提升。

第三层次：客户体验管理。客户体验管理中心的定位相当于马斯洛需求层次理论的第三个层次，即情感与归属感的需要(love and belonging needs)，也称为社会需要。

- 承担的内部职能：梳理和体验客户服务流程，抓住关键体验节点，反馈体验问题，提出优化方案。
- 为企业创造的价值：关注及提升客户体验。客户体验管理中心是企业产品及服务全流程的体验者，站在顾客的角度梳理客户体验节点的每个细节，在关键点抓住提升和改善的机会；同时，其还是企业与顾客关系的黏合剂，能够有效地提高客户忠诚度与复购率。
- 为用户创造的价值：站在顾客的角度体验流程、优化流程，成为客户体验提升的推动者。
- 为员工创造的价值：让员工学会站在客户立场上体验流程和服务，意识到自身是推动企业服务提升的一分子，学会主动思考的思维方式和改变现状的思维习惯。
- 适用的管理手段：激发企业的细节管理能力，培养服务基因，让服务理念深植人心，形成服务文化。要有统一的服务目标，形成良好的内外部服务氛围，影响和改变员工的思维习惯和行为习惯。
- 发展趋势：随着与客户关系的改变，全媒体、全方位的互动方式让全媒体运营师更加贴近客户。因此，客户体验管理成为全媒体客户中心每个运营师的主要职能，也是企业中台建设的重要发力点。全媒体客户中心的管理者要从强化数字化管理，逐步过渡到通过数字化管理分析行为、改善体验；强化客户体验管理职能，从顾客体验角度发现问题，解决优化现有问题；有前瞻性地设计服务场景、创造喜悦点，从而迎合及满足客户需求，进而超越客户需求。

第四层次：服务管理——企业服务提升的驱动引擎。这个定位相当于马斯洛需求层次理论的第四个层次，即尊重的需要(esteem needs)。当尊重的需要得到满足时，人会对自己充满信心，体验到自己活着的用处及价值。

- 承担的内部职能：推动业务流程优化，建立对外服务制度及对外服务管理规则，为企业的服务水平和客户体验负责，有能力、有权限带动企业提高整体服务水平。

- 为企业创造的价值：提升整体服务水平，降低服务成本，创造服务亮点，提升专业化形象，使服务成为核心产品之一。
- 为用户创造的价值：通过专业的知识，帮助客户解决问题并做出最佳的购买决策，解决客户在产品使用方面、自身需求方面存在的疑惑。
- 为员工创造的价值：让员工能力得到提升、视野得到阔展，能够参与服务规则及流程设计，实现自我价值，提升行业竞争力。
- 适用的管理手段：文化管理与制度管理并举，通过分享机制、竞赛、激励手段激发员工潜能，形成主动思考、主动学习的文化氛围，让企业氛围更加民主，企业员工更加自律。管理的作用是激发潜能。
- 发展趋势：随着 AI 智能化的推进，基础业务自动化、自助化程度的提升，客户中心从提供基础服务逐步过渡到承担客情关系的维护，全媒体客户中心将成为重要的服务管理中心，判定消费体验的满意程度，判断服务环节的问题根源，一方面安抚客户，另一方面借助反馈信息推进问题的解决及改善。

第五层次：服务营销——企业的价值中心。这个定位相当于马斯洛需求层次理论的第五个层次，即自我实现的需要(self-actualization needs)。自我实现的需要是指实现个人理想、抱负，将个人的能力发挥到最大程度，达到自我实现的境界。

- 承担的内部职能：作为企业的核心价值，以服务带动销售，或通过人工创造服务产品及服务口碑，带动销售。比如 B2B 类的业务模式，作为商家的管理和服务中心，应用客服中心的管理工具与管理手段，实现商户开发或大客户开发。再比如 B2C 类的业务模式，通过一对一的多媒体互动方式挖掘新会员，通过专业知识引导客户转化为注册会员或购买会员；或者对于现有会员，通过专业知识引导交叉销售，延长客户的生命周期，提升客户的购物频次。
- 为企业创造的价值：为企业降低获客成本，减少会员流失，提升客户购物频次和贡献值；提升高端客群、战略合作伙伴的增值服务，实现服务创造价值。
- 为用户创造的价值：带给客户相关的产品知识和外延知识，帮助客户做出正确的选择，让客户买对买值，做对做会。服务营销中心是客户身边客观的顾问，从顾客的角度思考，并给出最佳的解决方案。
- 为员工创造的价值：激发潜能，快速成长，拓展专业知识，得到信任与尊重；逐步形成客户思维、经营思维；获得成就感，提升社会价值。

- 适用的管理手段：激励重于处罚，激发潜能胜于监督管控，以授之以渔取代授之以鱼。让每个人有自驱力，为自己学习，为自己奋斗。管理者充当引领者、同学、班长的角色。
- 发展趋势：我们可以通过提供服务建立信任。过去，我们把解决客户问题作为事件处理的最高要求；如今，解决问题只是一个良好的开端，更重要的是在问题解决后结合客户自身情况及相应场景，给予客户推荐的产品或解决方案。从服务到服务营销，从每一个业务咨询开始，给客户提供解决方案。全媒体运营师要从座席代表蜕变成为各个领域的专家，给予客户整体的解决方案。

第六层次：私人定制服务——企业核心服务产品及核心竞争力。马斯洛需求层次理论的第六个层次，即自我超越的需要(over actualization needs)。当一个人达到了自我实现的需求时，会出现短暂的"高峰体验"，通常都是在执行一件事情或者完成一件事情时，才能深刻体验到这种感觉。达到这个层面时，每个员工都想方设法地使客户愉悦，他们把这一目标当作最高的成就，每一次业务都力求完美，主动创新求变，迎合和满足每个顾客的需求。

- 承担的内部职能：经营客户，愉悦客户，打造服务品牌，起到引流吸粉的效果，具备媒体属性。
- 为企业创造的价值：打造差异化服务，形成核心竞争力和良好口碑，创造服务价值，提供会员分级服务或有偿服务，让客户形成依赖，摆脱价格战。通过服务，企业能够拥有一批忠实"粉丝"；通过口碑传播，吸引更多客群。
- 为用户创造的价值：提供实实在在的专业帮助，成为客户的随身顾问和朋友。
- 为员工创造的价值：激发潜能，自主学习，创意无限。个人成长空间巨大，每个人都可以成为一个独立的经营体，逐步强大，为企业创造价值。
- 适用的管理手段：激发潜能，激励成长；提供方法，给予员工自我学习的路径；提供舞台，给予他们实践的机会；适当授权，让每个人充分发挥专长，并有承担责任的意识。
- 发展趋势：私人定制服务(即一对一的量身定制式服务)越来越成为新服务的趋势，企业的建设程度越高，客户中心服务的私人定制服务的推出就越紧迫，条件也就越成熟。全媒体运营师就是各个领域推进私人定制服务的执行者，他们可能是家庭育儿指导、私人医生助理、家庭云管家、教育顾问助理、育儿顾问、理财顾问、置业顾问等。

综上所述，服务的 6 层定位在企业的不同发展阶段发挥着不同的作用，如图 1-3 所示。客户中心在企业中的定位决定着其价值体现。

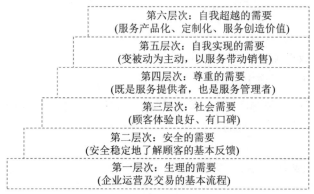

第六层次：自我超越的需要
(服务产品化、定制化、服务创造价值)

第五层次：自我实现的需要
(变被动为主动，以服务带动销售)

第四层次：尊重的需要
(既是服务提供者，也是服务管理者)

第三层次：社会需要
(顾客体验良好、有口碑)

第二层次：安全的需要
(安全稳定地了解顾客的基本反馈)

第一层次：生理的需要
(企业运营及交易的基本流程)

图 1-3　服务的 6 层定位

随着层级不断递增，客户中心的职能带给企业、用户、员工的价值，以及所需要的管理手段都将迈向更高的台阶，实现多赢。随着价值定位的提升，全媒体客户中心像插上翅膀的天使，轻盈而又直冲云霄。

第三节　全员服务营销核心思维与机会点

一、客服中心服务营销转型的优势

在互联网发达、智能设备普及、自媒体火爆的多渠道营销环境下，客户得到的咨询更多，对商品及服务的价格质量等信息了解得更加清楚，这就导致他们对企业的忠诚度逐渐降低。在这种情况下，服务营销的作用和价值越来越凸显。

那么如何理解服务营销呢？

服务营销，顾名思义，就是推销企业的服务，以优良的服务态度赢得客户的青睐，引导客户为产品买单。

客服人员站在接触客户的第一线，对客户需求的把握是最准确、最及时的。最好的服务是销售，做好销售则需要企业先了解客户的需求，以服务的心态，帮助客户做出正确的选择，最终达到企业和客户双赢的目的。

开展服务营销，能够有效提升客服中心的价值，带动企业销售增长。具体体现在如下方面：

- 互动渠道更多；
- 客户群体更广；
- 销售产品多元化；
- 成交形式多样化；
- 团队构成更加灵活；
- 价值更大，用途更广。

服务即营销，沟通即内容，引流即变现。每一个客服人员提供服务时，都应该以助人为本，以营销为目的。

二、客服中心服务营销升级场景

客服中心作为企业服务营销的重要阵地，与用户交互的第一线，承载着很多隐藏机会点及突破口。在数字化趋势下，各行业的客服中心都积极朝全媒体服务营销方向进行转型升级，以突破单一型的服务和营销模式，成为复合型多元化的服务营销机构，创造更大的客户服务营销价值。

(一) 拓展多渠道交互方式，提升客户与品牌的黏性

在很长一段时间，电话销售在很多领域都起到至关重要的作用。随着互联网和智能设备的发展，客户互动渠道和沟通习惯的改变，促使客户圈层不断细分，服务营销在环境的驱动下不断地被要求创新求变，企业为了抓住消费者，不再局限于电话沟通，而是需要借助多渠道的互动形式，尽可能地优化每一个可能的消费者接触点，比如通过短视频、直播、图文推广等形式，可以拉近与客户的关系，与客户随时互动，创造更多的转化促单机会。

1. 企业通过直播，缩短营销链路

电话销售人员可以将营销阵地从电话线后转移到手机屏幕上，即实现了从幕后到台前的转变，以产品顾问的形象在直播间以更加直观的方式为客户介绍产品，赢得公域流量的同时，也起到了产品宣传的作用，吸引不同圈层的客户。

2. 全媒体围绕用户多触点互动，实现服务即营销

作为呼入咨询类服务，在为客户解决问题的服务过程中，企业的目标是希望客户能对服务满意，从而提升对品牌的满意度和忠诚度。但是，单单通过几次咨

询就抓住客户的心，实属不易。我们可以更主动些，多维度地触达客户，让客户时时看到我们的用心，从而提升客户对产品、对品牌的满意度和忠诚度。

例如，以图文或短视频的形式在公众号、短视频平台投放客户高频高发的问题、不同场景下产品的使用方式、产品正确的养护方式、产品衍生相关的科普知识、同类产品测评等内容，在提升客户体验的同时，也向公域流量的客户"种草"，达到"服务即营销"的效果。

(二) 在服务过程中进行场景化无痕营销

场景营销是在客户需要时不偏不倚地给予建议或解决方案，核心是提供客户需要的，而不是企业要达成的，这才是无痕营销的关键。实现情景化营销，是未来企业营销的趋势。

1. 售前：提升页面转化率

客户购买商品前，一般会经过浏览首页、商品页、支付页等环节。在每个环节中，顾客都有可能产生疑问，并联系客服寻求帮助。企业可通过跟进各个环节，为客户提供满意的服务，从而提高销售量、提升页面转化率。

2. 售中：促进交叉销售和向上销售

在客户咨询的过程中，客服可结合客户的需求介绍关联商品或促销活动。以母婴产品为例，通过服务框架引导客户产生更多的需求，使咨询低单价奶嘴的客户购买奶粉、奶瓶等关联商品。在亚马逊的销售收益中，有35%是通过交叉销售和向上销售实现的。

3. 售后：服务结尾复购邀约

服务的互动过程如同约会，如果说，第一声问候决定着第一印象，那么结束语将决定客户能否再来。因此，在服务结束时应适当地推送为客户量身定制的商品和服务，可以有效地拉动客户复购。例如，客服人员在服务结束时给客户提供温馨提示，如产品使用方式、保管方式，甚至天气预报，以及对客户身体情况的关心等，都有可能使客户产生亲密感，从而为企业创造更大的价值。

(三) 实现精细化运营

以数据为依托、以客户需求为导向，对全渠道数据进行汇聚和管理，实现消费者全生命周期管理，建立全链路360°追踪客户体系。如此一来，企业可以更有针对性地满足客户的需求，进而为客户提供量身定制的产品，即服务产品化。

客服人员可以在适当的时机，以客户喜欢和习惯的方式，推荐符合客户消费习惯和需求的产品(即精准的、量身定制的服务产品)。围绕客户需求，用专业的知识来帮助和影响客户，在最佳的时机做出购买决策，最终实现客户、企业、员工多赢的结果，是服务营销最重要的价值。

在经济形势严峻、消费更趋理性的当下，服务营销可以有效地帮助企业挖掘客户需求，借助多渠道互动形成，通过引流、转化、交叉销售、向上销售、复购拉动等手段提升企业销售额。

三、服务营销之销售准备八部曲

无论企业销售的是手机、奶粉、房子等有形产品，还是会员权益、软件工具、教育服务等虚拟产品，若想让销售事半功倍、水到渠成，必须做好以下 8 个准备工作。

(1) 客群分析：深入了解客群特点、消费习惯、兴趣点、需求痛点、选择难点，以及客户在哪里。

(2) 品牌介绍：介绍品牌的实力、背景、愿景、战略、价值观、产品线等内容。

(3) 商品知识：全面了解商品的基础知识，比如衣服的材质、食品的原料、家电的基本功能等，要用简明扼要的、客户化的语言进行概括。

(4) 卖点梳理：了解应该解决什么问题，与竞品或竞争对手的差异有哪些，优势体现在哪里，等等。

(5) 外延知识：它是专业能力的体现，能够帮助企业树立专业形象，抓住或挖掘需求。例如，推荐食品，那么相关的营养知识就是必备的；如果推荐婴幼儿辅食，那么除了营养知识以外，还需要了解育儿知识。

(6) 排异思路：面对一个产品时，客户通常会有疑问、困惑和顾虑，这些是企业在展开销售前必须考虑到的，并且做好准备，随时解答客户的问题。

(7) 交流流程：要全面了解业务流程和客户体验流程，给予客户清晰的指导。很多时候，客户放弃交易不一定是因为产品存在问题，还有可能因为客户体验差。

(8) 客户口碑：客户在网购的时候，会参考商品的好评率和客户的评价，通过参考他人的反馈做出购买决策。因此，收集不同客户的反馈意见，也是事前准备的重要环节。

那么，这些准备应该以什么样的形式呈现呢？

对于电话销售或者面对面的销售，需要提前准备话术；对于其他渠道，则需要我们以图文、语音、视频等全媒体形式输出有价值的内容，将 8 个关键点融会贯通。

要做到服务为本，销售于无形，应一切从客户需求出发，抓住客户需求的痛点，因势利导，帮助客户做出正确的选择。

第二章

社会化营销

第一节　社会化媒体的认知

"社会化媒体(social media)"的概念最早出现在 2007 年。以脸书(Facebook)和推特(Twitter)为代表的社会化媒体在全球产生了巨大的影响，并逐渐发展为与门户网站、搜索引擎及电子商务相匹敌的互联网基础性应用。

一、什么是社会化媒体

社会化媒体是指能够互动的新型在线媒体，它更加强调"互动"和"在线"，是网络社会化的产物。从 2000 年博客正式走入大众视野并成为知识与内容分享的载体，到 2009 年 8 月新浪推出"新浪微博"内测版，短短几年间社会化媒体迅速发展。社会化媒体比较常见的形式包括论坛、社交网络、播客、点评类社区、内容类社区等，具体分类如下。

- 社交网络：QQ 空间、新浪微博等。
- 内容类社区：小红书、知乎等。
- 点评类：大众点评(吃喝玩乐店铺点评)、豆瓣(电影、音乐等文艺类点评)等。
- 视频类：抖音、快手、哔哩哔哩等。

这些社会化媒体迅速成为大众口碑传播的载体，激活了用户参与的热情，赋予每个人创造并传播内容的能力，也带动了分享机制，促进用户创造内容(user generated content，UGC)模式的逐步成熟。

二、社会化媒体的特点

社会化媒体是一种给予用户极大参与空间的新型交互媒体，社会化媒体促进了个体的激活与内容传播机制，形成了人人都是自媒体的局面，让各类信息以意想不到的速度进行传播，而信息传播的速度，直接影响着业务发展和社会发展的速度。社会化媒体具有以下几个显著特征。

(1) 人人参与。社会化媒体激发了个体或群体主动分享和反馈的意愿。人人参与既激活了个体，同时又模糊了媒体、商家、受众或客户之间的界限，人人都是自媒体，大大缩短了信息传播的路径及时间。

(2) 开放公平。在社会化媒体平台上，个体原有社会角色被淡化，人人都能参与各类信息的交流和输出，没有门槛，除了维护社会安定与输出正确的社会价值观等基本约束外，几乎没有其他障碍。正因为这一宽松的网络环境，催生了大量的网络红人、行业"大V"①和KOL。

(3) 双向互动。传统媒体是单向的传播，而社会化媒体是与客户或用户之间的双向传播，形成了有互动的交流，常见互动形式有点赞、评论、收藏、转发等。

(4) 用户垂直化。在社会化媒体中，通过热点话题或内容可以很快地凝聚人群，形成相似的用户标签，从而演变成社群或社区。这些人聚在一起，进行交流及互动，成为一批具有精准标签的垂直类用户。社群也因此在近几年来成为服务营销的重要渠道。

(5) 多媒体平台生态化。目前，市面上各社会化媒体虽然有很多共通点，但各平台仍有强弱项，比如小红书，内容属性强，电商属性弱，各平台为了扩大服务板块，会与不同的多媒体合作，形成多个媒体平台的生态联盟，相互借势。

综合上述特点，当前社会化媒体不仅仅是用户社交互动的平台，具有强互动、高流量属性，还是企业营销推广的阵地，即内容运营、用户运营的平台，带动新的营销模式、会员管理模式及新业态。

---

① 大V，即在新浪、腾讯、网易等微博平台上获得个人认证，拥有众多"粉丝"的微博用户。

三、社会化媒体营销的特点与规则

传统媒体营销规则(AIDMA)模型是由美国广告人刘易斯(E. S. Lewis)在 1898 年提出的，是消费行为学的理论模式，在长达百年的时间中，一直被广泛应用。

社会化媒体营销最大的特点是分享，其核心精神就是要与消费者进行"社交"互动。消费者的行为发生变化，新的社会化媒体营销规则(AISAS)应运而生。传统媒体营销规则和社会化媒体营销规则的异同，如表 2-1 所示。

表 2-1　传统媒体营销规则和社会化媒体营销规则的异同

传统媒体营销规则(AIDMA)		社会化媒体营销规则(AISAS)	
attention	引起注意	attention	引起注意
interest	引发兴趣	interest	引发兴趣
desire	唤起欲望	search	进行搜索
memory	留下记忆	action	产生购买
action	产生购买	share	分享

与传统媒体营销规则相比，社会化媒体营销规则更突出两个 S，分别为"search"(搜索)与"share"(分享)，也就是用户眼中的被"种草"和被"安利"，这是企业从单向输出到与客户双向互动的改变，也是社会化营销的最大价值。

第二节　社会化营销生态的运营与互动

社会化媒体的崛起是近些年来互联网的一个发展趋势。不管是国外的脸书和推特，还是国内的微信、微博、抖音、小红书，都极大地改变了人们的生活，将我们带入了一个社交网络的时代。

一、社会化营销概述

在网络营销中，社会化媒体主要是指一个具有网络性质的综合站点，而它们的内容都是由用户自愿提供的，而不是通过直接的雇佣关系获取的。这需要社交思维，而不是传统的思维模式。

简言之社会化营销，又称社会化媒体营销或社交媒体营销，是一个互联网营销术语，相对于传统的中心化营销，社会化营销是利用社会各节点，去中心化的营销方式，企业或个人在营销过程中利用社会化属性(如社交、分享)，面向用户主体，以达到营销的目的。

社会化营销的特点是长周期与强内容。社会化营销传播的内容量大且形式多样，随着客户群体的增加，大量的 KOL(key opinion leader，KOL，关键意见领袖)和 KOC(key opinion consumer，关键意见消费者)产生海量的内容，企业可充分利用这些内容为自身产品和服务做足宣传和推广。

二、社会化营销的关键点

我们来拆解一下社会化营销，其中有两个关键词，"社会化"代表范围，"营销"代表作用。具体来说，社会化营销有 8 个关键点。

1. 开放

开放的心态是企业采用社会化营销最关键的一步。在社交媒体上，往往热爱生活、敢说敢晒的人更能得到他人的关注和喜爱。对于企业而言，开放的心态和诚恳的态度是社会化营销的基本要求，如营销方式、节奏、选品思路、客诉处理方案等都需要企业与消费者坦诚相见。

以 2020 年的美团外卖事件为例,该公司凭借在应对危机时所表现出的坦诚的态度，获得了消费者的谅解和好评。下面是美团外卖因延迟配送向社会致歉的公开信：

感谢大家的意见和关心，我们马上行动。

大家对外卖小哥、平台系统的关注、意见和建议我们都收到了。没做好就是没做好，没有借口，系统的问题，终究需要系统背后的人来解决，我们责无旁贷，有几件正在做的事向大家汇报。

(1) 更好地优化系统。每一单外卖，在为用户提供准时配送服务的同时，美团调度系统会给骑手留出 8 分钟弹性时间，让骑手等候延迟的电梯，在路口放慢一点速度。我们将对系统持续优化，保障骑手安全行驶。

恶劣天气下，系统会延长骑手的配送时间，甚至停止接单。骑手申诉功能将升级，对于因恶劣天气、意外事件等特殊情况下的超时、投诉，核实后，将不会影响骑手的考核及收入。

感谢您对骑手的每一份理解。

(2) 更好地保障安全。我们将优化配送安全技术团队，重点研究技术和算法，以保障骑手的安全。我们正在研发的智能头盔将全力加大产能，通过蓝牙与手机相连的方式，让骑手仅通过说话即可完成操作，并可以通过 App 实时测速；在写字楼、医院等特殊场所，骑手会存在进入难、找路难等问题，我们在这些场所正在努力铺设智能取餐柜，让骑手最后一公里的配送更便捷。

(3) 改进骑手奖励模式。对于骑手的奖励模式，将从送单奖励转向综合考虑合理单量区间及安全指标的奖励，使骑手在保障安全的同时，获得更实际的回报。

(4) 关怀骑手与家人。尽管我们现在通过保险、袋鼠宝贝公益行动等保障骑手安全，为骑手家庭及子女提供医疗、教育帮扶，但是我们深知，目前落实的和做到的工作还远远不够，我们将继续增加投入，与社会各方一起为骑手就业创造更好的保障。

(5) 认真听取大家意见。我们将定期召开骑手座谈会，设立产品体验官，充分听取骑手、公众、学者、媒体多方观点和建设性意见，帮助我们更好地优化调度、导航、申诉等，提升骑手的配送体验。

鞭策是成长的必修课。感谢每一个好评，也感谢每一个差评，因为这背后都是大家对我们的关注。我们愿与大家站在一起，为大家做得更好。

美团外卖

2020 年 9 月 9 日

公众号文章发出后，得到了消费者的一片好评，评论区获赞数千，如图 2-1 所示。

图 2-1 美团公开信后续评论

开放的态度是对初心的再一次审视，是对价值观与习惯的更高的要求。无论是对企业还是对个人，敢于开放代表着对自身提出了更高的要求，即树立信心、开启自我完善的恒心、找到自我完善的通路。社会化媒体不仅仅是一个传播途径，还是鞭策与监督企业和个人的外在力量。

2. 共情

共情，也称为同感、同理心等。共情的前提是在认知、经历、感知上有同样的精神体验。因此，共情是圈层的基础条件，找到能够共情的人，也就找到了具有共同的兴趣点、经历和爱好的圈子，彼此更容易三观一致。在企业与客户之间、客户之间、全媒体运营师与客户之间，甚至恋爱男女和夫妻之间，共情是一切产生持续关系的前提。

3. 参与

社会化媒体充满情感因素，顾客参与即体现在产品或服务生产中，顾客承担一定的生产角色，以获得情感、个性化、自我创造及实现的满足。例如，当小米开发新产品时，消费者热情地出谋划策；当小米新品上线时，几分钟内，消费者涌入网站参与抢购，数亿销售额瞬间完成；当小米要推广产品时，消费者兴奋地奔走相告；当小米产品售出后，消费者又积极地参与到产品的口碑传播和每周更新完善之中……小米依靠顾客的参与，在短短10年间创造了一个又一个的商业奇迹，一跃发展成为国内第三、全球第四大智能手机品牌，颠覆了世界手机行业的固有格局。

4. 利他

实现利他，即从他人需求出发，分享利益或提供便捷。利他是一种思维方式，也是实施企业社会化营销的关键。无论是营销活动的方案设计、客诉解决方案、选品逻辑与原则，还是会员权益方案设计，拥有利他思维都是让企业的社会化之路成功迈出第一步和经久不衰的关键。

5. 赋能

赋能，即把自身的能力变成群体的能力。赋能的前提是开放的心态、成熟的体系，以及能够不断复制和传播的人才培养机制。

6. 借力

借力，是借助他人之力实现低成本快速扩张，最终赢得客户和市场的能力，这也是企业利用社会化媒体进行营销带来的核心价值。

7. 经久不衰的产品

要打造经久不衰的产品，应秉承与时俱进的思想，拥有真正让客户、"粉丝"参与到产品的设计和完善中来的机制，即共建的产品模式。在河北省秦皇岛市昌黎县的黄金海岸，有个叫作"阿那亚"的社区。这是一个全资源滨海旅游度假综合体社区，开发商没有投入任何市场推广费用，但房价却是周边地产的两倍，即便如此，他们的房子依然供不应求。阿那亚的建筑规划设计从物质生活、精神生活和情感生活三个角度去考量，以建筑和空间的形式关照人的日常生活，其核心竞争力是通过业主共建的模式，从物质生活、精神生活、情感生活三个层面共建理想家园(产品)。

8. 经得起推敲的内容

在移动互联网的大背景下，面对形形色色的产品宣传，客户逐渐出现审美疲劳，注意力也变得越来越分散。因此，客户对内容的要求越来越高，内容既要走心，又要常变常新；既要短小精悍，又要有内涵、懂共情。面对这样的环境，企业应利用社会化营销资源，如电商和社交电商可通过借力的方式，通过 KOL 或 KOC，生产大量的原创内容，为消费者分享更多的使用经验和商品选择经验。

(1) 关键意见领袖(key opinion leader，KOL)，是指那些拥有更多、更准确的产品信息，且为相关群体所接受或信任，为他人提供信息、观点或建议，并对该群体的购买行为有较大影响力的人。

(2) 关键意见消费者(key opinion consumer，KOC)，一般指能影响自己的朋友、"粉丝"，使其产生消费行为的消费者。KOL 是专家，KOC 是朋友，KOC 虽然不如 KOL 影响力大，但是他们自己就是消费者，分享的内容多是自己的亲身体验，他们更注重与粉丝的互动，和粉丝之间从陌生到相熟，成本更低。

(3) 专家提供的内容(professional generated content，PGC)，它是随着移动互联网的发展，从网上内容的创作中细分出来的。大多数非论坛性的个人网站，比如现在典型的 36 氪、虎嗅网等，会邀请相当权威的行业专家提供内容，这些专家能为网站带来大量的用户和关注量。

(4) 用户生产内容(user generated content，UGC)，是指用户生产的内容，即用户原创的内容。现在，几乎所有的社交网站都采用 UGC 模式，如百度贴吧、微博等。

UGC 和 PGC 不论哪种生存方式，"C"都是其主要核心，即"内容为王"。"P"或者"U"只是内容生产的主体不同，同时带来不同的传播特点。但要获得好的传播效果，"C"才是关键。

社交电商平台蜂享家和母婴国货品牌兔头妈妈甄选面向其全球经销商提供SCRM[①]及内容分享平台，在赋能全球经销商方面，通过平台自生产内容，以及经销商生产的内容与经验分享，积累了大量的优质内容(见图 2-2)，成为经销商群体的交流平台。

图 2-2　蜂享家和兔头妈妈甄选经销商分享的内容

社会化营销的力量范围广且自驱力强，每时每刻都处在营销状态、与消费者的互动状态。随着营销范围的扩大，企业需要掌握更强的专业知识与互动技巧，这也衍生出在管理方面需要强化的工作：①建立日常管理体系，实时监测、分析、总结和管理与客户的互动；②结合市场与消费者的实时反馈，及时调整营销目标。

三、社会化营销的价值

1. 提升曝光量

企业可以在拥有海量注册用户的社交媒体(如知乎、小红书等)上发布相关的服务信息和产品资讯，利用社交媒体网络上的"粉丝"关注效应和社群效应，大

---

① SCRM(social customer relationship management)，是社会化客户关系管理的简称，指以管理对象的社交价值为核心的客户关系管理。

大增加企业的产品与服务信息在社交网络上的曝光量。

社交媒体的热点聚焦效应，使得企业能够通过社交媒体实现与潜在用户之间更为广泛的沟通。社交媒体还具有平等沟通的特性，更利于企业与潜在客户保持亲和的沟通，持续深化关系。

2. 增加网站流量和注册用户

在传统的网络营销中，企业通过在自己的官方网站上或者垂直门户的资讯频道上发布信息，然后通过关键词搜索，由搜索引擎带来相关的流量和点击。

社交媒体的应用改变了以往过于依赖搜索引擎的网络营销模式，通过社交媒体不仅可以直接将用户流量转化为企业官方网站的流量，还可以通过企业在社交媒体上的信息发展新用户。

3. 吸引合作伙伴助力强化供应链

社交媒体在吸引个人用户的同时，也吸引了越来越多的企业用户。统计显示，美国有72%的企业利用社交媒体提供各种类型的服务。这也给许多企业提供了寻求合作的机会。企业可通过社会化营销，吸引更多的企业及个人用户，并从中选择合适的作为企业的长期合作伙伴。

社交媒体的属性特征使得用户在社交媒体上能够获得比搜索引擎更加全面和完善的资讯，也更容易判断合作伙伴的经验和能力，从而使企业发现更多潜在的合作机会。

4. 迅速扩大知名度

传统的官方网站和产品网站是以信息发布为主，内容多是静态信息和资讯，更新频率较低，主要通过关键词被搜索引擎收录。

社交媒体上的信息更新与内容互动频繁，企业在社交媒体相关频道页面的更新率高、更新速度快，更容易在搜索引擎中排在靠前的位置。以小米集团为例，小米依托社会化媒体营销迅速进入大众视野，并在不到10年的时间冲入世界500强，年交易额达到2 000亿元。

5. 带来高质量的销售机会

随着社交媒体的迅速发展，微信、小红书、抖音等社会媒体通过带入生活场景、呈现真实的人物情境，悄无声息地在立体化的情景下激发消费者的购买需求，带来精准的高质量销售机会。

6. 降低营销成本

社交媒体营销的效果远优于传统营销方式，可以大大减少营销预算。其开放性吸引了大量的注册用户，分享与传播机制更是加快了传播的速度。很多企业将社交媒体与视频营销、病毒营销结合起来，往往一个有趣的话题就能够达到意想不到的营销效果。比如哔哩哔哩 2020 年献给新一代青年的宣传片《后浪》，通过打动人心、产生共鸣且能引起不同年代的人产生争议的内容，引发了超出想象的传播力，引起全社会的关注，话题不断发酵、传播。这是一个非常好的策划方案，即借力社会化营销迅速传播，让品牌家喻户晓。

7. 成交周期更短

企业不仅可以利用社交网络、微博等发布信息，还可以利用社交媒体平台发起与潜在用户的互动。

企业的社会化营销团队不仅可以关注在社交媒体上的用户，监控用户对相关产品与服务的需求，还可以实时发起与潜在用户的互动，持续深化与他们的关系，促进其对企业产品与服务的兴趣，并且适时地发起社会化营销活动来促进成交。

四、社会化营销的运营环节

社会化媒体的核心是关系(relationship)。在社会化媒体中，目的不是销售，而是与客户交流(communication)和相处(relate)。如果你的社会化媒体营销将销售量作为最终目标，你的客户最终会发现你的"阴谋"，而你最终也会被忽视掉。换句话说，在社会化媒体上的信息必须是真实的而非捏造的。

基于社会化媒体平台的特点及流量转化路径，社会化营销划分为 5 个关键环节。

(一) 明确目标定位

社会化营销能否成功，关键在于定位是否准确。进行定位时，应明确产品、用户和平台的属性，制定后续的社会化营销战略和战术。

1. 明确产品：推广什么

企业可结合目标人群需求、自身阶段性发展目标、产品的投产预测，确定企业要推广的产品。这些产品可以是面向 B 端的应用软件工具、营销活动，也可以是面向 C 端的服务产品或主打商品。

传统意义上的市场细分与选择目标市场之前的市场细分不同，后者是细分整体市场，是选择目标市场的过程；前者是对选择后的目标市场再进行细分，选择一个或几个目标子市场的过程。

对目标市场的再细分，不是根据产品的类别进行细分，也不是根据消费者的表面特性来进行细分，而是根据客户的价值进行细分。客户购买产品，是为了获取某种产品的价值。产品价值组合是由产品功能组合实现的，不同客户对产品有着不同的价值诉求，这就要求企业提供不同诉求点的产品。

例如，顺应新一代年轻消费者、新消费需求而诞生的新酒饮品牌江小白另辟蹊径，不与传统酒企竞争，以年轻人目标市场切入，打了一张"感情牌"，成为"年轻人喝的第一杯白酒"，并设计出小巧精致的 100ml "表达瓶"，通过金句的输出与目标受众共情，一下子拉近了与年轻人的距离，大力拓展了"聚会小酌"的线下消费场景。

而后，随着消费升级，江小白避开白酒市场的激烈竞争，在果酒细分市场挖掘，推出以"梅见"为代表的全新品类品牌，完成"品牌—餐饮店—消费者"的闭环场景。梅见抓住了"餐酒搭配"的风口，快速成为梅酒品类的领头羊。2019—2022 年，梅酒的市场规模达到了千亿元级别，梅见正在梅酒赛道建立天花板，销售额已经达到了 12 亿元。

2. 确定受众：面向谁

找到精准的目标群体是服务营销效率效果的基本保障。企业需要基于目标市场、人群画像、交易场景等做多维数据分析，锁定目标群体，切忌"眉毛胡子一把抓"。企业面向的客群不局限于 C 端客户(即消费者或个人用户端)，也可以是供应商、合伙人、加盟店等 B 端客户(即企业或商家)。

3. 确定平台属性：面向谁

在了解了自身产品和定位后，就要找到适合我们的社会化媒体平台，这就要求我们必须非常了解各种社会化媒体平台，包括平台的数据使用情况、人群特点、使用习惯等。

(二) 树立营销形象

运营人员应结合产品定位，树立合适的营销形象，如精通产品专业知识的科普人设、分享生活奇葩事件的"阿 Q"形象，曝光老板反差性格的办公室小秘，或者某虚拟形象。

(三) 内容产出

从营销内容产生来源来看，社会化媒体营销已经颠覆了传统的营销模式，用户不再是被动的信息接受者，而是信息的制造者和传播者。因此，企业策划的营销内容必须能够引导用户参与传播和制作，使得用户成为品牌的传播者。

1. 营销推广型

营销推广型内容包括新品发布、新品上货通知、爆款单品推荐、促销折扣等，是企业最常采用的形式，主要用于进行产品的宣传和销售，如图 2-3 所示的"巴黎欧莱雅官方微博内容"。

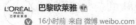

图 2-3　巴黎欧莱雅官方微博内容

2. 品牌宣传型

企业通过微博、小红书等多种社会化媒体平台，采用视频、图文等多样化形式宣传企业品牌形象和企业文化，拉近用户与品牌的距离，让用户了解并参与品牌互动，增加粉丝对品牌的好感和认同感。

社会化媒体品牌宣传内容包括新产品介绍、产品功能使用、企业文化介绍、品牌媒体报道、员工工作环境展示、公司业绩披露、线下宣传广告、品牌故事等，如图 2-4 所示的"小鹏汽车官方微博内容"。

图 2-4 小鹏汽车官方微博内容

3. 互动活动型

社会化媒体平台具有粉丝目标群体集中、互动性强等特征，从而成为企业开展在线互动活动的立项渠道。企业通过策划一系列线上互动活动，可实现品牌直接与用户的沟通对话，提升用户对品牌的黏性和忠诚度，维系客户关系。

互动活动型内容倾向于激发受众创造内容，并产生自传播，如图 2-5 所示的"李×琦微博活动发布内容"。

图 2-5 李×琦微博活动发布内容

4. 趣味游戏型

社会化媒体平台的多样化形式实现了企业品牌多样化的营销模式。趣味游戏型内容包括图片、游戏、视频等，如图2-6老乡鸡微博趣味游戏内容。

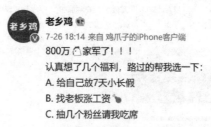

图2-6　老乡鸡微博趣味游戏内容

5. 客户服务型

由于社会化媒体平台有互动便捷、目标精准、实时性强等特点，很多企业直接将社会化媒体作为客服平台，解答用户疑问，提升品牌体验与服务品质。

通过微博、留言板、私信等方式，用户会直接把问题实时反馈给企业账户，如图2-7老乡鸡微博留言板内容。

图2-7　老乡鸡微博留言板内容

(四) 运营推广

社会化营销的首要目的是吸引更多的流量，我们可以通过多平台多账号方式做运营，以产生更多的流量。

企业在确定社会化媒体的营销策略之后，接下来的首要任务是搭建账号矩阵。通常，一些小型企业在一个社会化媒体平台上可能只使用一个企业官方账号或一个个人账号。若想实现运营推广的最大效益，建议企业根据自身品牌、业务、产品及企业组织结构特征，结合社会化媒体营销需求和投入财力、人力预算的不同，规划多个账号，并将各个账号搭建成一个全方位的矩阵，最大化发挥社会化媒体营销效能。

(五) 整合营销与优化

如果说社会化媒体账号的搭建和运营是社会化媒体营销的根本，那么与其他营销模式的有效整合，则是社会化媒体营销的影响范围不局限在单一媒体上的关键。这一整合不仅是指微信、微博等社会化媒体间的整合，还包括社会化媒体与其他数字营销方式、线下营销方式的整合。除此之外，在整合的基础上如何进一步提升传播力和互动力也是社会化媒体营销运营人员必须掌握的技能。

第三章

流量生态建设

第一节　关于流量的认知

一、流量概述

(一) 什么是流量

无论是传统行业还是互联网，流量都可以理解为用户访问量。

从互联网诞生那一刻，"流量"也随之产生。如果将互联网比作是一条双车道的高速公路，那么这两条车道分别就是信息流和用户流，而后者就是所谓的"流量"。简单来说，流量就是人，有多少人浏览了你的网站，登录了 App 或小程序，或者打开了你的公众号推文。在线下零售中，流量就是客流量。

在互联网时代，企业和各自媒体的竞争就是流量之争。企业和各自媒体要考虑清楚自己的客户是谁，流量来自哪里？在互联网中，随时上演一场场争抢用户时间的战争。没有流量，就如一家门店没有客户光顾，惨淡冷清。若产品无人欣赏，亦无销售机会，则是一种资源浪费。

流量的背后是用户，而其本质则是用户的注意力，从这个角度看，互联网"流量运营"就是通过信息和用户的交互，来获取用户注意力的过程。或者也可以这样说，流量运营就是"把正确的流量导给正确的产品或服务并形成转化的过程"。

(二) 流量价值

流量决定着经营结果，获取流量是企业经营最重要的基础之一，将流量的价值最大化是全媒体运营师最重要的评估指标。企业的流量价值评估公式为

$$利润=营业额-成本$$
$$营业额=流量×转化率×客单价$$

(三) 流量来源

获取流量的渠道包括线下渠道和线上渠道。

1. 线下渠道

线下渠道包括线下连锁店、商场、娱乐场所等。企业可以通过参加线下会议或者参加线下活动获取流量。红孩子商城(苏宁红孩子)是一家母婴用品商城，通过"百万孕妈胎教音乐会"的形式，借助线下流量，获取精准客群。再如教育行业的留学咨询，通过宣传品分发找到精准的人群，组织线下咨询见面会精准引流，通过一对一的沟通咨询进行转化。

2. 线上渠道

(1) 自然排名。站内通过代码优化和内链建设，对网站内容进行高质量的更新。同时，在站外进行推广，增加网站的外链。

(2) 论坛推广。选择好平台，并策划好内容，将内容发布到正确的类目下。

(3) 问答知识推广。这是做口碑推广的有效途径。

(4) 软文推广。高质量的软文被发布后，会被各大网站转载，这样可以有效提升流量。

(5) 公众号营销。通过微信公众号运营，推送高质量的内容，并且进行二次开发，实现功能和内容的提升，提高用户的黏度，从而将用户引流到电子商务网站。

(6) 微博推广。注册微博账号，搭建并规划页面，吸引"粉丝"，策划活动，实现互动与传播，将用户引流到企业自有门户网站或企业微信。

(7) 图片推广。在企业网站、博客等平台上传图片，并附上推广信息，如网址、二维码等。

(8) 微信生态(如微信朋友圈、小程序、微信社群等)推广。

(9) 短视频、直播平台(如抖音、快手、淘宝直播等)推广。

(10) 电商平台(如淘宝、天猫、拼多多、京东、闲鱼等)推广。

(11) 内容平台(如小红书等)推广。

二、线上流量的分类

(一) 线上流量的类型

根据流量的属性,我们把流量分为公域流量、商域流量、私域流量三类。

1. 公域流量

公域流量是由所在平台主动分配的流量。例如,抖音视频的曝光量、通过淘宝搜索界面进入商品页的浏览量。

与私域流量相比,公域流量更容易获取。比如在抖音上,即使一个"粉丝"都没有,我们发的内容也有可能被分发给百万、千万级别的用户。但由于平台分发存在偶然性,所以稳定性和黏性较差,很难二次、三次触达这些流量。以抖音视频的曝光量为例,即使今天视频被推荐给 10 万人,明天发的视频的浏览量也可能只有 100 次,甚至更少。因为从本质上来说,公域流量属于平台,当平台判定内容没有受众时,只能得到极少的公域流量。

2. 商域流量

商域流量是以付费为主要分配标准的流量,其本质仍是公域流量。例如,微博开屏广告、抖音信息流广告。

商域流量通常是通过竞价获取的,因此相对容易获取且流量稳定。但由于是购买行为,黏性较低,是否存在长期价值,还要看筛选和经营的结果。

3. 私域流量

私域流量即可以被反复利用,并且能够稳定触达的流量。例如,微信好友、公众号"粉丝"、小程序、社群、App、品牌会员、微博"粉丝"等。

从客户的角度来讲,成为企业的私域流量,意味着他要做出添加微信、关注公众号等高关联性的行为,赋予企业自由、反复、稳定触达他的权利。因此,私域流量获取难、成本高,但其具有很强的互动性,可以贡献稳定的流量,且黏性很高。

(二) 线上流量价值对比

公域流量、商域流量、私域流量的价值对比，如表 3-1 所示。

表 3-1　流量价值对比

	可获取性	流量稳定性	黏性	典型平台
公域流量	高	低	低	抖音、快手、淘宝
商域流量	资金决定	高	低	抖音、快手、淘宝
私域流量	高	高	高	微信、QQ、商家自有 App

2020 年，私域流量成为企业和个体经营者的热门话题。由于受新型冠状病毒感染疫情的影响，品牌和企业不得不培养新的能力。当产品、服务、营销等实现全面线上化时，激烈竞争下的流量红利会逐渐消失，品牌商家拥抱私域的进程会骤然加速，加速入局私域流量的营销新战场，私域流量正在成为一个巨大的增量市场。事实上，想要做好私域流量的运营从而实现增长，并不是一蹴而就的，这需要下足功夫，只有在优质的平台资源加持下，品牌营销才能更有效、高效、长效，才能实现更大的增长。

第二节　私域流量转化机制

移动网络的飞速发展，使线下业务举步维艰，越来越多的企业向线上化、数字化转型，线上线下结合成为企业经营客户、搭建消费场景的标配。商家借助微信号、小程序、社群等工具迅速低成本搭建自己的线上私域流量池。

2020 年的疫情更是改变了用户的行为习惯，人们的信息消费模式和决策模式加剧线上化，对私域运营的需求呈数量级增长。当下，私域流量的需求主要集中在线上零售、在线教育、在线办公、社群营销工具等。

一、私域流量的核心

私域流量能够使企业多次触达，反复使用，利用私域流量经营的核心内容是在获得用户信任、情感的基础上，为他们提供服务，并实现用户持续消费，将他们培养成忠实用户，降低流量成本。

二、私域流量经营的价值

私域流量经营的价值包括：

(1) 快速降低流量成本、获客成本；

(2) 建立持久的、亲密的客户关系；

(3) 有效拉动客户复购，提升客户价值；

(4) 实现企业数字化转型。

三、私域流量的转化

(一) 线下流量转化

通常企业会通过线下门店来获取品牌接触目标受众的机会，然后通过这次机会，将受众转化成自己的私域流量。

1. 零售的核心三要素

无论是传统零售还是新零售，人、货、场都是最核心的三个要素。当商品同质化、质量和性价比成为竞争起点的时候，如何引流、如何经营客户、如何搭建场景则是创新与竞争的核心。无论是线下的装修、布局、商品陈列、场景搭建、氛围营造，还是线上的页面设计与布局，场的变化与经营都决定了客流量与流量价值挖掘。

2. 线下流量转化私域流量模式

线下门店不仅是购物场景，更是流量和体验中心。餐饮、商超、线下品牌店、房地产销售部、汽车 4S 店等线下渠道均可以通过线下引流至私域流量持续经营。

线下流量转化为私域流量的过程，即将线上第三方平台、线下业务、线上 App 流量导入微信生态，转化至私域流量池，持续进行流量经营，如图 3-1 所示。

通过线上线下结合的形式，突破了线下的时空局限，形成了线下引流、线上私域经营的流量生态。以下介绍几种线下流量向私域流量转化的模式。

模式 1： 线下购买(单店、社区店、商场入驻品牌) ＋ 扫码支付 ＋ 付款后推送微信二维码 ＋ 关注送优惠 ＋ 微信持续经营(如便利蜂超市等)。

图 3-1　线下流量转化为私域流量的过程

模式 2: 线下购买(单店、社区店、商场入驻品牌)＋扫码支付＋付款后推送微信二维码＋关注送优惠＋进入社群＋持续经营(社区团购、社交电商)。

模式 3: 线下一对一推送微信(企业微信或个人微信)＋扫码关注＋进入社群＋持续转化(线下品牌单店经营)。

模式 4: 线下推送公众号＋扫码关注＋48 小时定向推送＋关注企业微信号/个人号＋持续转化(线下餐饮连锁等)。

模式 5: 线下会议/线下活动＋扫码关注专家微信(企业微信/个人微信)＋持续转化＋社群经营(苏宁红孩子百万孕妈活动等)。

企业应充分融合线上线下业务场景,挖掘每个接触点进行服务营销互动,通过招、育、转、留对线上线下会员进行统一经营与管理,全面实现线下引流、线上经营,完成会员资产数字化管理的目标。

3. 线下流量转向私域流量的价值

线下流量向私域流量转化,重新构建了线下的收益模型。除了打破线下时间、空间的局限,私域流量的加持还增加了分享裂变的作用,相当于为企业插上翅膀。

- 传统线下的流量价值及收益计算方式为

坪效=线下营业额/单店总面积

- 线上转化的流量价值及收益计算方式为

坪效=(线下营业额+线上营业额)/单店总面积

- 私域流量加持的价值及收益计算方式为

$$坪效=(线下营业额+线上营业额)/单店总面积×裂变效果$$

无论是传统的线下连锁，还是品牌专卖店，打造流量生态，需要做好线上线下的结合，线下做流量体验，线上做社交裂变，将线上线下流量价值发挥到极致。

(二) 线上流量转化机制

我们应明确，引流的本质是"引人"，过去"引人"要做的是黄金地段买或租一间旺铺，现在"引人"要做的是线下线上多渠道触达。

1. 线上公域流量特性

(1) 微信公众号、微博。其以内容分享为主，在电商变现、双向互动方面受限。

(2) 抖音、快手、小红书。抖音目前的日活跃用户数量达到 6 亿，用户日均使用时长已经达到 90 分钟。其流量巨大，是引流及拉动销售量的优质渠道。但是，抖音平台亦有弊端，即在初期无法长期、多次触达客户。随着平台的发展和完善，后续其可能会有所改善。

(3) 淘宝、天猫、京东及闲鱼等电商平台。此类电商平台，用于流量转化与产品销售，互动性相对较弱，流量分发受限于平台，持续经营效果较差。

随着数字化转型的推进，企业已在微博、商城、抖音、视频号等平台快速建立营销阵地，品牌的营销资源会在多触点、多渠道通过多种内容形式来发力。值得注意的是，平台不同，运营模式也不同，适合抖音的内容搬运到微博不一定有效果，适合微博粉丝的活动难以满足微信场景的需要。

2. 线上流量转化私域流量模式

现在企业为获得稳定的客户流量，都在尝试将公域流量转化到私域流量，母婴、美妆、日化产品、教育类、汽车类等全面布局私域流量经营，目前主要有以下几类模式。

模式 1: 电商平台引流＋下单＋配送＋宣传单页或卡片＋添加微信提示(企业微信或个人微信)＋持续经营。

顾客在电商平台购买产品，商家在包裹中夹带售后服务卡、温馨提示、营销小卡片等。例如"添加××微信，获取 5 元红包"，是典型的商家将平台公域流量转化到私域流量的做法。

模式2：闲鱼等二手闲置电商平台＋闲物置换群＋引导微信关注(企业微信或个人微信)＋持续经营。

此类模式是通过平台引流至社群，通过社群运营逐步建立信任，并添加微信好友，持续经营。

模式3：微信公众号＋引导微信关注(企业微信或个人微信)＋持续经营。

模式4：抖音号/快手/视频号＋引导微信关注(企业微信或个人微信)＋持续经营。

基于抖音平台重推荐、轻关注的特点，抖音红人在个人主页引导"粉丝"添加微信或者微博。从严格意义上来讲，抖音的"粉丝"也属于公域流量。在这样的情况下，抖音红人们就倾向于用各种方式将"粉丝"导流到私域流量，最终达成更高效的变现。

模式5：小红书＋引导微信关注(企业微信或个人微信)＋持续经营。

模式6：抖音号/快手/视频号＋引导微信关注(企业微信或个人微信)＋持续经营＋反哺自有平台或其他平台。

建立私域流量池，能够反哺现有平台/其他平台，给平台提供更多可被分发的公域流量，如图3-2所示。例如，星巴克有很强的品牌力，自带流量。品牌的"粉丝"，也就是星巴克这个品牌的私域流量。所以，星巴克可以以很低的租金甚至免租的条件拿下各大商场的黄金位置。这也是典型的用自己的私域流量换取公域流量(商场提供的人流)的做法。

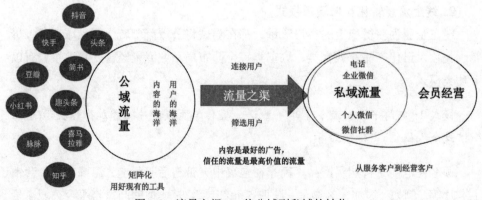

图3-2　流量之渠——从公域到私域的转化

模式 7: 抖音引流＋注册登记＋内部流量分发＋个人微信经营互动＋社群微课转化＋持续经营。

在各引流模式下，为了提升从公域平台引流的成功率，可以从以下三个平台端口进行引流。

(1) 个人主页签名引流。在公域平台有账号的企业，首先注册和账号同名的企业微信主体账号，在注册个人账号的时候，可以把微信号简化，可以和账号同拼音，或采用"简单的字母加数字"这种形式。一旦操作步骤复杂，即使有兴趣的用户也会因为怕麻烦而流失。

(2) 评论区留言引流。在公域发布内容仅是开始，企业可以在评论区留言、转发与内容紧密相关的话题，吸引没有看完内容但是对这个话题感兴趣的用户。互动量越多，获得的流量推荐也会越多。

(3) 私信回复引流。可以说，能够主动发私信的用户是高精准度、强需求的用户。对于这样的用户，一定要做好一对一的引导。公域平台的私聊不具有即时性，用户不会经常在线，断断续续的私聊很容易流失用户。所以，要引导用户加微信，比如设置一些零成本的"诱饵"，让用户因为不想损失而不得不加。

四、流量生态圈之私域驱动因素

将流量转向私域流量池，可形成长期客情关系，带来流量持续经营价值。而将公域流量引入私域的驱动因素包括内容、利益、服务、社交需要(圈层)。

流量生态决定商业转化价值，有了流量，才能够以此为基础构建自己的商业模式，所以互联网经济就是以吸引大众注意力为基础创造价值、转化盈利的。

在内容爆发的媒体环境下，内容就是流量。在过去 20 年里，互联网的流量随着内容融入众多产品，而在去中心化的今天，技术的进步和人性的需求又一次激发了内容的价值。

媒体开始积极构建生态，超级 App 借助全面、细分的场景构建流量生态；新兴的 App 平台也与超级流量入口合作，突破 App 的现有格局。

第三节　微信生态运营

目前，国内的主流社交运营平台主要有抖音、微信、微博、快手、哔哩哔哩、小红书等。

每个社交平台都有自己的特点，比如抖音是做内容的，快手是做人设的，快手实际上是人的天下，微博是做事件营销的，小红书是"种草"的，社群是做扩散的，微信是做用户沉淀的，知乎是给大家解惑的，喜马拉雅是做知识的。现在，很多年轻人打游戏的时候是不听音效的，他们听的是喜马拉雅。

企业无法占领所有的渠道，因为还会有更多年轻化的渠道出现。企业选择哪个渠道，主要取决于产品要吸引谁，这些人活跃于哪些平台。

无数的平台都在想尽办法将用户沉淀在自己平台，但最终用户总会问一句话，能加个微信吗？这就是各社交平台所面临的困境。

接下来，我们具体介绍一下微信。

近年来，微信就像是一个划时代的工具，改变了人们的生活方式：从朋友间的问候到情侣间的表白，从日常的沟通联络到重要的商务沟通，从人情往来的红包到商业交易支付，微信无处不在。对于企业来讲，微信已经成为企业的交易场所、经营场所、消费者互动场所和主要的流量来源。

一、微信生态家庭成员及价值

(一) 微信生态的功能

微信生态是坐拥 12 亿用户的流量池，为个人、企业、自媒体用户提供多个触点及转化机会，既有信息流量，又有社交流量。

微信生态可以定义为连接企业与个人用户的平台，具有多个入口，且具有不同的功能。在微信生态中，支持进行裂变的载体包括公众号、微信群、H5、个人微信号、小程序等。微信生态家族图谱中各工具的作用与价值，如图 3-3 所示。

图 3-3　微信生态家族图谱

(二) 微信功能的价值

1. 搜一搜

"搜一搜"功能，其主要承接用户的主动搜索行为。品牌方可以通过灵活配置多个搜索词，在"品牌区"获得稳定的官方触达"粉丝"的路径，自定义展示官方账号、商品和服务。品牌区能够帮助品牌商前置性地触达用户，帮助塑造品牌，并获得更多的潜在流量。

2. 朋友圈

"朋友圈"功能，是私域流量中裂变分享的落地页和入口，也可以将其理解为广告投放的主阵地。随着企业微信运营的体系化，越来越多的品牌方开始一对一地为客户打造专属的朋友圈产品展示，以及设定专门的标准作业程序(standard operating procedure，SOP)，以此搭建品牌方的运营体系。

3. 公众号

"公众号"功能，是品牌建设与内容营销的核心场景，也是承载交易的落地页面或前置环节。服务号、订阅号的传统信息与价值，使其可以作为用户专属的信息平台，也可以作为"粉丝"运营的阵地，其运营功能与运营方法已经进入成熟期。

4. 微信社群

"微信社群"功能，其本质是一个流量池，通过微信群内容推送与社群运营管理，客群可以长期维护和多次转化，成交率和精准度极高，是用户精细化运营和拉动复购、新品推广的重要阵地。

5. 视频号

"视频号"功能，是微信生态最重要的一个组成部分，也是腾讯电商决战的阵地。视频号既有广告价值，又具备互动与落地成交的功能；通过短视频、半开放的形式，既可以引入优质内容，又可以做多场景快速落地成交。视频号在抢占流量的同时，还可以实现交易、娱乐与教育的功能。

6. 微信支付

"微信支付"功能，是集成在微信客户端的支付功能，用户可以通过手机快速完成支付。目前，微信支付已实现刷卡支付、扫码支付、公众号支付、App 支付，并提供企业红包、代金券、立减优惠等营销新工具，满足用户及商户的不同支付场景。

7. 小程序

"小程序"功能，承接流量转化，为其他渠道的流量进行经营转化，通常作为品牌商落地消费的场景。打通微信生态中圈子、搜一搜、公众号等工具；引入直播，帮助品牌商低成本地完成私域流量的商业闭环。品牌商借助微信生态与用户建立联系，如引导客户关注商家微信公众号、添加个人微信、进入私域流量池，并持续经营。

二、微信生态的价值

微信生态的价值是发挥不同工具的作用，建立统一的客户画像，收集用户全程交互数据，如图 3-4 所示。

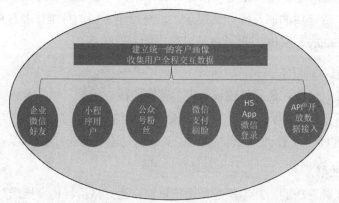

图 3-4　微信生态交互触点

---

① API：应用程序编程接口。

微信拥有近 12 亿高活跃用户，在用户移动产品的使用频次中占近 20%，其与生活场景强关联、高覆盖，免去对客户习惯的培养。其重要价值表现为以下几点。

(1) 低成本自建平台。小程序支持落地交易场景、公众号内容创作与内容分发，开放性相对较强。与开发 App 相比，企业的成本更低，自主性比其他渠道更强。

(2) 打通公域流量与私域流量，企业可实现一手引流、一手获客转化，完成扩大用户群体并持续经营客户的目的。

(3) 小程序的工具属性，通过一物一码，打通线上线下场景，实现企业的获客、锁客一体化。

(4) 打通内外部数据。内部打通客户数据平台(customer data platform，CDP)、客户关系管理(customer relationship management，CRM)及数据中台，外部通过 API 导入数据，精准分析与预判客户需求，实现微信生态精细化运营。

三、微信私域流量经营

如今，私域流量已经成为线上业务布局的重要抓手，是品牌方或平台的私有资产。通过微信私域流量经营，可进一步拉动存量客户的复购及裂变，为企业带来更大的增长空间。从公域流量到私域流量是一个引流、沉淀、持续运营的过程，如图 3-5 所示。

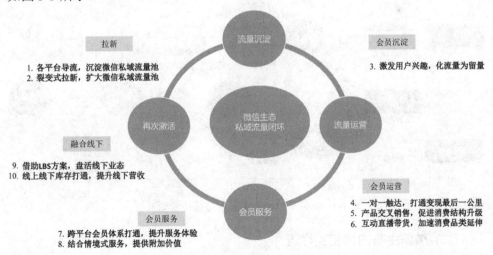

图 3-5　微信流量转化——从公域到私域

尤其对于高频产品来说，微信私域流量布局可以更加有效地促活，即促进用户的活跃度，拉动复购。

(一) 由公域流量到私域流量转化并持续运营

私域流量的价值正在逐步体现，品牌借助私域流量，找准切入点，结合产品及客群特点，摸索自己私域流量池运营的方法，高效地实现用户触达、获取、运营、变现及留存。

以微信生态为例，强大的平台流量为品牌的私域全链路运营增速提效。一方面，品牌可在公域流量中精准触达到目标用户，导入品牌私域，进行更多的私域流量转化。另一方面，微信亦可提供诸多的运营工具，如公众号、社群等，来帮助品牌做好私域的用户运营，持续满足品牌多样化的内容沟通诉求，在输出有深度的、专业的内容的同时，适当穿插软性的品牌及产品信息，如品牌直播、新品信息、品牌活动、促销信息等，以此增强用户好感度和品牌忠诚度。在微信广告的助力下，通过朋友圈广告、公众号广告等公域流量，以由浅至深的多条链路精准锁定目标人群，通过抽奖活动、在线咨询、线上直播等一系列私域流量运营手段，快速为私域流量池高效加粉蓄水，并提升新流量和产品转化率。

运用微信生态工具，将流量从公域转向私域持续经营的过程，如图 3-6 所示。

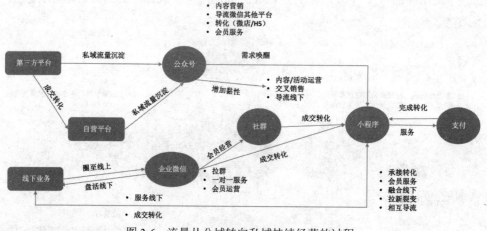

图 3-6　流量从公域转向私域持续经营的过程

(二) 微信生态内的相互导流

小程序作为线上业务增长的新阵地，对比外部平台，更能沉淀大量用户，以多种形式进行用户价值的深度挖掘，让品牌真正拿回主动经营权，减少中间链路的利润分摊，带来有效增长的同时，快速培养起一大批品牌忠实用户。

小程序承接活动，用户分享小程序给好友，通过引导好友填写基本信息，好友成为新用户，双方获得优惠并锁定关系。这就形成了消费分享或分销的机制。

图 3-7 为微信生态内，企业微信和社群通过小程序、公众号实现流量沉淀与用户转化的闭环。

在新型冠状病毒感染疫情催生的"宅经济"下，公众号及小程序的重要性更为凸显，线上流量的价值展现得淋漓尽致，众多品牌通过构建私域流量池开展线上生意，实现逆势增长。

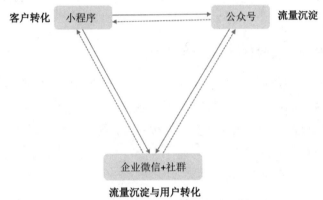

图 3-7　流量沉淀与用户转化的闭环

从用户管理来看，私域运营并非简单意义上的拉新，更多的是提升用户资产价值，即消费频次和消费金额。品牌要让私域流量这一自家的鱼塘"活起来"，更需要注重用户的实时需求，以高频互动建立起更深的用户信任关系，从而培养忠实用户、促成复购。

以母婴类品牌为例，母婴人群的消费生命周期短、迭代快，存在天然短板，而诸如妈妈社群、公众号等一众渠道，通过精细化私域运营可加强品牌与用户之间的情感连接，建立起深厚的品牌信任感和忠诚度。用户在获得和分享信息时，逐渐增强品牌归属感，品牌则能第一时间获得用户的产品使用反馈，持续优化后续产品及市场决策，从而达成长期的良性增长。结合分销的机制，聚集天生热爱分享、有共同兴趣、共鸣多的人群，可以迅速带来口碑传播，形成裂变效应。这成为流量的重要入口。

通过公众号推文及微信社群进行"种草""养草""拔草"[①]的流量经营闭环，可以发挥微信生态各工具的价值，提升流量转化效果，如图3-8所示。

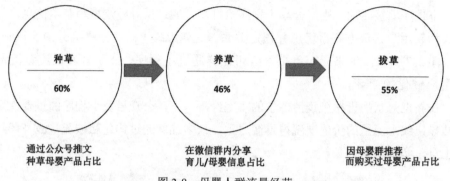

图 3-8 母婴人群流量经营

(三) 微信生态运营打造私域流量经营闭环

微信生态的运营场景可以拆解为拉新、复购或活跃、增值服务、线上线下融合持续运营创收这几步，从而实现从流量沉淀、运营、转化到不断激活的闭环。这个过程有 4 个关键环节，即拉新、养熟、成交、裂变。它们环环相扣，每个环节解决不同的问题。

1. 拉新

拉新，是指依托持续发布吸引人的、有价值的内容，以吸引用户。其内容具有量大、新颖、多样化、知识性强、趣味性强、易于收藏或传播等特点。此类内容可以从各平台导流，沉淀到微信私域流量池；或采用裂变式拉新，扩大私域流量池。

2. 养熟

养熟，是指通过不断的沟通互动，解决信任问题。可以通过客服聊天、用户圈子互动、视频及电商沉淀等，持续激发用户兴趣，引发共鸣。具体做法为：找到并激发用户兴趣；一对一触达，打通变现渠道；打通跨平台客户关系管理系统，统一经营，提升体验；交叉销售，促进消费升级。

3. 成交

成交，是指通过结合业务场景，提供增值服务，或通过产品主推或交叉销售形式，解决变现问题。若能够通过广告内容引流精准客户，那么在满足用户价值

---

① "拔草"是网络流行词，原意是把草拔掉，把不需要的草移除。作为网络词汇，"拔草"是指消除购买欲望。

需求后，持续成交就是顺理成章的事情。

4. 裂变

裂变，是指通过"抓心"的内容，引发"粉丝"共鸣和转化，带动新"粉丝"关注；通过利他思维、利益共享机制、分润机制等进行快速裂变。

除了以上 4 个环节外，企业还应重视"粉丝"的经营，"粉丝"经营流程包括：拉粉入群；互动标签；产品转化；会员细分；持续经营。

如今人们的行为习惯与过去相比已大不相同，用户更加依赖社交网络分享、获取信息，购买商品。可以说，用户的信息消费模式和决策模式更加倾向于线上，企业也应看清这一变化，迅速调整战略，实现从线下转向线上的私域流量切换。

第四章

基于流量经营的个人品牌打造

第一节　打造个人品牌

在全媒体时代，无论是个人还是企业微信号，都承载着建立信任、打造品牌、推广产品和处理情绪的重要任务。要想实现这些目标，首先要塑造良好的个人品牌(IP[①])。

一、为什么要打造个人品牌

无论你处于什么年龄阶段，担任什么职位，从事什么行业，都应该意识到建立个人品牌的重要性。大到企业愿景与价值观传递，小到个人的不同生活场景，都需要积极营销你的个人品牌。

对企业家而言，个人品牌能为企业造势，赢得更多的宣传机会，甚至可以化解危机。企业家的个人品牌就代表着企业的品牌形象和价值观。

对创业者而言，打造个人品牌吸睛又吸金，可以使自己从激烈的竞争中脱颖而出，带火自己的创业项目，让客户主动找上门来，从而实现名利双收。

社会化媒体营销的核心是社交，而社交的核心是个人品牌与价值观的传递。

[①] IP(intellectual property)，直译为"知识产权"，即个人对某种知识成果的占有权。我们还可以将其理解为留给别人的整体形象，包含了核心价值，文化特点，外貌形象。

二、个人品牌打造的八部曲

(一) 打造自我标签

可以将个人品牌理解为人物设定，即你是什么样的人。有了定位之后，所有的行动则围绕定位展开。

打造个人品牌前首先要问自己几个问题。

- 我有哪些特点？
- 我喜欢什么？
- 我想成为什么样的人？
- 为什么要成为那样的人？

明确自己要成为什么样的人，是做好个人品牌定位的起点，决定了未来的走向和目标。同时，还要通过自我标签打造，形成第一印象。

个人品牌定位是一个长期的、系统化的工程。因此，要结合自己的特点和兴趣，心甘情愿地做。做自己喜欢的事情，是个人品牌得以持续的根本。

(二) 定位个人品牌价值

定位个人品牌价值，即决定自己要做什么。可以围绕以下几个问题展开，让定位越来越清晰。

- 谁是我的客户？
- 他们需要什么？
- 他们喜欢什么？
- 我能带给他们什么价值？

不同的客户群体有不同的行为习惯，那么我们的沟通渠道、打造的形象特点、日常用词、选品、促销、服务方式、内容呈现形式都会不同。应围绕客户的需求、偏好输出个人品牌价值。在输出过程中，需求是基本需要，偏好则是吸引眼球、创造喜悦点、留下深刻印象的关键。

找准定位、确定方向，是打造个人品牌最关键的一环。

(三) 塑造立体化形象

在我们建立个人品牌的时候，一定要谨记"一言一行皆是个人品牌"。个人品牌的塑造是立体化的、全方位的、长期的、持续不断的。

在社交化媒体当中，立体化形象塑造包括头像、签名、背景、朋友圈分享、个人私信及社群互动等，既包括视觉上的内容，也包括感知上的体验。

无论在哪个行业，全媒体运营师都要做好定位，然后把自己当成一家公司来经营，做自己的首席品牌官。日常的言行、传递的价值观、处事的方式等，都展现着一个人的素养、品味与格局。这是自我学习与修炼的过程，也是品牌塑造的过程。

个人品牌能否被客户接受和喜欢，取决于个人魅力。个人魅力是感性层面的，决定人们是否喜欢你，这需要高情商。专业技能是理性层面的，决定人们是否尊重你，这需要高智商。从感性的喜欢到理性的尊重，层层递进，达成欣赏、信任和合作。

(四) 真情实感讲出自己的故事

相比姣好的容貌，故事和传递的精神更容易使人印象深刻，外在可以吸引眼球，故事则能打动人心。所以，打造个人品牌，可以从一篇有趣、感人的故事开始。创业故事、励志故事、情感历程都是能够让人记住的好素材。

比如，夫妻、情侣秀恩爱，这是讲情感故事；几个朋友合伙创业，这是讲励志和创业故事……故事应充满真情实感，易于传播，甚至能在社交媒体上层层发酵，精准传递到目标人群。

(五) 持续的内容输出

在社交媒体飞速发展的当下，信息大爆炸，人人都是自媒体，持续的、高质量的、与时俱进的内容输出是品牌塑造的关键。只有持续输出高质量的、有趣的内容，才能够让个人品牌保持活力。因此，原创内容是品牌塑造的保鲜剂和加速器。

持续输出内容，可以让自己在专业领域深耕的同时，营造轻松、愉快、好玩、有趣的氛围。幽默、风趣、诙谐是个人魅力非常重要的组成部分。

(六) 扩大影响力

在社会化媒体中，人与人的连接决定着传播的速度。社会化媒体营销的核心是"社交"，想清楚"与谁同行"，决定着个人品牌的质量与传播速度。因此，走出去、交朋友，和更多的人分享，帮助更多的人受益，可以让个人品牌走得更远。

打造个人品牌的关键是不断认识新朋友，扩大影响力，获得新客户，创造更多的获客机会。

(七) 分享与传播

在打造个人品牌过程中，无论是分享自己的创意，还是分享所思所想，或者写文章、发朋友圈分享知识，都可以获得更多的关注。而高明的商业策划，是把这些内容转化成新闻，通过新闻渠道以最快的速度覆盖最广泛的人群，以产生最大影响力。

打造个人品牌，必须高度重视传播，精心策划新闻，吸引媒体关注报道，放大社会效应，以提升个人品牌的传播速度。尤其要重视对社交媒体的利用，其可以起到事半功倍的作用。

(八) 个人品牌变现

优质的个人品牌一定要具备商业价值。无论是代言还是带货，都可以实现个人品牌的商业化。

2020年的新型冠状病毒感染疫情使旅游业面临严峻的考验，携程创始人梁建章以携程大导游的个人IP带领携程迅速复苏。

蜜芽集团创始人刘楠通过个人品牌塑造，迅速拉升旗下多个新国货品牌的影响力。她的首次抖音直播，旗下参与直播品牌即斩获国货产品人气排名前三的好成绩。

不能商业化的个人品牌，只会昙花一现。有些个人品牌火了一阵子就销声匿迹了，究其原因是没有找到商业价值。

> 📂 **案例：自媒体个人品牌定位与立体化形象打造**
>
> 无论是抖音号，还是微信号、视频号，都需要做好基础信息的设置。这些设置就像店铺的门面装修，是建立"第一印象"最关键的场景。
>
> 首先是昵称，它相当于店铺名称，要有识别度，有记忆点，利于传播。可用姓名、花名，但绝不能使用编号。

其次是头像，即一个品牌的图标，是别人把你存在记忆中的符号，需要结合个人要打造的风格进行设置。

再次是背景和主页图像，其可以是清凉夏天的风景，也可以是品牌的形象；可以是个人的全家福，也可以是提升形象的名人合照。

最后是个性化签名，可以是能引起共鸣的一句话，能够体现你的性格、价值观等。个性化签名需要的是弘扬正能量的、精练的语句。

与在线服务相比，微信等社交化媒体更加开放，更适合个性化的展现和相对奔放与灵活的互动方式。因此，在昵称、头像、背景、互动语言方面，可以使形式更加轻松，适当地生活化，释放个性化服务基因。

我们来看几个个人品牌打造的案例。

个人品牌打造 1：培训咨询讲师

个人定位： 商业架构师、企业盈利增长模式专家

价值定位： 分享课程精彩内容、企业诊断案例、创业热门项目分享。

个人品牌打造 2：母婴品牌创始人、生活博主(微信视频号、抖音号)

个人定位： 品牌创始人、生活博主。

价值定位： 分享创业经验、生活态度，给"粉丝"分享福利。

个人品牌打造 3：私人定制育儿顾问

个人定位： 苏宁红孩子专属育儿顾问。

价值定位： 为客户传播育儿知识，解答育儿问题，提供各类与育儿相关的解决方案，提供与育儿相关的好物分享。

个人品牌打造4：携程创始人、携程大导游(微信视频号、抖音号)

个人定位：品牌创始人、大导游。

价值定位：带"粉丝"走遍大江南北，领略风土人情。

第二节　什么是个人品牌打造

一、人设的认知

(一) 个人品牌

个人品牌(IP)是一种被市场催生出来的 IP 形象，一般是指在某一领域中，形成公共认知的个人形象。展开来说，就是在某一领域中，被这一领域内的一部分群体公认的某一种特定形象。个人品牌的形式非常丰富，可以是真人，也可以是物件，甚至是虚拟的人或物。

为了应对武汉发生的新型冠状病毒感染疫情，国家参照北京小汤山医院模式建设火神山医院和雷神山医院，央视视频上线了视频直播，数千万人参与"云监工"，不少人在评论区给火神山和雷神山的"挖掘机天团"取名。

按照颜色分为"小蓝""小黄""小红"，高层吊车被叫作"送高宗"，混凝土搅拌车被叫作"送灰宗"和"呕泥酱"，此外还有"叉酱"和"光武帝"……

随后，央视为挖掘机开了助力榜(见图4-1)，将"叉酱""蓝忘机""呕泥酱""小小黄"等加入榜单，鼓励观众为它们"加油"，微博还推出了挖掘机天团的超话，叉车"叉酱"位列榜首。

图 4-1　挖掘机助力榜

这些就是挖掘机的"人设"。提到故宫我们会想到清帝卖萌，提到江小白我们会想起文艺青年，提到卫龙我们就会想起戏精，这也是人设。

(二) 品牌形象

在品牌营销中，往往会将产品加以包装，以博得消费者的好感，吸引其购买。随着消费者追求个性化的趋势越演越烈，品牌营销也越来越注重打造人设，赋予品牌人格与情感，拥有更多个性化的空间，从而衍生出"品牌 IP"(品牌形象)的概念。

十几年前的电视台都一本正经地叫作湖南卫视、江苏卫视，当水果成为它们的代名词后，许多电视台便顺势而为，直接"官宣"了自己的新名字，比如湖南卫视把自己称作芒果 TV(见图 4-2)、江苏卫视把自己称作荔枝台，这加深了消费者对电视台的印象。

图 4-2　湖南台 LOGO

在这个社交媒体的天下，传统大众媒体的"填鸭式传播"已经不灵，最大的改变就是用户主权开始呈现反转，新生代的用户更喜欢有个性、有温度、亲民的品牌，而不是永远站在高处俯视群众的品牌。

我们应赋予品牌人格化的特征，以迎合用户的喜好。

二、如何打造个人品牌

(一) 营销需要温度，用户需要人设

如今，单纯地追求高曝光量无法取得良好的广告效果。在广告信息泛滥的时代，消费者不缺乏信息量，被记住并被认可才是关键。

在营销进阶阶段，曝光型广告的效率越来越低，打造一个能够被人记住的个人品牌(IP)需要温度，应以更有"人情味"的姿态融入消费群体，与消费者同步，这才是营销中的突破口。

因此，打造"人设"不失为一种行之有效的新营销方式。

(二) 消费者在哪里，营销的方向就在哪里

流量的终点是营销，打造好个人品牌(IP)，就能吸引更多的消费者，从而获得盈利。

消费者在哪里，营销的方向就在哪里，打造个人品牌(IP)应围绕年轻人的喜好来做。

随着"90后""95后"成为中国主流消费人群，越来越多的品牌尝试年轻化道路，与年轻受众在社群里进行沟通。

年轻人愿意尝试新事物，他们追求个性独立，喜欢潮流的事物，更愿意为人设买单，比如某"当红流量"穿戴的产品，一旦出镜，网络上就会出现各种各样的"×××同款"，不论是否是同一品牌，只要是"同款"，也能瞬间卖断货。

直播带货是目前个人和企业获得流量变现的最直接途径，包括现在很多明星，在息影后都会转行做直播，也就是利用自己在娱乐圈的"人设"，吸引粉丝和路人进行消费，而"人设"就是支撑他们获取利益的最大助力。

(三) 个人品牌塑造的注意事项

个人品牌的塑造，是个人在树立目标后，长期自我约束、自我完善、自我超越的过程。打造人设应注意如下事项。

(1) 寻找动机，即寻找自己的初心。想清楚为什么要做，并且按照动机时常纠偏。

(2) 永远保持学习的心态，要在与"粉丝"的沟通互动过程中，发现可优化和迭代的机会。

(3) 应远离负面信息，传递正能量。无论是日常互动、社群互动，还是朋友圈展示，都不要发布存在负面信息和负面情绪的内容。

(4) 必须认同自我，自我品牌的塑造应建立在客户和朋友信任的基础上，因此绝不分享自己不相信的、不认同的产品。

(5) 设立目标，向朋友和客户许下承诺，每天打卡，进行自我约束，这是塑造个人品牌、带动他人的方式。特别是在训练或依赖持续使用而产生效果的社群，通过此方式能起到很好的带动作用。

(6) 个人品牌影响力越大，责任越大。因此，如果在品牌建设和产品推广中出现失误，也要以积极的心态找到突破口，并且寻找成功的线索。

(7) 要独立但不孤立。要多与人交流，多走出去，多行动，开阔视野。

(8) 参与和分享。如果是销售产品，则要展示产品的优势。如果是销售机会，则需要分享获取成功的方法与喜悦，形成正向的影响力。

(9) 坚持塑造形象。时刻不忘初心，维护形象，坚持价值输出。

第三节　个人品牌打造的核心逻辑

一、符合品牌调性

打造人设不能为了打造而打造，而是要在品牌调性个性延伸的基础上，去做内容筛选框架，最终才能形成一个稳定的用户识别。因此，品牌定位是品牌战略的核心，很多时候，品牌定位决定品牌生死存亡，打造品牌人设可以个性化，但必须始终围绕品牌定位。

符合品牌调性建立的人设定位好处在于，当消费者产生购买需求的时候，能被第一时间想到，比如吃火锅上火了，会第一时间想到王老吉、加多宝，因为其产品的卖点就是去火凉茶，更有朗朗上口的广告语"怕上火，就喝王老吉(加多宝)"加持。这就是符合品牌定位的 IP 的妙处。

再如蓝 V 总教头海尔官微，虽然调皮有个性，但始终是卖电器的；卫龙以戏精的风格将自己变为网红品牌，也是为了品牌焕新升级，将辣条打造为更高端的产品；淘宝故宫虽然以卖萌的方式迎合年轻化趋势，但它始终还是以明、清为历史主轴，围绕中国传统文化做营销。

所以说，打造自己的人设，离不开精准的定位，要分析产品和品牌的优势，深度挖掘消费者的喜好，再确立创意。

此外，围绕一个品牌而打造的人设定位宜精不宜多。打造人设，要将品牌的形象、文化、趣味完全融入"人设"中，不能将流行元素全都揉进宣传里，太多太杂的信息不利于建立品牌识别点，且数量越多，越容易出现人设崩塌事件，也就是网络上经常说的"塌房"。

二、符合用户圈层

建立人设需要把握用户心理。人设定位永远不可脱离人群，所以主观印象并不可取。要走近消费者，从消费者角度模拟品牌人格属性，注入社交灵魂。因此，人设可对照消费者，从消费者的特性中总结共性，来体现品牌人设的性格特质。

三、展现权威性

从学术上讲，权威是权力和威势，是使人信从的力量和威望，是在某种范围里最有地位的人和事物。

权威的影响力自古就有，不管是西方的宗教发展、东方的帝王之术，还是现在关键意见领袖(KOL)的直播带货，都是对权威的运用，甚至与我们如影随形。

比如你的父母对你的工作提出意见，相信你会有一万种理由质疑他们，但如果行业领袖给出意见，你就很少会质疑，哪怕是没见过面。因为你觉得他是行业领袖，是这一行的专家，有权威背书，你就会相信他。

所以运用好权威，理性上能让别人相信你，感性上能影响别人的判断。

四、树立积极正面的形象

在日常生活中，如果你的人设是一位"富二代"，朋友圈只是一味地晒车和表，炫耀自己的物质生活，别人只会以为你是土豪，甚至误会你身边的人都是酒肉朋友。如果你体现出自己有学识、谈吐好和自律好学，如展示看书的习惯、听音乐会的场景，那么你的人设就不只是"有钱"，更多了一份"有内涵"在里面。

对于现在的自媒体，那些质量差、靠雷人标题吸引用户的内容已经渐渐被市场淘汰，产出优质内容的账号逐渐脱颖而出，并确立了自己的人设，为自己树立了积极正面的形象。

五、符合主流价值观

社会化媒体，也是媒体的一种，具有传播功能，一定要传播正确的价值观。作为一个内容创作者，传输正向的东西，是立业的根基，而只有把这个最基本的东西保持住，才能够走得长远。

第四节 如何围绕个人品牌进行产出内容

目前，自媒体行业竞争非常激烈，无论是什么平台，流量池都是固定的，所有自媒体账号和用户所做的，就是在同一个池子里竞争，争夺流量。

如果不能持续产出足够优质的内容，很难获取初期用户，起步后也意味着很快就会被自媒体大军淹没。在围绕人设进行产出内容之前，我们先要分析用户群体，投其所好。

一、分析用户特点

(一) 移动互联网用户的特点

移动互联网正在改变着人们的生活习惯、学习习惯、沟通习惯、购物习惯、理财习惯，以及行为习惯。在移动互联网时代，客户也有着非常明显的特征。

1. 行为移动化

移动互联网让人们打破了时空的限制，可以随时随地获取信息，从而产生了移动办公、移动学习、随时查看和获取信息的条件。因此，我们看到地铁里遍布着低头族，咖啡厅里有越来越多学习和办公的人。

2. 时间碎片化

在移动互联网时代，尽管查阅信息非常便捷，但也带来了用户注意力集中时间短或者注意力稀缺的问题。人们在不同屏幕、页面间快速切换，停留在某个具体应用上的时间长短不一。用户不再像以往一样有大段时间去阅读长篇文章，他们更喜欢轻阅读，追逐简短分享、简易化表达。微博、微信之所以受到热捧，很大程度上是顺应了这一趋势。

3. 在线实时化

移动互联网让手机成为人们不可或缺的工具，人们随时在线，信息同步速度快，传播速度快。这个特点提升了信息传递的效率，改变了营销预热与准备的周期，也改变了管理结构与节奏。

4. 审美疲劳化

由于网络中各类内容的创新手段越来越丰富，热点信息传播越来越快，持续时间越来越短，所以对营销手段、活动方案的创新速度会有更高的要求。

5. 消费理性化

随着信息同步速度越来越快、专业化信息平台越来越多，客户稍花心思就可以获得各类专业信息及各类商家的信息，用户购买产品前会再三对比，如发货速度、服务口碑、产品质量、价格优势、赠品、权益、售后服务体验等，不再会因为一个广告而直接做出购买行为。消费的理性化，对企业产品的内容、定价、营销方案，以及服务的专业化程度提出了更高的要求。

(二) 不同平台观众的特点

在选择合适的平台做内容产出之前，需要先了解各个主流新媒体平台的特性和用户画像。

- 小红书

适合短篇图文，如攻略类、体验类、教程类。

用户群：60%以上是女性，大部分年龄在 18～27 岁，对化妆品、服装品类较为敏感。

关键点：瀑布流显示模式，需要封面突出，激发用户点赞及收藏意愿。

- 抖音

适合短视频，如搞笑类、简短教程、科普类、音乐类。

用户群：全年龄段。

关键点：抖音拥有大数据智能算法机制，自动推荐，不喜欢就划掉，所以视频开头三秒要吸引人，如留下悬念，提个问题等，以引起观众的好奇心。

- 快手

适合短视频，如生活类、剧情类、"土味视频"。

用户群：三四线城市用户居多，完播率较高。

关键点：快手不是上下滑动，而是像小红书那种展示形式，所以和小红书一样封面要突出。

- 公众号

适合长图文，如实时新闻、最近优惠、营销广告软文。

用户群：基于微信，一般多为通过朋友分享进行阅读的人。

关键点：由于没有其他平台那样的推送机制，其只能通过熟人点赞，适合做自有品牌的私域。

● 视频号

适合小视频，如直播。

用户群：基于微信，多为不刷抖音、快手的人。

关键点：适合联动公众号打造关系型流量运营，适合发展私域。

二、优质内容的输出

用户需要消费"好"内容。"好"的内容可以吸引新用户，只有持续满足用户对于"好"内容的需求，用户才会持续地使用和留存。

内容行业的本质是创新，流量资源是宝贵且稀缺的，我们应该让"好"内容拿到"对"的流量。追求内容新鲜感是用户的天性，持续的内容迭代创新是内容平台最重要的生存法则，优质新内容筛选的能力是平台的核心能力，应给予优质的内容更多的流量。

(一) 优质内容的判定标准

1. 原创程度

是否原创是判断内容的一大重要因素。现在内容创作多分为两大类，一类是原创，另一类是二次创作。

现在比较常见的是二次创作，二次创作的方法有两种：一种是在网上搜索资料作为自己内容的背景补充，或者对已知内容进行分析后，提炼出自己的观点，其标题、图文与被借鉴的内容重合度较低；另一种则是通过相关的版权系统，购买或申请转载别人的内容，并注明出处。

2. 活跃程度

某个账号在一段时间内的发布数量和点击率就是账号的活跃度。要做到更精细化的内容运营，就要对比自己的账号与各个平台上同类型账号的发布数量、发布质量及发布时间、发布点击率的差距。

一定要把精细化对比运营的观念贯穿新媒体内容创作的整个环节，这样才能看到我们的不足，从而不断优化改进。

3. 受关注度

受关注度是指某个新媒体的用户订阅数量，以及用户订阅之后，这个号与用户之间的互动。可以根据单篇内容吸粉数、互动数来判断内容的质量。

4. 作者的知名程度

新媒体内容作者可分为三类：名人、达人、普通人。名人认证和达人认证在内容分发上是要加权的。同样质量的文章，一般的平台会把权重分给名人和达人。如果可以申请认证，一定要优先申请。

5. 用户体验

优质的新媒体内容产出必须要带来良好的用户体验。用户体验是一个系统工程，需要通过内容、布局、设计、浏览速度等做综合支撑。例如图文类内容，就要优化目录、排版、色彩等；短视频类内容，就要优化播放节奏、画面质量、背景音乐等。

要对观众的反馈进行精准的分析，不断发现并解决问题，才能持续提高用户体验。

(二) 如何进行选题

尽管各种不同的内容定位所针对的内容创作形式不完全一样，但从总体上来说，该注意的要点和创作流程都是一样的，可以从以下三个方面来进行解析。

1. 在热点新闻中挖掘选题

每一天都会有各种各样的新闻发生，我们可以去挖掘这背后的意义。

而且，因为新闻有热点属性，所以文章有更多的曝光可能。

比如最近某公司的裁员事件，我们可以从中挖掘很多素材。写职场话题的就可以从人力资源的角度切入，比如如何协调公司利益与员工个人利益，当代职场人士的生存现状，职场人士如何维护自身权益等。再比如某公司开始摒弃"996"工作模式，就可以"身体比工作更重要"的主题，告诫大家注意身体。我们可以从不同角度切入，挖掘热点。

当然，我们绝不可以盲目追随热点，踩热点，要分清事件的本质。

2. 在日常生活中保持敏感

既然做了内容创作者，在日常生活中肯定要保持敏感，注意观察生活中的方方面面，要有"刻意练习"的思维。日常生活中的主题往往最贴近大众，也最容易产生同感，获得读者认可。

比如下班看到地铁里有人用手机外放短视频，音量很大，可以联想到最近新颁布的"地铁上禁止手机外放"相关条例，还可以联想到我们对这个事件的看法，再联系到目前社会开始关注公共场所文明礼貌的现状，抽丝剥茧，层层递进，最后形成一篇结合热点事件的文章。

还有些时候，和朋友亲戚的交谈聊天，要善于了解对方为什么这么说，心理学相关内容的创作者，就要去思考对方讲这些话的原因是不是对应着某个心理学的理论，从而去拆解这个心理学理论，在工作生活中该如何应用等。

在日常生活中，我们要保持一定的敏锐度，这对于积累选题是很重要的。

3. 在创作中坚持深入研究

有些人一开始没做好定位，急于求成，看着市场上某类内容受众广泛，就盲目跟风，但后期就产不出内容了，因为当时所选的领域并不是自己熟悉的，后期也没有做深入研究。

因此，一开始要准确定位，然后深入研究，不断精进。那么，如何深入研究呢？记住几个字，看，学，说，做。

- 看：看本领域内的文章(包括同领域自媒体)、书籍、电影、纪录片、综艺、图片等。
- 学：学习本领域相关技能，比如做电影相关领域的自媒体，就去学视频剪辑、图片处理、配音等，做育婴方面的自媒体，就去学孩子成长领域涉及的知识等。
- 说：说就是交流，如果允许的话，可以和本领域内的相关从业者直接沟通交流，甚至是访谈式交流。
- 做：做就是躬身入局，最好从事相关行业，或者尽可能找机会接触这个领域，慢慢实践，从过程中获得内容的"养分"。

通过以上方法进行深入研究，策划选题就是水到渠成的事情了。

(三) 如何创作内容

1. 标题和内容相符合

互联网实际上是一个非常注重用户体验的搜索引擎。我们看一下这个情景：用户在搜索一个关键词的时候，看见标题能够解决他的需求，点进去了却发现内容和回答完全不相符，只好退出页面。这是非常影响用户体验的，带来的结果就是，数据后台会判定用户不喜欢类似的内容，减少推送同类题材，甚至减少将你的账号内容推荐给其他用户。

优质内容的关键是，你的内容必须与标题相符，内容能够解决标题所问的问题，或者对标题的内容进行详细讲解。我们在选取好标题后，对内容也要非常注重，与标题相关的内容才是优质的内容。

此外，还要注意缩略内容，优化第一眼看见的要素，如文章摘要、短视频封面、公众号缩略图等，以第一时间抓住用户的眼球。

2. 内容逻辑流畅通顺

内容的可读性也是区分优质内容的一个很重要的关键点。对于用户来说，如果不能通畅地阅读某页面内容，那么这个页面就会被关掉。因为这造成了用户的阅读困难，用户体验较差。

3. 内容丰富

内容主要包括标题、正文内容，以及正文下面的相关推荐和热度推荐等。我们可以通过 UI 设计(界面设计)来提升用户阅读时的舒适感。

4. 内容原创

面对现在庞大的数据库，会将"爬取"过的内容截取成一段段的内容与库里面的内容进行对比，如果发现存在采集的问题，就会影响内容的收录和排名；如果生成的内容是全网缺乏的原创内容，这些内容会被收录，并且在排名上靠前。

(四) 要具备正向的价值观

新媒体使人们的生活变得更加便捷、更加丰富、更加具有自主性。作为新媒体人，要通过教育引导、舆论宣传、文化熏陶、实践养成、制度保障等，使社会主义核心价值观内化为人们的精神追求，外化为人们的自觉行动。要润物细无声，运用各类文化形式，生动具体地表现社会主义核心价值观，用高质量、高水平的作品形象地告诉人们什么是真善美，什么是假恶丑，什么是值得肯定和赞扬的，什么是必须反对和否定的。

三、优质内容带来的价值

1. 营收价值

优质的内容可以直接带来营收，用户会为了某个内容而付费，通常分为单篇收益和会员收益，这些收入可以归因到每一个内容个体上。

2. 用户价值

在用户层面要激发用户参与和分享的欲望。用户希望找到对自己最直接和最有利的信息，满足用户获得新知识的求知欲，要考虑为用户创造快乐，带来利益等，形成转发和分享的冲动。

3. 消费价值

优质的内容有消费价值，用户会喜欢看，甚至反复看，所以可以用完播率、深度消费率、消费时长、收藏率和点赞率等进行评估(产品不同，指标也不一样)。

4. 促生产价值

优质内容有促生产的作用，抖音、快手上明星使用过的魔法表情，普通用户看到之后会争相试用；小红书、微博上达人发表自己的穿搭心得，用户往往也会模仿，通过借鉴它来生产自己的内容。这些内容可以激励用户生产内容，这种促生产价值也是优质内容的一个维度。

5. 社交价值

用户在站内有社交行为，可以增加用户黏性，内容附属的社交属性帮助用户加深与平台之间的链接。

四、让内容迅速传播的技巧

如何让优质内容出现在用户眼前，通过优质内容提升用户对产品本身的好感度和黏性，也是一个重要的问题。

内容传播，是内容运营的最后一个重要环节。内容传播分为两个出口：第一个是平台内部传播，即将内容发布在平台自身内容模块中；第二个是外部渠道传播，即把内容扩散到其他社交媒体、其他平台上，形成链式传播效应。

(一) 平台内部传播

内容的产品内部传播包含自由流动、置顶推荐、消息推送、权重排名4种运营形式，这背后都需要在产品机制上做一定的支撑。

1. 自由流动

自由流动，指的是任由内容发布在产品的内容模块中，不做人工干预，由用户自主发现和阅读内容，并且主要受既定的产品机制影响进行传播。比如百度贴吧的帖子发布后，按照时间先后顺序呈现在贴吧内，当有用户顶帖回复时，帖子会出现在贴吧内最顶部。知乎则解释为按照用户点赞机制进行流动，当用户对一条内容进行点赞后，这条内容将出现在该用户的粉丝的时间轴(timeline)上。内容自由流动的机制主要有时间先后顺序、最新回复、关注者点赞等形式。

2. 置顶推荐

置顶推荐是内容运营常用的一种机制，由内容运营人员人工挑选合适的内容在运营位上进行推荐，被推荐的内容通常能够获得更多的关注。

3. 消息推送

消息推送是移动互联网时代被广泛运用的一种运营手段，在 App 里叫作推送(push)或者浮层弹出，在互联网时代叫作站内信或者桌面弹窗。消息推送是最强有力的运营手段之一，其信息呈现的优先性和强制性能够最大程度地吸引用户的注意，所以效果比较好。但是，由于很多企业滥用推送，导致用户对消息推送的敏感度有所降低。

4. 权重排名

权重排名是通过对内容进行多维度数值评价，按照一定的逻辑对内容的排序进行重组调控。比如应用商店里的下载榜、飙升榜、新锐榜，分别从总下载量、单位时间内的下载量、全新优质 App 等多个维度进行榜单推荐，进入这个榜单的应用也将拥有更集中的曝光机会。权重排名的好处在于能够发掘新兴有潜力的高价值内容，能够对长尾内容起到推荐的作用，帮助优质内容获得更持久的曝光机会，避免被信息快速流动冲刷下去。

(二) 外部渠道传播

内部传播渠道始终受限于用户量的规模，而外部渠道尤其是社交媒体平台由于用户覆盖面的多样性和规模，能够产生更大的传播量。

现在几乎所有的社交媒体平台都有将内容分享到其他平台的功能，大家都希望自己的内容能够借助社交红利产生更多的流量。

在借助社交媒体平台进行内容传播时应考虑各社交平台的特点，从标题策划、内容呈现形式下功夫，使之能充分发挥平台的传播势能。

第五节　多维度内容运营及联动打法

一、基于个人品牌(IP)打造的"短视频+直播"联动打法

"短视频+直播"在近年来备受关注，短视频营销和直播"带货"的结合让

很多人看到了其中的商机，特别是那些已经立好人设的品牌或红人，例如李×琦，就是利用"短视频+直播"联动的玩法，整合运营，挖掘更多的流量红利，并且形成了自己的粉丝群体，构建营销的闭环。

(一) "短视频+直播"整合运营概述

当前，直播行业和短视频行业已经出现相互融合的趋势，直播平台在探索多元化的出口时纷纷布局短视频，而短视频平台也开始增加直播功能。

淘宝 App 除了原有的直播窗口以外，在红人、达人主页也开放了短视频、图文的页面；抖音作为短视频平台，在开放抖音直播、抖音商城、小黄车功能之后，更引领了"直播带货"的新运营趋势。

1. 短视频与直播的优势互补

短视频和直播逐渐成为主流内容的消费场景之后，图文的整体流量确实在下滑，但是图文的优势也相当显著。在表现一些深度内容的时候，图文是不可取代的，比较常见的有攻略类、教程类、"种草"类图文。

短视频的优势是流量大，劣势是成交转化率相对较低；直播的优势就是转化效果好，劣势是面临流量短缺的困境。如果将短视频的流量红利与直播的成交转化结合在一起，势必发挥最大的作用。

不管是直播行业还是短视频行业，要想获得更长远的发展，更充分地发挥出商业价值，就要将两者结合起来，相互助力，发挥长处，补足短板。

直播与短视频的优势互补主要体现在以下几个方面(见图 4-3)。

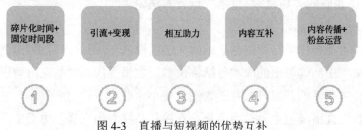

图 4-3 直播与短视频的优势互补

2. 各大平台搭建闭环式内容生态系统

随着"短视频+直播"的发展，该模式逐渐获得了各大平台的青睐，各大平台致力于打通内容创作、传播、引流、变现之间的通道，搭建闭环式内容生态系统。

在短视频方面，京东与快手进行合作，双方在京东"618"期间推出了"双百亿补贴"活动,同时启动京东快手品质购物专场;在直播方面,京东推出了众多直播活动,如"草莓音乐节"等。

随着短视频与直播结合日益紧密,抖音、快手等短视频平台也纷纷开通了直播功能,为用户开展直播"带货"提供技术支持。同时,用户也可以在抖音、快手上开通自己的小店,建立线上交易闭环。

3. "短视频+直播"营销闭环的构建

要想顺利地完成"短视频种草+直播拔草"的流程,运营者在"种草"与"拔草"的不同阶段要做的工作也不同。

在短视频"种草"阶段,运营者要思考如何选品、目标用户是谁、选择什么平台及运用什么方法。

在直播"拔草"阶段,运营者要思考如何提高直播转化率,要在直播中突出商品优势,并适当地开展优惠活动。

短视频"种草"与直播"拔草"的结合能够构建"引流+带货"的营销闭环,短视频的精准引流能够提高直播的转化率,运营者要想挖掘短视频领域的流量红利,就要做好引流和流量变现两方面的工作。

构建"短视频+直播"营销闭环的具体做法如下:

- 展示商品;
- 树立口碑,即在营销活动中要讲诚信,保证商品的质量;
- 定期做直播。

4. 中小企业的"短视频+直播"运营方法论

1) 中小企业的运营困境

与头部主播合作是品牌商品热销的关键渠道之一,但这种营销方式费用不菲,直播"带货"中品牌付出的成本包括坑位费、主播提成、赠品支出费用、运营费用等。这种高预算的营销方式并不太适合中小企业。

"带货"直播类型主要有商品集合直播和品牌专场直播,由于中小企业的知名度不高,其商品在众多品牌商品中也比较难以脱颖而出,更不用提给用户留下深刻印象。

如果直接开自己的品牌专场直播,由于没有资金请头部主播或名人,品牌自身也没有知名度,用户在直播间的停留时间很有可能并不会太长,甚至难以发现该品牌的直播,这样一来,品牌的营销转化就更少了。

2) 中小企业的"短视频+直播"运营

以内容留住用户是构建品牌私域流量池的有效方式。与依赖直播放大音量和获得关注度相比，私域流量的沉淀更需要其他内容与直播相互配合，帮助企业的品牌实现"引流—转化—留存—复购"的全流程，不断完善盘活私域流量的路径，实现经济的流量转化。

在"短视频+直播"的语境中，平台的内容分发机制让营销转化呈现出网状结构，增加了触达用户、完成转化的节点。短视频内容使营销变成了所见即所得的"好物分享"，提高了用户的心理接受程度。当短视频内容为品牌赢得一定影响力和知名度后，品牌开通直播，双管齐下，就能在同一平台实现从营销到销售的全链路。

3) 平台助推中小企业运营

企业借助短视频和直播平台实现快速增长，而短视频和直播平台依靠企业繁荣自身的生态，吸引更多的用户，之后将流量给予企业，由此形成平台和企业之间互惠互利的正向循环。

在众多平台入局"带货"直播的当下，很多平台打造或助推了大量购物节、营销节，加大曝光导流力度，不断推出新的玩法，给予参与的企业各种福利，这对中小企业来说是一个不容错过的机遇。

(二)"短视频+直播"的引流推广

流量是运营者普遍关心的问题，没有流量，就没有变现能力。引流推广是短视频和直播运营的"助推器"，运营者要善于借助各个平台为短视频和直播引流并推广，扩大自身账号影响力。

1. 社交平台的引流推广

QQ、微信、微博、百度贴吧、小红书、抖音等社交平台拥有巨大的流量，因此社交平台引流推广是运营者为"短视频+直播"进行引流推广的重要方向。针对不同的社交平台，运营者要掌握不同的引流推广方法。

2. SEM 推广

搜索引擎营销(SEM)是基于搜索引擎平台的网络营销，利用人们对搜索引擎的依赖和使用习惯，在人们检索信息的时候将信息传递给目标用户。

SEM 推广的优势如下：

- 搜索引擎的流量大；
- 吸引来的用户很精准；

- 快速增加曝光量，以吸引更多的目标群体。

SEM推广的重点是关键词，关键词在搜索结果中排名越靠前，被目标用户看到的可能性就越大。因此，要想获得良好的推广效果，运营者要谨慎选取关键词。运营者可以使用自然推广和竞价排名两种SEM推广模式来推广短视频或直播。

(三) "短视频+直播"私域社群的构建与运营

运营者通过短视频和直播的运营积累了一定数量的粉丝后，就有必要建立社群了。运营者可以通过社群维护粉丝，增强粉丝黏性，实现流量的反复利用，这样短视频和直播的运营才能更长久。

除了以上提到的各类短视频直播平台，微信作为一个流量较大的社会化媒体平台，目前也是大家经营流量不可忽视的阵地，通过经营朋友圈内容来打造人设，也可以吸粉引流。

二、基于个人品牌(IP)打造的微信经营

(一) 朋友圈经营

1. 朋友圈经营规范

1) 互动规范

朋友圈经营的第一要务是分享。当企业主动发送信息或与客户信息互动时，要遵循一定的规则，如精准互动、积极回复等。

(1) 圈内好友分享要多点赞，话题要多评论，遇到问题要多关怀、多安慰，一切从他人的心理需求出发。

(2) 内容以知识性为主，销售为辅，过多的销售会引起顾客反感，甚至被拉黑。

(3) 内容清新、诙谐幽默，能够有效提高阅读率和转发率，从而达到有效的互动。

(4) 分享短文与知识，无论是生活类、实用类，还是激励类的内容，都应该是正能量的。

社会化营销是口碑营销、事件营销，其结合公众号信息、促销及活动信息，形成信息联动。

2) 禁忌与原则

(1) 守法。发布的内容需要遵守相关法律法规。

(2) 不损害他人权益。禁止发布侵权或侵犯隐私类内容；禁止擅自使用他人名称、头像，侵害他人名誉权、肖像权等合法权益。

(3) 高雅。禁止发送不健康和低俗的内容。

(4) 频次。禁止频繁发送促销信息。

(5) 精准。禁止模糊回复，即不直接回复客户问题。禁止在互动内容中出现错别字。

2. 朋友圈内容的组织方法

朋友圈内容的组织可以多种形式并存，并对不同类别内容设定不同的自由度。朋友圈内容来源包括以下几点。

1) 公共内容库

内容部门有自己的知识库、素材库，并适时地推出服务贴士、产品推广文案等，方便相关人员自取、转发。应做好企业或品牌方内容库的分类管理，以服务所有人员。

2) 专业写手

可由专业写手撰写实时动态信息或专业性较强的知识内容，审核后发布至公共内容库。

3) 个人自定义

全媒体运营师可以发挥个人专长，自行创作与个人客群相匹配的内容，包括个人生活感悟、个人观点、生活动态、生活窍门、情感故事等。个人自定义内容就像个人图书角，丰富而有特色。

3. 朋友圈内容打造

朋友圈发送如何做到既有持续的内容输出，起到宣传推广的作用，又避免被屏蔽？这取决于我们发送的时间段、时机、内容，以及为读者带来的价值。如果仅仅是枯燥而频繁地叫卖，则很容易造成反感。每个人在朋友圈中希望看到的是有价值的信息、有营养的内容、养眼养心的图文、真情实感的表达。

1) 朋友圈发送的关键因素

朋友圈发送的三个要素包括发送时间、发送频次和发送内容，它们决定着信息的阅读结果和推广效果。

(1) 发送时间。发送信息的时间要匹配看微信的时间高峰，以提升朋友圈的阅读效果。此外，要结合受众群体的行为找到浏览效果最佳的时间。不同年龄段的人，观看朋友圈的时间也不同，要结合产品面向的客群而定。

(2) 发送频次。频次不宜太多,避免因"刷屏"造成顾客的反感。发送信息要有时间间隔。

(3) 发送内容。在移动互联网的大背景下,客户逐渐显现出审美疲劳,注意力也变得越来越稀缺,对内容的要求越来越高。因此,朋友圈的内容既要走心,又要常变常新;既要短小精悍,又要有内涵、懂共情。应坚持原创,即使分享文章,也尽可能添加自己的理解和想法。

传递给"粉丝"的信息要均衡,设计规则时要考虑到内容组合。表 4-1 为朋友圈内容发送的 6+X 模式,即 6 条规范类信息,在发送时间及内容类别上均按统一规则进行;X 是可发挥的部分,可以结合"粉丝"类型定制,也可以结合自媒体风格分享相关内容。

表 4-1　朋友圈内容发送的 6+X 模式

推送次数	时间段	互动内容	朋友圈
6+X 次/天	7:00—9:00	发送第一句话:问候语+励志	发送问候语(早安)
	12:00—13:00	朋友圈分享,讲故事,用朋友的事情举例,制造话题	互动内容发送让客户有期待(如趣事、文章)
	15:00—16:00	提供专业的育儿资讯(问句+温馨提示+单品)	互动内容要求结合实际情况(如换季、过敏)
	17:00—18:00	社区及网站评论晒单(如客户体验感受)	使用者晒单,采用"图片+内容"的方式,引起客户兴趣
	19:00—20:00	制造话题(时事、娱乐新闻),引出销售(如天气、换季等)	以问句开头,客户愿意互动(更新微店选品)
	21:00—22:00	晚间问候+每日一贴(育儿百科、临床常见护理问题、知识讲堂等信息)	发送问候语(晚安)+专家讲座、知识课堂或线下活动等信息
	X	商家可结合"粉丝"类型定制相关内容	商家可结合"粉丝"类型定制相关内容

朋友圈中,图片、视频、文章可以与公众号、视频号、抖音号、小程序或 App 形成互动,转化会员或交易。

2) 朋友圈互动方式

打造个人IP，首先要充分地表达和分享自己的状态和心情，体现真实的、正面的形象，使读者更加了解和相信你。

(1) 晒风格。每个人的风格都是不一样的，很多人刚开始会效仿其他人的朋友圈文案和图片。经过一段时间的模仿，要逐步形成自己的风格，避免千篇一律、没有特点。你的风格可以是幽默风趣的，可以是文艺清新的，也可以是积极励志的，只要形成个人风格，并一直保持下去，朋友圈就能够成为个人的"秀场"，给观看者留下深刻的印象、获得认可。朋友圈风格也是个人IP打造的重要途径。

(2) 晒品牌。每个品牌都有独特的卖点，这些卖点需要我们挖掘，并以客户更容易接受的形式呈现，才能够打动客户，促使其做出选择和购买决策。对于全媒体运营师而言，也需要打造个人品牌。通过"晒品牌"进一步明确产品定位，凸显品牌的重要性和独特性。独特性这个词在互联网时代越来越重要，而品牌就是全媒体运营师的个人IP和个人标志。

(3) 晒反馈/口碑。顾客的真实好评是取得其他客户信任、促成交易的有力手段。因此，晒反馈在塑造口碑方面，可以起到事半功倍的效果。可以先在社群里抛出问题，问一下这个产品是否有人购买，让大家在群里晒一下反馈，然后把聊天记录截图发到朋友圈。平时也多关注群里的信息，但凡有人在群里晒好评，就可以截图标注发朋友圈了。当我们收集到足够多的成功案例时，就会直接提升销售转化效果。

(4) 晒客户咨询问题(客户关注重点的答复及反馈)。这种形式有极强的代入感，易促进客户产生共鸣和购买意愿。例如，客户会比较多地询问"你这个产品怎么样啊？"可以将这些咨询的截图拼在一起，营造出一种很多人来咨询的氛围。氛围的营造是形成口碑的助力。

(5) 晒实力。对于企业来讲，晒投资方是晒实力的方式之一；对于个人品牌来讲，晒团队、晒好友、晒客户、晒场景都是展现实力的方式。

(6) 晒团队。团队是展现实力的方式，团队规模、精神状态、团队的能力等都可以有效展现品牌实力与价值观。例如，团队在社群中的分享、举行年会时的表演、聚会的照片等，这些都可以发到朋友圈，分享团队的状态、趣事、成员合作场景等，让品牌形象更鲜活。

(7) 晒生活。要增加客户的信任度，必须展现真实的自己。展现自己其实比较简单，如自拍、小视频、生活小段子、旅游、吃饭等一系列平时自己在做的事情。积极正面的内容和开心的事情，可以引发客户的共鸣和互动。

(8) 晒学习。日常的培训、晋升学习、自我充电、团队研讨、个人交流都可以分享。与专家或者专业人士的学习分享，对于个人 IP 打造和影响力的提升更有帮助。

(9) 晒忙碌。晒忙碌是指在朋友圈晒订单图、培训和学习的照片等，传达一种用心经营的感觉。

(10) 晒订单图和收货开箱图。通过晒单、晒图迎合消费者的从众心理。引发好奇心的同时传达产品高品质、高性价比、高满意度、销售火爆的信号，进一步带动客户购买。

(11) 晒合影。合影是留念和增进情感的方式。晒合影一方面将情感延续，另一方面可以提升社交效果，起到借力的作用。而与有影响力的人合影，对于个人 IP 的打造更有事半功倍的作用。

(12) 晒进步。可以晒自己或者团队的业绩和奋斗过程、方法、技巧、成功案例、努力过程。

这 12 种分享方式来自日常的积累，坚持做原创内容、养成习惯，朋友圈就会变成你的推广阵地。

(二) 微信"粉丝"经营

微信号的优势是灵活，可以随时与"粉丝"进行互动，拉近企业与客户的距离，更好地了解客户。微信号的经营与"粉丝"的互动方式不只是朋友圈分享，还可以运用更多的方法和技术激活"粉丝"、建立信任关系、获客及转化销售。以下分享几个常用的方法。

1. 以称赞拉近距离

(1) 通过朋友圈投其所好。当"粉丝"在朋友圈中发送内容后，可及时地对其评论和点赞。这样可以满足人们被关注、被赞美的心理需求，以拉近与"粉丝"的距离。

(2) 学会个性化评论朋友圈。通过反复留言，引发客户关注。个性化评论是一种公开的思想交流方式，同时是展示品牌的机会。

(3) 针对每个微信好友做标签标注。可以结合"粉丝"日常的互动内容及朋友圈内容，给微信好友设置不同的标签，为后续的分组管理、分类内容分发、结合产品偏好进行个性化的互动营销打好基础，也可将相关标签信息同步至客户关系管理系统，实现多渠道数据共享。

(4) 每次发朋友圈，都要@对应的 10 个微信好友。确保信息阅读率，引发重视。这种方式不会给对方带来压力和干扰，却可以实现信息通知和印象强化的作用。

(5) 搜索朋友圈关键词，找到精准客户。例如，想找到朋友圈里需要防晒的人群，就可以找到关联的关键词进行搜索，如海边、晒黑、太阳、热、美白、游泳、爬山等，进而找到意向客户。

2. 坚持引流造血

(1) 借用他人的朋友圈。可请求专业人士或亲朋好友帮助转发自己的内容，即请他人引流。例如，发送类似"我身边有个朋友做×××，有需要的可以联系他"的内容。注意要设计好话术，制作转发二维码等。

可充分发挥人脉的价值，包括：

● 重度人脉，即对我们很重要的人。

● 中度人脉，即朋友的朋友，这类关系最易发展成为重度人脉。

● 轻度人脉，即初识的、微关联的人际关系。

(2) 制造话题吸引特定人群。每天在朋友圈发起一个话题，吸引不同人群通过扫码进入特定属性群，不断通过话题带动新用户的加入。

(3) 学会时刻线下引流。在生活、工作、娱乐的场景中，可能遍布着很多潜在客户，应随时留意，以认识新朋友的心态开发客户。例如，把二维码印在手机壳上，开展线下地推活动，扫码送礼物等。无论客户是否购买，都可以进行后续交流，形成二次转化或者持续转化。

(4) 获取"粉丝"。发布活动的相关信息，通过吸引人们参与活动，来获取"粉丝"。

(5) 定期组织线下活动。线下活动可以拉近品牌与"粉丝"的距离、"粉丝"与"粉丝"的距离，让每个"粉丝"都有参与感、归属感，同时形成裂变效应。

(6) 个人公众号文章传播。公众号文章除精彩的标题和高价值、高趣味、高营养的专业内容以外，还可以组织线上活动，如评比、投票等；开展问卷式市场调研；策划鼓励分享的促销活动，如拼团、优惠券和试用装等方式吸引更多人关注。

3. 打造自己的个人品牌

(1) 持续性的输出。经常分享自己的状态，比如每日运动、每日电台录播、每天写一句自己的感悟，应坚持每天分享。例如，某些运动软件，通过建群、打卡和互相监督的方式凝聚喜欢跑步的人群，并通过群友分享打卡，扩大影响范围。

(2) 稳固"粉丝"。应认真梳理客户或圈层价值，要发挥个性特长以吸引"粉丝"，整合传播平台，如微信、微博等，利用它们与"粉丝"保持长期联系。

(3) 提升自己的社交资本。找到自己的创业情怀与梦想，参加各种活动，找准定位，获取中心化资源。

4. 建立自己的社群

(1) 可以通过共同的爱好，吸引和维系"粉丝"，包括找到社群成员间共同的兴趣，比如一起跑步，一起健身；搭建共同的情感桥梁，比如做一场公益活动；建立利益共同体，比如共同完成一个项目并做好利益分配。有了共同的兴趣、情感、利益连接，关系才能够长久持续。

(2) 线上线下互动。通过线上线下互动的形式，不断扩大影响力，扩大圈子。比如线上直播、线上会议，这些在频次和规模上可以不受地域和时间的影响，更加灵活，弥补线下因时间、空间带来的局限。

5. 善用朋友圈的评论回复区

每个人发送朋友圈之后都希望得到回应，包括点赞和评论。通常点赞表达支持，没有观点与情感上的连接，而个性化的评论则可以满足互动和情感上的连接。我们可以通过在评论区留言，以个性化的观点来加深"粉丝"的印象和好感，为进一步与"粉丝"私信互动奠定基础。

此外，可以巧用朋友圈搜索，寻找精准客户，通过批发式点赞引发注意，通过评论建立好感，长期经营以建立持久的关系。

(三) 如何建立个人微信号

个人微信号相当于一家店铺的门面，是个人亮出的名片。要让人一见倾心，产生好感，还要通过每天的内容发布，凸显自己的性格特点，建立与"粉丝"间的信任。

1. 个人微信号建立的步骤

1) 个人 IP 7 天打造操作步骤

(1) 用手机号注册新微信号。

(2) 完善账号信息，包括头像、签名、微信名、地区、性别等。

(3) 添加好友，包括主动添加好友和被动添加好友。

2) 14 天快速成长期操作步骤

(1) 关注相关专业领域的公众号，打开信息推送功能，以及收藏文章。

(2) 加入与专业相关的微信群并修改群名片。

(3) 在微信钱包预存零钱。

(4) 下载微信表情包。

(5) 通过各类公域流量或"摇一摇"功能寻找合适的好友。

3) 21 天习惯性成长期操作步骤

(1) 关注更多公众号，并进行文章的转发。

(2) 加入更多的微信群，在群里打招呼，保持少量群内问候互动。

(3) 增加朋友圈内容发布频率，并为好友的朋友圈点赞与评论。

(4) 找好友聊天，有问必答，对好友进行标签分组。

(5) 下载微信游戏，并体验。

(6) 主动添加好友，但每天不要超过 25 个。

4) 28 天持续成长期操作步骤

(1) 关注更多的公众号和加入更多的微信群，并产生更广泛的链接关系。

(2) 朋友圈内容与互动达到正常微信号的活跃程度，内容多样化。

(3) 每日在群内发红包，并添加群好友，在群内进行适当的互动。

(4) 主动添加好友，并制造被动加好友的活动与机会。

2. 个人私信一对一互动

个人私信的互动与朋友圈互动存在差异。朋友圈更像是一个公众平台，展示和宣传作用大于私信，覆盖面广，但互动性弱于私信。私信的作用更多的是一对一沟通和互动，对于回复的速度和交流的深度，其要求更高。

1) 互动规范

(1) 首次互动。自我介绍时要让对方感到"舒适"，同时考虑到主动与被动的首次互动话术。

(2) 互动时效。微信的互动时效比在线、电话都要宽松，其构建在"朋友"的基础上，用户的耐心和信任度更高。但从心理角度出发，所有人都希望立刻收到回复，因此回复信息的时间最好不要超过 10 分钟。

(3) 互动内容。朋友圈更多的是展示、吸引，起到"广告"和"传播"的作用；而私信则是一对一的深度互动，内容的互动性更强，更适宜差异化的沟通与深度交流。

(4) 互动结束。每一次互动结束，都要为下一次沟通做好铺垫。因此，结束语不仅是一句话，还应预设未来再次沟通的场景。

2) 私信互动禁忌

(1) 主动给对方发送私信时，要注意发送时间，以不打扰客户为准，要设定最早时间和最晚时间。

(2) "粉丝"私信仍是业务行为，代表着官方的信息。因此，与客户沟通时语言表述可以轻松，但业务内容应专业且不可夸大。

(3) 互动内容有始有终，每次对话都带着情感，结束后对下次对话充满期待。

3. 微信群发的技巧

群发是微信自带的功能。对于通知类、销售类信息，可巧用群发，有效提升沟通效率。群发要遵守以下几个原则。

(1) 简明扼要。微信内容长度适当，尽量 30 秒内能读完并且理解要表达的内容。尽量避免长篇大论地抒发感情或者讲故事。

(2) 站在对方的立场编辑文案。从对方的感受和需求出发，引发对方的好奇心或兴趣点。

(3) 不要太功利。群发内容一定要温暖且懂人心，而不是一味地急于成交。

(4) 注意控制频次。发送信息的频率控制在一周 3～5 条，不要过于频繁。

(5) 注意发送的时间。注意在不影响休息的时间内发送，尽量选择阅读效率高的时段。

(6) 要做人群细分。要对"粉丝"人群进行细分，将其加入不同的群发小组。结合客群特点和需求，发送客户所需的专业知识，如营养知识、育儿知识、理财产品、早教类、护肤类、户外装备类、电脑使用技巧等内容。发送的内容和产品要与接收人的兴趣点、日常需求相关。没有价值的信息或在不合适的时间发送的信息都会给接收人造成干扰。

第五章

短视频运营概述与实操要点

第一节　短视频行业的发展

短视频，又称短片视频，是一种互联网视频内容的传播方式。

短视频一般在互联网新媒体平台上传播，为了适合在移动状态和短时休闲状态下观看，其时长从几秒到几分钟不等，但一般控制在三分钟以内。由于内容较短，其可以单独成片，也可以成为系列栏目。

2019年，短视频领域随着多种"新角"入局，行业结界被打破，正式进入"产业式"爆发时代。参与者的身份更为丰富，入局目的呈现多元化，推动了行业爆发；多方品牌入局，更注重投资转化，对网络红人的短视频播放量数据表现要求得更严格；用户习惯也逐步发生变化，对视频的内容质量要求逐步提高，在短视频和直播中购物的习惯逐渐形成，对新兴平台的信任度逐步提升。

短视频行业呈现"多维"变化，实现了爆发式发展，获得了大众的广泛关注。

一、短视频行业整体情况

我国短视频行业已经进入成熟期，成为移动互联网时代迅速发展的流量高地之一。中国互联网络信息中心(CNNIC)发布的第50次《中国互联网络发展状况统计报告》显示，截至2022年6月，我国短视频的用户规模增长最为明显，达9.62

亿，较 2021 年 12 月增长 2 805 万，占网民整体的 91.5%。

短视频成为仅次于即时通信的第二大网络应用，并且短视频使用时长已反超即时通信，成为占据人们网络时间最长的领域，具体表现为以下几个发展趋势。

(一) 多维参与者

传统媒体以投资 MCN[①]的形式完成业务版图拓展。传统媒体如电视台、传统影视娱乐公司等，在新媒体行业的冲击和影响下，纷纷转型成立 MCN 公司。各类品牌企业成立内部的短视频内容团队，一方面增加内部工作职能，另一方面服务于行业。明星、名人纷纷入局做发展转型，同时发挥明星效应及其资源优势，组建团队。

(二) 品牌投放更严格

在内容质量方面，由于用户的内容消费习惯发生变化，使品牌方对内容质量要求更为严苛。在考量视频制造者方面，主要从其过往数据表现、"粉丝"契合度、互动活跃度及合作配合度方面进行。在转化效果方面，广告主重视广告对用户的真实影响，开始强调真实有效的投资回报率。在服务能力方面，企业会多维挑选合作方的行业匹配度、"粉丝"数量、覆盖用户量、资源整合与服务能力。

(三) 内容消费突增

用户对内容的消费习惯与消费场景发生变化，用户的短视频观看习惯不可逆，但图文类内容在严肃阅读和深度阅读上难以被取代，纯粹的热点内容很难吸引更多用户的注意力，内容需要更有深度、思想，深入用户心智。从用户内容喜好方面来看，除娱乐生活类内容以外，用户对导购类、技术类、知识类内容的关注度加深，垂类内容受众正在逐步扩大。

(四) 占据了用户更多的时间

自2019年下半年开始，用户在直播间消费购物、观看短视频购物的习惯逐渐养成。2020年春节，由于新型冠状病毒感染疫情的原因，整个移动互联网的应用在使用时长上发生了较大的变化，短视频的使用时长占到了17.3%，上升速度非常快。

---

① MCN：一种多频道网络的产品形态。该模式将不同类型和内容的媒体联合起来，持续输出内容，实现商业变现。

近年来，短视频的用户规模和用户使用时长均高速增长，代表着大众生活、娱乐、购物、消费等行为习惯已发生较大的转变。因此，越来越多的品牌开始向短视频平台增加或者转移预算，短视频运营也成为品牌营销继"双微运营"之后，又一个被各大小商家争先抢占的流量高地。

二、平台创作者生态与平台选择

(一) 平台创作者生态

现在各平台都在持续加固自己的内容与商业生态，并不断强调相关服务的完善程度。对 MCN 和红人进行分级管理，并对不同级别、垂类的 MCN、企业等提供相应的扶持政策，以保证机构、红人和企业的多样收入来源。仅个别平台有代表人物的格局被打破，当前几乎每个平台都有自己的标杆和"顶流"。

(二) 平台选择

1. 微博

微博生态友好，用户兴趣多元。无论是图文形式还是视频形式，微博都最早开启了自媒体生态，成为媒体舆论场和热点集散地。目前，微博的运营方法、商业变现、营销方式、流量获取方法等基本成型。

微博拥有 70 多个内容分类，聚集了大量优质创作者，可以提供多种内容呈现形式。除美妆、时尚等热门品类外，家居、健身、地产等小众垂直内容也有较大用户体量。对于机构、企业、红人而言，微博的用户基数大，各类内容均有市场，且品牌认可度高，大牌投放较多。微博还可以做电商链接跳转，转化和引流的效果较好。

2. 微信

2020 年 1 月，微信开展内测，正式开启短视频功能，以视频号的方式打进短视频生态内部。视频号在丰富微信内容形式的同时，以多重推荐方式最大化优质原创内容的价值。视频号入口位于朋友圈下方，黄金位置的设置表明微信尝试短视频的决心。

视频号的主要内容包括明星日常生活分享、达人素材再次剪辑、基于内容的视频制作等。其要求如下：时长 1 分钟以内，大小不超过 30MB；描述文字少于

100 字，55 字以内最佳；支持 9 张以内图片展示。使用者观看或互动过的视频优先推荐给微信好友。系统也会结合使用者的观看历史形成标签，进行有针对性的推荐。

3. 小红书

小红书被用户视为时尚购物平台，各路明星或者专业达人做好物分享，具有更高的可信度，受到广大网友，特别是女性网友的喜爱。小红书是关键意见领袖(KOL)和关键意见消费者(KOC)的聚集地。KOL和KOC是平台主要内容的生产者，他们制作的视频内容精致且形式多样。诸多品牌也看到了这一点，加大宣传投放力度，使平台的商业价值不断提高。

4 抖音

在抖音上，短视频、直播"两驾马车"急速前进。

在短视频方面，抖音以真人模式为主，在算法推荐机制之下，不断丰富内容形式、内容质量。在抖音，一个视频成为爆款后，依据平台的算法逻辑，会将该视频放入更大的流量池，获得更多的曝光，这也是在抖音上有那么多现象级的"网红"达人、"网红"城市、"网红"景点的原因。此外，凭借极具创意性的内容、较大体量的"粉丝"转化，短视频带货已成为抖音电商的主要模式之一。

在直播方面，其主播体量较大，参与门槛较低，是抖音又一流量聚集地；电商直播是 2020 年抖音重点发力方向之一，时尚、美妆等多个品类发展势头强劲。

5. 快手

快手用户多集中于北方三、四线城市，小镇青年是其主力，深受"老铁文化"影响，注重关系构建。在"老铁文化"的影响下，用户与 KOL 关系黏性极强，也因此衍生了甩榜、挂榜、连麦等极具快手特色的各式玩法。基于快手文化及用户属性，电商所售产品的单价相对较低，且多集中在日用品等实用、高性价比的品类上，直播带货成为快手强有力的变现通路。

6. 淘宝

淘宝 App 中有一个流量入口正在爆发，它的名字叫"首猜短视频"，准确来说，是首页播放你喜欢的短视频。来自《天下网商》的数据显示，原本在某店铺流量中占比不到 1% 的首页短视频流量，在 2022 年"三八"节大促时暴涨 10 倍以上，为整个天猫旗舰店贡献了 15% 左右的流量，新客数量成倍增长。

2017 年抖音快手突然崛起时，淘宝已在"猜你喜欢"中增加了以视频为主的

"发现"板块，并放入首页，经过几年的沉淀，淘宝对于短视频的投放逻辑终于走向了精细化，能根据不同流量入口，投放不同类型的内容，实现对流量的精准收割。

三、短视频的未来趋势

短视频的爆火，主要依托于前所未有的技术升级，即 4G 的普及、5G 的到来、智能手机的普及、移动互联网的出现、移动支付的广泛应用，以及正在发展的人工智能等。我们所处的时代，内容的生产方式和传播逻辑都在发生天翻地覆的变化。

(一) 技术不断进步

从手机的硬件配置上来说，主流智能手机拍出来的视频或照片已经完全能够适应现在的短视频平台，手机拍摄的效果越来越好，效率也越来越高。人工智能技术的广泛应用，可以大幅提升短视频的制作效率，也让短视频的可看性、趣味性更强，而且降低了短视频的创作门槛。

技术创新将推动短视频的进一步发展，短视频行业的技术创新将集中在三个方面：推荐、安全性和场景。在推荐方面，短视频平台有望利用日益成熟的人工智能技术，更好地解决非个性化推荐和个性化推荐这两大问题。在安全方面，其借助区块链技术，实现更便捷、更低成本的内容版权保护。在场景方面，通过"大带宽、低延迟"的 5G 网络技术连接大量智能设备，将大大丰富短视频的应用场景，行业将有更大的呈现空间。

(二) 商业生态的发展

短视频的商业生态目前还处在起步阶段，但发展非常迅猛。目前，短视频商业生态的规模继续扩大且更加规范化，将会有更多的创作者、商家、品牌在短视频平台获益，所以对于短视频赛道，我们有一个基本的判断，即短视频已经成为移动互联网入口级应用，并且将成为移动互联网的基础设施。也就是说，短视频平台可以创造出更多的商业模式和资本价值。

(三) 新兴行业的多元化

短视频行业已呈现多元化发展，实体企业、传统媒体等更多企业或组织开始逐步转型，进入短视频领域，并创建自营的 MCN 业务部门，寻求业务上的突围。

随着资本投入加剧，短视频团队将与更多跨行业的部门合作，具有运营职能的第三方机构代理企业操作短视频的制作及运营。在市场的蓬勃发展下，内容的生产运营需求迫使机构与企业之间的业务联系变得愈来愈紧密，头部 MCN 机构开始收购尾部机构及小型工作室和内容账号，"大鱼吃小鱼"形态加剧。

此外，市场中出现了很多视频制作及网络红人孵化公司，标准化培养网络红人基本技能。培训机构开始进行产业式发展，全方位培养达人的专业技能，实现达人账号的批量孵化。

(四) 行业监管逐渐加强

2017 年短视频行业快速发展以来，用户规模持续增长，内容同质化严重，乱象频发，对此国家层面加强了对短视频行业的监管，出台了短视频监管规范性文件，涵盖内容管理、平台治理、从业人员、服务算法、账号管理、广告、税收、语言文字、反食品浪费等。

相关法规和行业自律规定的颁布和实施，将提高短视频生产和播出的准入门槛，划清原创与模仿、抄袭的界限，推动短视频内容产业健康、有序和高质量地发展。

第二节 短视频的拍摄与剪辑

一、短视频生产流程

标准短视频生产流程中，脚本定稿是整个短视频内容创作的关键，而拍摄的准备工作将在脚本定稿之后完成，包括但不限于时间安排、场地安排、灯光和道具的准备等。

在完成所有准备事宜之后，团队会在编导的带领下进行内容拍摄，后期制作人员会将拍摄完成的视频素材进行剪辑。剪辑初步完成以后，编导会审片并提出修改意见，经过一轮或几轮修改，制作出成片，最后交给运营团队，由运营团队在全网统一发行。

这是目前比较常见的演绎类型账号标准的生产流程。标准的短视频生产流程如图 5-1 所示。

图 5-1　短视频生产流程

二、团队配置及人员分工

快速组建一个视频团队的重点是快速找到合适的人，当然在过程中要依据具体情况不断调整人员结构，实现最佳的人员配置组合。

(一) 团队配置

短视频工作流程包括选题、脚本撰写、拍摄、剪辑、运营等 5 个环节。如果某人会策划、会拍摄、会演、会剪辑、会包装，还能做好运营工作，那将节约很多成本。

如果团队中只有两个人，可分别担任编导和运营。当然，这个编导应该是一位全能型人才，能承担与视频内容相关的全部工作。

在确定完视频内容及方向后，在视频周产 2～3 个，视频总时长在 5 分钟之内的情况下，合适的团队人数是 4～5 人。当然，团队人数和短视频的内容及方向有关，如果做户外旅游内容，那么团队人数将有所增加。

(二) 人员分工及岗位职责

1. 编导

在短视频团队里，编导相当于短视频项目的负责人。他要设定短视频的风格，策划每一集的内容，负责编写脚本，以及参与拍摄和剪辑环节。除此之外，一个优秀的编导还要具有演员的思维，能够体会剧中演员的性格；能从五花八门的渠道中获取重要资讯，并且随时记录和整理，以便创作时有丰富的灵感。

2. 摄像人员

摄像人员应熟练使用各种拍摄器材，具备叙事能力及构图能力，能让观众有强烈的代入感，并拥有良好的艺术修养和创造力。除此之外，摄像师还会涉及搭建摄影棚，设定视频拍摄风格等工作。

摄像人员在拍摄时应注意拍摄前要检查设备各参数是否都已调试好，镜头是否清洁；如果用手机拍摄的话，注意不要遮挡收音口，以免影响音质；注意进光量，避免过度曝光或者整体太暗；站在观众的角度多思考，拍摄视频时要有强烈的代入感；拍摄时要注意留白，避免主体太靠近边框，给后期留足发挥的空间。

3. 演员

演员是视频表达的灵魂，尤其是在我们如今所处的短视频时代，都在强调个人特点，因此对短视频演员的选择是成功的关键。演员必须满足以下条件。

(1) 具备生活素养及镜头表现力。一个好的演员，除了要具备一定的表演功底，还应具备两类基本素养，即生活素养和较强的镜头表现力。我们在制作很多短视频的时候并不需要很专业的演员，一些演员虽然没有很深厚的表演功底，但他们的镜头表现力很好，同样能在视频中演绎出精彩的角色。

(2) 具有敬业精神和抗压能力。演员有时要承受非常大的压力，因为无论做得多好，多么努力，也会有一些反对的声音，甚至一些别有用心的人在评论区、直播间或私信中中伤、辱骂演员。如果没有足够强大的内心做支撑，演员可能因无法承受这种精神压力而导致情绪崩溃。

(3) 颜值。在短视频中，颜值高肯定是会加分的，但我们追求的漂亮是镜头表现力的完美程度。简而言之，演员的专业性比颜值更重要。

4. 剪辑师

剪辑师需要参与策划的整个过程，负责将视频素材剪辑成最终的短视频作品。

优秀的剪辑师除了要精通各类视频制作软件，还要准确掌握编导、摄像及演员们想要表达的内容。另外，剪辑师还要熟知平台的爆款视频、流行玩法、热门的剪辑方式和背景音乐等。

5. 运营人员

短视频完成后，运营人员应尽量让节目获得最大的曝光量、发往合适的渠道，以及做好用户反馈管理等。

短视频赛道与其算法逻辑一样，一直在不断进化，新的政策、新的玩法层出不穷。因此，短视频创作人员只有始终保持学习的心态，才有机会创作出更多的爆款短视频。

三、拍摄的要点和技巧

随着移动互联网和 5G 网络的发展，使用手机拍摄、剪辑并分享视频已经成为许多年轻用户日常生活的一部分。前几年，拍摄视频需要手举配有各种镜头的单反相机，然后将素材导入剪辑用的电脑，用专业的剪辑软件进行剪辑。对于大多数人来说，且不说技术含量较高，仅单反相机、镜头的成本就足以让人望而却步。

随着近些年手机配置的快速提高，使用一部手机就可以轻松拍出清晰的画面，加上各大剪辑 App 的相继推出，剪辑越来越简单，普通大众也可以拍出大片。

(一) 手机拍摄设备简介

手机拍摄所需的硬件设备包含稳定器、三脚架、补光板(美颜灯)，以及外置麦克风。

1. 稳定器

手机自重太轻，运动拍摄的时候画面很容易抖动。使用稳定器后，画面会流畅很多。

2. 三脚架

不管是拍照还是拍视频，三脚架都是必备的。拍照时，可以用三脚架来拍摄慢快门；拍视频时，其用处更大，各种运镜都需要三脚架来辅助。使用带云台的三脚架可以让拍摄更加平稳流畅。

3. 补光板(美颜灯)

为了使拍摄画面更清晰，特别是把人物细节展示得更生动，拍摄人员可以借助灯光来实现，一般可以使用小型的补光灯、美颜灯等设备，也可用补光板来替代。

4. 外置麦克风

如果想获取高质量的音效，最好配一个外置麦克风用来收音。手机用的麦克风通常有三类，分别是领夹式麦克风、电容麦克风和枪型麦克风，可以根据需要选用。

(二) 手机拍摄前的准备事项

1. 合理使用分辨率

手机拍摄视频时，应尽量选用最高分辨率，分辨率越高，画质越好、越清晰。目前许多手机都支持 4K 超清拍摄，虽然在手机上看起来并不明显，但是放到大屏幕上，分辨率越高，观看体验就越好。拍摄前，最好检查一下手机，如果容量不是问题，就尽量选择最高分辨率进行拍摄。

2. 画幅的选择

使用手机自带的相机拍摄时，横屏比例一般为 16：9，竖屏比例一般为 9：16。如果使用第三方的拍摄 App，可能会有更多的画幅选择。选用何种画幅拍摄，主要取决于视频的用途。如果视频是用在宽屏投影仪上，此时就要用宽屏来拍摄；如果是在竖屏的广告牌上播放，就使用竖屏来拍摄。

如果是拍摄十几秒的短视频，并且主要用在社交媒体上，这时既可以用竖屏来拍摄，也可以用宽屏拍摄，然后裁剪成竖屏。但是像抖音、淘宝微淘等平台，最好用符合大众观赏习惯的竖屏拍摄；像哔哩哔哩(B站)、西瓜视频等平台可以选择宽屏拍摄。

3. 对焦与曝光

手机可实时测光和对焦，如果不锁定对焦或曝光(注：大部分拍摄 App 对焦和曝光是不可分离的)，光线画面就会显得不协调，甚至出现画面闪烁的现象。所以，在拍摄时一定要注意锁定对焦和曝光。

4. 慎用滤镜

很多人喜欢在拍摄时就加上滤镜，这是个不太好的习惯。因为一旦加了滤镜，后期修改就会很困难。因此，尽量不要使用滤镜进行拍摄。

(三) 手机拍摄技巧

1. 善于利用光线

光可以丰富画面，并带来独特的美感。在拍摄时，我们可以留意一下周边的自然光线，如树下出现的斑驳树影，或者从纹理和缝隙透出来的光束、清晨或傍晚逆光时候拍出的金边光线等，这些光线可以为视频增加美感。

2. 改变拍摄角度

使用固定的角度或场地进行拍摄往往会让观众感觉乏味，所以在进行短视频拍摄时，我们可以在适当的时候更换背景或者拍摄角度。在背景没办法更换的情况下，可以在背景中添加一些道具或者装饰物，使得整个画面看起来更加生动有趣。关于视频的拍摄角度，我们可以使用全景、近景及特写等不同的景别，使得整个画面场景变得鲜活生动，也可以使用推镜头、拉镜头的方式来避免视频过于单调，从而提升画面吸引力。

3. 丰富视频素材

拍摄人员应尝试用各种景别、角度尽可能多地拍一些素材。除了要呈现主体，还应有主体细节、周围环境、布景等，所有与当前场景有关的细节都值得记录，这样在后期剪辑时才会有比较丰富的素材。

4. 衔接转场

两个画面之间的运动关系一致，例如前一个画面是向上抬起的运动，后一个画面以向上的运动开始，这样两个画面之间就可以很好地衔接，所以拍摄素材时要注意每段素材的运动方向。链接转场的关键是要保证一个不动的量，例如主体不同的情况下切换背景，背景不同的情况下切换主体，由此实现转场衔接自然。

5. 改变速度

在固定镜头的拍摄内容不变的情况下，我们可以改变镜头的速度，比如对大雁飞翔的画面降速，对天空中的云朵提速。降速可以着重表现拍摄主题的细节，而提速则可以适当减少对细节的关注，更多地体现整体画面。

6. 前后运动

我们可以把推镜头和拉镜头简单地看作摄像机的前后运动。推镜头(放大)用来交代细节、突出主体；拉镜头(缩小)用来交代环境和主体之间的关系。快速放大和缩小，会产生强烈的视觉冲击力。

四、手机剪辑软件及应用

(一) 手机剪辑软件介绍

对于视频剪辑软件的选择，每个人的需求各不相同，有些人只需简单地添加或删除某些片段，便可拼凑成一个完整的视频；有些人则希望通过精准的卡点和转场，达到酷炫流畅的效果。在手机的应用商店中，有数以千计的剪辑 App，我们可以根据自己的需求选择适合的软件。下面介绍几种主流的手机剪辑软件。

1. 剪映

剪映是抖音开发的视频剪辑 App，有大量的音乐素材可以任意挑选，这是其最显著的特色。剪映可以提供自动踩点功能，即根据节拍、旋律自动对视频进行打点，用户根据这些标记来剪辑视频非常方便。剪映中的时间线支持双指放大及缩小操作，而且音视频轨道支持叠加音乐，用户可以提取其他视频中的背景音乐，为自己的视频添加合适的音效，或者录制旁白解说。剪映不仅支持手动添加字幕，还支持语音自动转字幕。可以设置动画和文字样式，相对于同类软件，有更多的选择。剪映的缺点是不能直接在软件里启动相机进行拍摄，必须使用现有的照片或短视频进行编辑。

2. 万兴喵影

原喵影工厂，其支持电脑端和手机端操作，会员可以通用，使用方便。用户可通过手机端进行一些简单的操作；通过电脑端，可以实现更多、更高级、更细致的功能。其中的标记功能，可以让用户在剪辑时轻松很多。其整个编辑和输出的过程非常流畅，字体选择和效果较多，还有不少内置的音乐和音效，并且支持从视频素材里提取声音。

3. 畅片

畅片 App 由大疆互娱出品，以航拍素材丰富为优势。一键成片功能很强大，支持将图片生成视频，也可以将几段视频合成一个视频，还支持将若干图片和视频合成一个视频，并能直接套用软件内置模板(包括花字、转场的效果)进行制作。

4. 快影

快影有两个比较强大的功能：一是字幕识别功能，只需选择一段视频素材，系统就能自动识别视频中的语言并转化生成字幕，而且可以随意调整字幕的样式；二是可以做成 PPT 效果的视频。

5. 快剪辑

快剪辑最大的优势在于免费使用，其次是它具有丰富的功能。关键帧、混合模式、视频抠图等在其他 App 需要付费的功能，快剪辑都免费提供，而且导出没有水印。快剪辑拥有一般电脑剪辑软件才有的画中画功能，可以在一个素材上添加另一个素材，相当于增加了一条时间轨，这个功能非常有用。快剪辑除了具有基本的滤镜之外，还有一些光效可以选择，比如为视频添加烟雾、雨水、烟花等效果。

6. iMovie 剪辑

iMovie 剪辑是苹果手机独有的一款剪辑软件，不仅具备变速、倒放、拆分等基本功能，还可以实现音频提取、画中画、上下左右分屏等功能。iMovie 剪辑内置 100 多种音效，提供多个主题和转场特效，最大的优势在于流畅稳定，可导入音频，可插入音乐，易上手。iMovie 剪辑的模板功能非常强大，大纲和故事板详细到每个镜头的景别、人物的动作都规划好了，按顺序直接插入镜头就能生成一段影片。相对于一般剪辑软件，iMovie 剪辑更专业，操作却简单明了，缺点是自带的素材太朴素，视频无法精致化。

(二) 剪辑软件的常见功能介绍

下面以剪映 App 为例，讲解剪辑软件的常用功能。

1. 关闭音源

拍摄视频时，背景音比较嘈杂会影响视频的整体效果，这时就可以关闭视频自带的音源，然后加上个人喜欢的音乐。

2. 分割

分割是剪辑软件中尤为重要的一个功能。简而言之，分割就是把一个视频分割成两段。例如，素材中间有一段空白内容没有实际意义，这时就可以用分割功能把这段内容选择出来进行分割，还可以设置转场，使视频更加生动有趣。

3. 变速

变速，即视频速度加快或者减慢，"1×"代表视频正常的速度，往右变速可加快声音和画面的速度，往左则减慢速度。

4. 动画

动画就是我们常说的转场。用户可以在视频素材中插入一个类似转场的动画，如降落旋转、缩小旋转等，可以让视频更加生动。这种转场动画的时长可以自己设置。

5. 画中画

简单来说，画中画就是同一个视频中有多个不同的视频同时播放。例如，一些新闻节目，左下角或右下角都会有一个小窗口在播放与新闻内容对应的手语，这就是画中画。画中画在视频剪辑中很常见，和明星同框互动也是用画中画功能制作的。

6. 倒放

倒放就是让视频首尾顺序颠倒过来播放，可以用来制作一些新奇的视频。

7. 镜像

从字面上理解，镜像就好比照镜子时我们的实际方向和镜子里的方向是相反的，所以需要把画面左右翻转180度才和实际的方向相同。这个功能常用在自拍视频中，使视频看上去和实际的方向一样。

8. 定格

电影或电视剧中的画面突然停止，定格在某一帧画面上，就叫作定格。这个功能通常用来突出重点时刻，或者在解释某个特定画面时使用。

第三节　优质账号三大要素

我们在进行短视频内容创作前，先要了解影响短视频运营的因素，以结果为导向进行动作反推，制订动作节奏和计划。

一、清晰的定位

(一) 账号定位

账号定位，换句话说就是：专注于一个垂直领域输出内容。

如果账号的定位是美食，就只发与美食相关的视频；如果定位是美妆护肤，就坚持发美妆护肤的内容；定位是穿搭，就坚持发穿搭……内容越专业，越垂直，吸引的粉丝也就越精准，这样一来，后期转化也相对较高。

除了垂直领域的内容，还要时刻关注热点题材、热门视频，这些有助于获得流量。一般来说，垂直定位是一个账号只做一个领域的内容，如果公司的业务较多，则建议做矩阵号[①]。

---

① 矩阵号，即一个运营主体在新媒体平台上建立或联动多个账号，且账号之间可以实现内容同步、互相引流等，促成营销效果最大化。

(二) 用户群体定位

一切内容的产出都是从用户需求出发的，只有明确了目标用户，才能确定用户的需求是什么。

2016 年左右，互联网金融 P2P(点对点网络借贷)非常火爆，众多 App 都设置财经内容板块，想借此提升用户黏性。例如，有些互联网金融账号生产了很多泛财经的内容，如股票分析、保险分析、理财知识等。事实上，其没有搞清楚用户的需求和使用场景，以为只要有内容就会有阅读，就会有用户黏性。P2P 是低频的货币基金产品，只是金融理财行业的一个细小分支，相对专业的用户很少投资此类产品。因此，再多的泛财经内容也不会提升用户的阅读兴趣。可见，只有精准定位用户群体，了解目标用户的需求，才能成功引流。

(三) 内容调性定位

内容调性定位包括内容定位和内容风格。

内容定位包括内容的方向、领域、边界等，要与品牌用户画像和短视频平台要求相符。内容风格包括内容的拍摄手法、创意形式、内容逻辑、视觉展示等。

内容调性定位相当于给短视频运营打造某种风格化的标签，只要用户看到或接触到类似的事物与信息，就能联想到你的内容与产品。

在大数据时代，我们已经非常熟悉标签这个词了。每一个短视频账号在系统中都带有一个或多个标签，例如母婴、体育、美妆、教育等。当新的作品发布后，平台会根据视频内容或者文案内容给这个作品打上关键字，并给作品赋予标签，以便平台检索和分发给具有相同标签的用户群体。我们应该利用标签机制，获取精准用户。

这里提到的分发，就是平台的推荐算法。只要我们意识到平台的推荐算法机制，便可以有意识地设计自己的行为，引导平台判定我们是优质内容，从而给我们分配更多、更精准的流量。

二、高质量的短视频内容

(一) 优质内容遵循的三个基本面

对于每个承载内容的平台来说，都有其自身的要求和属性，都通过高质量的内容增加人气，那什么才是平台认为的优质内容呢？

从普适性的角度来说，视频平台对于优质内容判定基本围绕以下三个方面。

(1) 原创内容：除了确保作品的原创性，还需注意自己的作品有没有广告、有没有敏感词、有没有数据上的错误和常识性的错误等，平台会对作品进行人机审核，审核结果会直接影响作品是否能正常上架，上架后是否能获得平台公域流量推流。

(2) 积极的价值观：内容传达的价值观须正面，积极向上。

(3) 优质的视频素材：平台会根据视频画质清晰度等维度来判定视频质量，高质量的视频会被平台优先推流。

(二) 创造热门内容

内容满足以上三点要求，短视频就一定能有高流量？那可不一定。想要产出高人气的短视频，应时刻抓住热点，紧跟风向，创造热门内容。

1. 热门选题的要素

一个选题是否热门，关键要看关注度(即浏览量)、讨论度(即评论量)、传播度(即转发量)，如图 5-2 所示。三者数据越高，说明这个选题热度越高。

图 5-2　短视频热门选题要素

2. 热门选题的渠道

我们可以定期从各平台门户了解各类热点、热榜，了解现在用户在关注什么，喜欢什么，讨论什么，根据这些维度进行内容创作，将有效提升成为爆款的概率。

我们可以从 4 个渠道去收集热点，给策划选题提供思路。

(1) 首页——平台首页一般会向所有用户推送当下的热门作品，可以参考其作品风格和选题。

(2) 热榜——热榜会显示当下用户热度最高的话题，比如微博的热搜榜。

(3) 搜索——从搜索里搜索本行业关键词，查看平台相关热词提示，作为选题参考可以匹配到更精准的用户。

(4) 官方活动——平台自身发起的挑战赛最容易形成传播效应,平台会给到比较好的流量资源,因此可以尽量多参与挑战类的短视频。

(三) 脚本制作

脚本相当于短视频的剧本,内容包含标题、地点、景别、拍摄角度、细致描述画面、配音内容、字幕、音乐/音效脚本写作。一个完整的短视频脚本相当于短视频的文字化呈现。

常见的短视频内容框架有经历型、干货型、观点型三种,如图 5-3 所示。

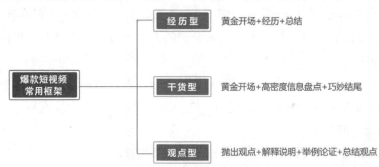

图 5-3　短视频内容框架

1. 经历型

这类视频,就是讲述自己亲身体验的事情。这些事情可以是近期发生的,比如:我最近在做全媒体运营,可以分享一些心得;我上周去了丽江旅行,可以分享偶遇了什么样的人和事情,品尝了哪些美食,等等。这些事情也可以是长周期发生的事情,比如:这几年经历了职业方向的转变,有了什么感悟,实现了一个什么的逆袭;考研三战失败了,感情上也有很多疑惑,心路历程是什么,等等。

我们需要做的,是把这段时间里的经历进行总结,压缩成一个视频脚本。这种经历型的视频,可以遵循以下框架:"黄金开场+经历+总结"。

(1) 黄金开场:要做好定位,根据账号的所属领域去输出相关的内容。比如:你是情感博主,可以聊聊恋爱的经历;你是学习博主,可以谈谈学习逆袭,成长的经历;你是穿搭博主,可以呈现每日穿搭、款式测评等。

(2) 经历:讲述时应突出戏剧冲突和情节转折,以吸引观众继续看下去。

(3) 总结:要引起共情,最常用的方法有自我激励、鼓励他人、行动号召、给予期待和引导互动等。

2. 干货型

干货型的视频，就是讲述实用的知识方法和技能，可以遵循以下框架："黄金开场+高密度信息盘点+巧妙结尾"。

(1) 黄金开场：可以按照摆结果、戳痛点、开门见山、颠覆认知 4 步做开场。

- 摆结果：看这个视频可以带来什么好处，如帮你早睡早起，帮你停止精神内耗，戒掉拖延症等。

- 戳痛点：直击用户强烈期望却未被满足的需求，如怕上火(痛点)喝王老吉，去头屑(痛点)用海飞丝等。

- 开门见山：进入正题，不绕圈子，如今天我给大家分享 5 个高效学习方法。

- 颠覆认知：引出颠覆大多数人看法的人、事或物，如学习比玩游戏还有趣呢！

(2) 高密度信息盘点：主要围绕利他性来写，告诉用户这个视频能够给你带来什么样的价值。不要讲过多的废话，这一部分的内容，一定要有料，用户就是来看"干货"的。

(3) 巧妙结尾：可以运用以下方法巧妙地结尾。

- 号召行动——你也可以！例如：我靠这个错题本，在短短一个月的时间，涨了 100 分，我相信你也可以！

- 引导评论——你还知道哪些×××的×××？例如：你还知道有哪些可以靠爱好赚钱的副业，快来说说吧！

- 引导关注——关注我，带你了解更多×××技巧。例如：关注我，带你了解更多赚钱/学习/面试技巧。

- 下期预告——下期讲解如何×××。下期预告，注意要和本期视频内容相关联。若放了预告，正好用户感兴趣，就会关注你，特别有利于吸引粉丝关注。

3. 观点型

观点型的视频，就是从一定的立场或角度出发，对事物或问题所持的看法，可以遵循以下框架："抛出观点+解释说明+举例论证+总结观点"。

(1) 抛出观点：可以运用以下方法抛出观点。

- 开门见山：一句话交代清楚视频观点。比如：如果要让我给 20 多岁的女生送一句话，那么 20 多岁最重要的一件事情就是"把 80%的精力都放在提升自己上面"。

- 夸张情绪：利用夸张的动作、表情等，给观点注入情绪。比如：你在聊分手，开头是你痛哭的表情，聊分手后你有所成长的方面。在开场的时候，先注入一波情绪，让观众先感受到情绪的力量，再进行一个倾诉，这样观众的情绪就是拉满的。
- 讲述事件：简单归纳事件、热点后，阐述自己的观点。
- 情境代入：创设情境，让观众有代入感。比如：问你一个问题，"你衣柜里有没有买的时候非常喜欢，而穿起来觉得一般的衣服？"

(2) 解释说明和举例论证。在开头提出自己的观点后，就可以对该观点进行解释说明和举例论证了。

(3) 总结观点：可通过以下两种方法总结观点。

- 开放型：通过提问等情境代入，引发用户思考。比如：如果让你做读书博主，你愿意吗？
- 直给型：针对观点给出做法，直接点明怎么做。比如：以后遇到这种情况，直接提出分手，不要有迟疑！

(四) 标题

短视频标题至关重要。在短视频推荐算法机制中，用户每天会收到无数条短视频信息，要想让自己的短视频在信息洪流中脱颖而出，让用户产生点击的冲动，标题是否吸睛就显得尤为重要。

标题包括三要素：上干货、简单直接、避免标题党。

(1) 上干货：标题要突出重点，提炼关键词，让用户一看就知道内容是什么并产生兴趣。

- 句式一：通过具体的数字来强化用户认知。比如：三招教你××，十大排名，一分钟学会××。
- 句式二：通过设置八卦悬念抓住好奇心。比如：如何做到，怎样搞定，是你吗，你同意吗。
- 句式三：通过对比设置激发用户的点击欲望。
- 句式四：以讲述"干货"吸引用户。比如：盘点、全套、合集、榜单、清单。

(2) 简单直接：标题字数应控制在两行内，一般 5～20 个字，太长的标题不易被用户记住。

(3) 避免标题党：文字标题必须与内容相关，不要为了吸引眼球而过分夸大，写一个与视频内容基本无关的标题，这样会引起用户反感，不利于账号"涨粉"。

三、账号运营：内容、用户、数据

(一) 内容分发

通常我们在剪好样片后，会确认是否有需要调整的细节。比如：剪辑的样片与原脚本逻辑是否一致、音画是否同步、背景音乐及字幕有没有违规情况，等等。

推送前需要构思好短视频标题如何撰写、短视频封面如何设计。标题、封面决定了 50%的推荐量，一定要对其加以重视。

另外，要保持作品的更新频率，新账号建议一周更新不低于 3 条作品，有条件的情况下每日更新、隔天更新最好。

(二) 用户维系

引导用户点赞、评论、私信，前期账号粉丝量少，建议每一条评论都进行回复，让粉丝在此找到存在感和归属感，珍惜每一个粉丝，与每一位粉丝保持连接，提升粉丝黏性。另外，在热门视频下写评论，多曝光账号，吸引用户点击主页观看视频转关注，也是不错的吸粉方法。

(三) 数据分析

内容好不好，数据说了算。数据分析是运营的重点，我们做账号一定是以数据驱动运营的。视频推送后，需要时刻关注数据的变化，其中重点关注作品播放率的几个核心指标：完播率、平均播放时长、互动率、吸粉率。

除了作品数据，还要分析用户数据和用户画像。根据这些数据表现综合考量，去调整内容的选题、脚本，生产更符合用户喜好的内容，更容易打造爆款。

作为一名出色的短视频运营，一定是一位多面手，出方案、做执行、看数据、复盘优化，每一个环节都能把控得好。

第四节　短视频的运营模式

关于运营，我们要明确一个观念，所有的运营最终会落实到方法论和执行上。传统互联网的运营叫作用户运营，即用户的拉新、留存和变现转化。短视频的运营其实也是用户运营，同样是为了增加"粉丝"，提升"粉丝"的黏性及变现转化，只不过在算法推荐时代，运营还要更关注数据，所以本节讲到的运营主要是数据驱动的短视频运营。换句话说，短视频的运营其实主要是 IP 的维护、作品的发布和与"粉丝"的互动，目的都是追求数据最优化。

在互联网发展的趋势下，短视频盈利模式不再局限于传统的广告运营，在《2022 短视频用户价值研究报告》中显示，2022 年上半年短视频用户渗透率达93.2%，用户规模持续上升，截至 2022 年上半年超过 9.2 亿。用户从年轻化走向全民化，并渗透至生活全场景，短视频成为全渠道内容标配。越来越多的行业正在针对"短视频+"的运营模式进行探索与实践。

一、短视频运营的优势

(一) 传播渠道的优势

1. 传播力强

短视频在传播力上的优势主要体现为选择丰富和覆盖面广。

传统的视频类广告，往往只能在各大电视台进行内容推广，成本高昂。而各大短视频平台中，充斥着各种类型的自媒体。小的有个人工作室，大的有 MCN机构、传媒公司，这促使广告投放的挑选范围更广。

随着短视频行业的逐步发展，各大平台的用户数量越来越大，短视频的模式也逐渐成为主流，用户的活跃度和用户黏性都非常高。

各平台短视频的推荐机制会略有不同。我们以抖音为例，首先，视频内容没有出现违规情况，视频进入抖音推荐系统，抖音平台根据起始流量信息反馈来判断视频是否火爆，假如火爆，平台会给作品分发更多的流量。这里的信息反馈主要是看视频的播放量和完播率，另一方面看视频的点赞量、评论量和转发量。

初次推荐会依据账号的权重不同，给 200～500 人次的流量，如果被推荐的作品反馈数据较好，平台就会判定内容是比较受欢迎的，于是就会进行第二次推荐，再给 1000～5000 人次的流量，如果第二次推荐的反馈数据良好，平台就会进行第三次推荐，会给上万甚至几十万人次的流量(见图 5-4)。

以此类推，如果反馈数据依然优秀，平台就会以大数据结合人工审核的方式来衡量内容能否上热门，这是抖音视频天然流量的给予方式。

除了天然流量的给予，品牌方也能够通过购买流量使视频在短时间内获得一定的热度。只要视频内容优质，合理地应用平台的推荐机制，就可以用更少的成本获得更优的传播效果。

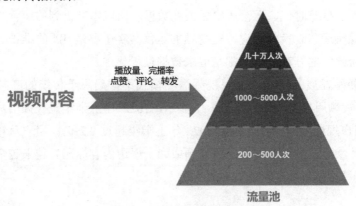

图 5-4　短视频流量推荐机制

2. 准确性高

伴随着智能算法推荐技术被普遍应用于短视频领域,用户在平台上查看的内容已不再是随机推荐,而是平台会依据用户的个人喜好标签及浏览习惯进行推荐。这使得短视频在运营流程中推荐的用户更加具有针对性,提高推广的质量。

而且传统广告只能选择内容和位置两个维度,而针对算法推荐机制的短视频广告能够依据系统对受众群体的分类,自定义地选择目标受众群体,进行精准投放。

我们还是以抖音为例,该平台能够自定义性别、年龄、地域、兴趣指标等多个标签。这样的算法机制能够让广告内容直达目标受众群体,减少了传统化广告所做的无用功,投放更加准确。

3. 互动性强

传统广告是单通道传播的,短视频广告则充分运用了网络的传播优势,改变了这种自上而下的单通道传播模式。

短视频所具有的社交属性(如点赞、评论、下载、转发等)使他在推广流程中自然具有了互动优势,卖家的运营广告不再是石沉大海,而是会收到很多反馈。不论是品牌方还是网络红人,只要在平台上发布广告视频,就会有人在评论区留言互动。

互动的优势让信息双向传播,商家可以借助用户反馈了解消费者的需求,根据需求再向消费者推荐佳品。基于这种良性循环,商家借助反馈不断改进和优化,短视频运营的效果将越来越好。

(二) 内容优势

1. 内容质量与流量高低成正比

真正能得到消费者青睐的往往是一些高质量内容，他们可以是暖心的文字、酷炫的图片、有趣的视频等，形式不限，内容是产品和消费者之间的联系纽带。内容运营则是用有意义的、有趣的内容打动用户，打动用户也就拥有了流量。

以雅诗兰黛一款胶原霜广告为例(见图5-5)，一组邀请各年龄段女星(钟楚曦、史策、吴越、阿雅)出演的系列短视频，内容直击消费者痛点，引发消费者共鸣，雅诗兰黛胶原霜的用户定位是在30~40岁的中高收入女性人群。在这个定位中的女性有很大部分都面临了女性30岁的危机，肌肤的状态步入衰老阶段，同时受到来自职场和生活的烦恼。

这个系列短视频里的女性通过使用了产品，获得自信、放松，敢于面对未来的压力和纷杂，恰好直击雅诗兰黛护肤品大部分用户的痛点，引起大批量女性的共鸣。该广告得到了大批用户的围观和好评，实现了很好的传播价值。

图 5-5　雅诗兰黛抖音页面截图

高质量内容依托平台广泛性地进行传播，越高质量的内容，越容易引流。在社交网络平台的流量保障下，通过产出高质量内容可以激发用户进行二次传播，不断刺激新的流量进入。这样内容可成为吸引流量的利器，是传统电商无法企及的。

2. 帮助品牌建立口碑

运营以高质量内容直击用户痛点，同时依靠着内容平台进行传播。用户引发情感共鸣之后自发进行的"二次传播"更能高效地传播品牌价值。

由用户自发传播产生的口碑，更能提升品牌在用户心中的公信力。朋友圈中用户的关系属于强关系，用户更容易受"朋友圈"的影响。同时用户的朋友圈中会有许多兴趣相同，或者是定位类似的人群。这时候在朋友圈中二次传播的信息实际效果会更显著，更能直达目标消费群体。

3. 内容运营优化用户购物体验

近些年不少电商平台意识到优质内容的重要性，纷纷向内容平台抛出合作的橄榄枝。用户主动点击电商平台无非是有了明确的消费意向，而用户主动点击内容，如直播平台、短视频平台、资讯平台甚至是聊天软件等，可能是因为消遣娱乐、获得资讯、社交需求等。用户本来没有消费心理，却在进行社交娱乐的过程中产生了消费心理，最终促成消费行为。

伴随着内容运营的逐渐广泛应用，内容运营从技术、内容等方面进行优化，提高用户的消费体验。比如运营内容中插入产品的购买链接，点击直达产品消费页面，省去中间复杂的商品查询过程，让消费行为变得更方便快捷。图 5-6 的抖音主页截图展示了不同类型的推荐入口(美食、应用、商品)。

图 5-6　抖音主页截图——不同类型的推荐入口(美食、应用、商品)

除了技术的助力，运营者们也在内容方面下了功夫，如今内容运营已将广告的痕迹降至最低或者直接抹去，用户对运营内容的接受度越来越好，体验感也逐渐提高。

伴随着短视频的迅速发展，移动短视频不但是一种全民娱乐的社交方式，还成为备受广告主推崇的创意营销方式。短视频行业的迅速发展加上内容运营的崛起，为短视频运营造就了良好的发展环境。

不少企业都将目光集中在了短视频整合运营，伴随着抖音、快手等短视频平台陆续打开商业化的大门，"短视频+"这种利用内容变现的模式将越来越火爆。

二、短视频与品牌商

内容运营的时代已经来临，品牌商更期望与用户建立感情纽带，这就更需要用丰富的感情内容来触动用户。相比传统的图文内容，视频较之图文更立体，更能让人身临其境。同属于视听内容的短视频，凭借其强有力的流量聚集性能，以及满足用户阅读习惯的竞争优势，成为流量的新阵地。

(一) 信息流广告

简单来说，信息流广告就是在信息内容中存在的广告。信息流广告可以理解为植入式广告的一种，它的竞争优势在于能够通过短视频推送来提高用户对广告的接受度，同时降低用户对广告植入的抗拒心理。

但信息流广告对平台的数据积累和算法性能提出了较高的要求，不是所有的平台都能达到信息流广告的技术要求。与此同时，过于密集的信息流广告也会影响用户的观看体验。

将精准的用户画像运用到各种场景之下，依据大数据分析用户的行为、兴趣等信息内容，并把握时间、地点等因素，精准地进行分发，使得广告的有效转化率得到显著的提高。信息流广告的实际价值则主要来源于用户、触达和内容三大要素。

以抖音为例，该平台页面左侧显示本条信息流广告所推荐的商品或服务名称，页面中显示视频描述的相应文案并标示出"广告"字样以作为提示信息，页面底部通栏"立即购买"则可直接连接到商品介绍或者购买链接，如图5-7所示。

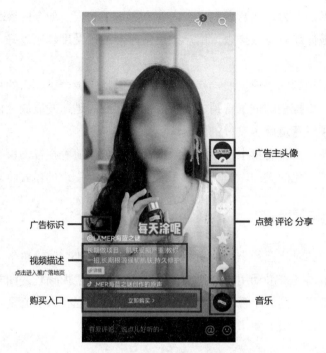

图 5-7   LAMER 海蓝之谜抖音推广页截图

作为明码标价的"广告"，短视频信息流广告的表现形式是将需要推广的内容依靠短视频推荐频道的信息流进行呈现。同时，用户在观看短视频过程中，可以通过相应操作一键直达商品落地页，以实现商品短时间内在短视频平台达到运营推广的目的。

(二) 内容原生广告

原生广告是一个广义的概念，在短视频平台中，广告内容与用户所观看的短视频内容相符的均可称为原生广告。

原生广告的优势在于其内容可以完全契合品牌调性，传播相对较高，其表达形式也更为多样和立体，这将改善用户对广告内容的感知性，能够刺激用户对商品的购买欲望。

以抖音博主"冬冬和37"为例，其情侣账号的内容主要是以男女间甜蜜恋情的故事情节为主，内容能够引起现今年轻人的情感共鸣，因此积累了大量垂类的用户。图 5-8 为"冬冬和37"抖音截图。

账号首页　　　　故事开场　　　　故事开场　　　　引入产品　　　　引入产品

图 5-8　"冬冬和 37"抖音截图

2022 年 8 月 8 日，博主发布了一条内容，剧情为冬冬和 37 想跟朋友在家露营，并且由此产生了一系列趣事，例如不会搭帐篷、不会做饭、不想打扫卫生，最后这些都通过求助扫地机器人得到解决。科沃斯扫地机器人多次穿插在短视频剧情发展中，这种"场景+情感+创意"的表达形式自然而不僵硬，在传递剧情的同时，广告出现得猝不及防。

广告本身作为剧情的一小部分，减少了用户对于广告内容的抵触，提升了接受度和传播价值，该内容一上线就获得了 26.2 万的点赞量，可以说是一条非常成功的抖音原生广告。

(三) 其他品牌运营

除了前两种方式，品牌商也注重利用短视频平台的玩法进行运营。如联合短视频平台发起话题讨论的"抖音挑战赛"，入驻短视频平台建立平台官方账号等。

这样的运营手法将重心放在了用户的交流和互动上，通过激发用户参加话题活动引发兴趣，有了官方账号加持，打通与用户的沟通渠道，可提升用户对品牌的忠实度和认可度。

面对抖音潜力巨大的运营价值，不少企业都入驻抖音开通"蓝 V"企业号。初被认证的企业蓝 V 账号已成为抖音平台重要且活跃的用户群体。相比未认证的普通账号，有了官方认证的企业账号的加持，其在用户中更具有公信度，发布视频内容，特别是带有一定奖励性质的运营主题活动，更能激起用户参与的活跃度，更利于扩大运营范围。

三、短视频与电商

现在打开各大电商 App，短视频无处不在。图 5-9 展示了不同电商平台的短视频应用界面，在其中最明显的商品介绍页中，短视频已然替代了传统的图片介绍。相较于图形和文字，视频让人们更轻松获得高质量的内容，视听内容所呈现出来的易读性，为"短视频平台+电商"的结合形成了必备条件。

淘宝　　　　　　京东　　　　　　拼多多

图 5-9　不同电商平台的短视频应用界面

不少电商商家将目光投向了拥有巨大流量的短视频平台，不论是一键打通短视频平台与电商平台，还是短视频平台开创电商新模式，都是以高质量的短视频内容传递产品信息，能够弱化消费者对于价格的敏感度，消费者的购买不再是货比三家，而是更加关注视频内容本身，强化消费动力。

随着短视频成为新的热点，每一个短视频平台都吸引了大量的内容制作者，不断创作内容，吸引了上千万的粉丝。有粉丝就意味着有流量，但对于这些内容制作者来说最大的问题是如何将流量变成利润。

短视频达人自带粉丝垂直属性，更适合电商变现。并且，短视频平台所具备的社交属性，使短视频达人运营与传统式的明星运营的属性不同，消费者与达人之间不再有距离感。短视频达人更像是消费者的伙伴，与他们沟通分享，通过有温度的陪伴培养消费者对其的信赖感，从而产生消费行为。

同时，短视频平台的低要求及短视频平台与电商平台的渠道打通，让商家实现低成本、高利润，满足商家对运营精准性和可操控性的需求，真正做到品效合一。"短视频+电商"的营销模式，在真正意义上实现广告主、用户与平台的三方共赢。

第五节　短视频营销与变现方式

一、短视频营销的特点

随着互联网日新月异的发展，互联网工具的不断完善，营销方式也层出不穷，比如线下门店、线上电商、微商、社群……这些营销渠道能让消费者通过不同方式多方位体验产品，与产品产生即时的互动。在目前网络短视频和直播的发展大势下，营销格局也发生了巨大的变化。

(一) 短视频颠覆传统营销模式

根据中国互联网络信息中心的预计，截至 2022 年 12 月，短视频月活跃用户人数达到 9.8 亿人，占手机网民用户总规模的 97%。2016—2021 年是短视频迅猛发展的爆发生长期，短视频平台的月活跃用户从 2.17 亿一路攀升到 9.07 亿。虽然用户增量已经进入瓶颈，但人均使用时长在不断增长。短视频每月人均使用时长达 56.4 小时，相比 2019 年年底增长 90%。高日活、高频次使短视频与电商深度融合，毫无疑问让短视频平台成为新的营销战场，如何从这一巨大流量中挖掘潜在客户，成为每个品牌需要经历的营销大考。

从平台区分，营销格局逐渐从淘宝、京东、苏宁等电商系营销模式和论坛、贴吧、豆瓣、微博等信息流营销模式，逐渐发展成为以微信、抖音、快手等为主体的社交(社群)系营销模式。从推广方式区分，由原来常见的"文字+图片"组合、"文字+图片+视频"组合，逐步发展成"文字+图片+视频+直播"组合。

(二) 短视频营销的特点

1. 具有强互动力

短视频是一种能够让企业与用户进行多向交流的媒介，这种双向或者多向的互动特征能够将用户的反馈信息传递给企业。

此外，用户的评论与分享能够为企业的短视频营销起到一定的造势作用，例如对于一些有争议性的内容，如果大量用户在回复中展开激烈的讨论，那么视频的点击率也会直线上升，这样就会进一步扩大企业品牌的知名度。

2. 具有强大众性

很多短视频平台的视频都是由大众个体发布的，没有群体性，也没有权威性，仅仅代表其个人的分享，因此更加显得大众化。

3. 具有强娱乐性

如今，短视频大多向轻松、有趣或者娱乐的方向发展，因为这样能够为用户缓解生活中的精神压力。企业短视频营销抓住这个点，更加容易产生有效传播，更加容易取得营销的成功。

二、短视频营销的五大技巧

(一) 寻找合适的创意

一个拥有优秀创意的短视频能够帮助企业吸引更多的用户，创意可以表现在很多方面，新鲜有趣只是其中的一种，还可以贴近生活、关注社会热点话题、引发思考、蕴含生活哲理等。

创意的制造过程是有方法可循的，我们可以罗列出产品和用户的所有描述，然后将产品的描述和用户的描述进行随机匹配，寻找有趣的结合创意。

寻找创意思路的方法如图 5-10 所示。

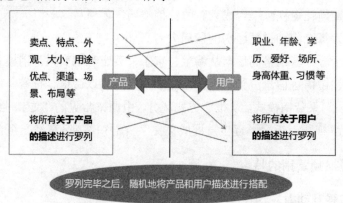

图 5-10　寻找创意思路的方法

(二) 善用反向思维

所谓打破传统思维，就是不随波逐流，而是用逆向思维的方式引入卖点。

例如，当其他品牌都在说自己是最好的时候，指出产品在怎样的情况下是不好的，也许会出人意料地引起消费者的注意力。

例如：

第一则：我是配置最高、最轻薄、最时尚的笔记本电脑。

第二则：我虽然不是最好的笔记本电脑，但我是最轻薄的。

这两则文案，第一则沿用传统的文案思维，即不断夸奖自己的产品有多好，第二则文案打破传统的文案思维，通过阐述不好来突出自己好的地方，反而给消费者留下深刻的印象。

(三) 抓住消费者痛点

抓住短视频营销的痛点，就是企业一定要让自己站在消费者的角度去思考问题，列出消费者会面临的问题，从这些问题中，把解决问题的方法转化为短视频，就可以写出更好的短视频营销脚本，我们可以从以下几个方面(见图 5-11)结合产品展开思维联想，效率会提高。

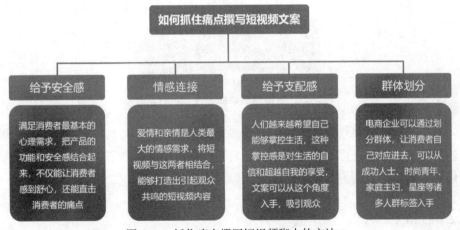

图 5-11 抓住痛点撰写短视频脚本的方法

(四) 将文案融入画面中

利用短视频进行营销时，观众是看不到软文的文案文本的，他们只看到一幕幕画面和字幕，听到相应的背景音乐，而真正的文案就呈现在画面和字幕中。

例如，经典的脑白金的视频广告，相信大部分人都耳熟能详，从画面上两个可爱的卡通老人以活泼可爱又不失幽默风趣的姿态在跳舞，再搭配上脑白金经典的台词——"今年过节不收礼，收礼只收脑白金"，简单直接地将广告文案通过画面和字幕呈现出来。

(五) 紧抓热点借势

在如今信息大爆炸的时代，热点话题往往能够在一定时期内引起人们的关注，对于品牌来说，利用热点事件进行短视频软文营销是一个非常不错的选择，将短视频文案与热点话题通过某些特点结合，然后凭借热点话题的关注度来吸引观众的眼球。

借助热点话题进行营销的流程如图 5-12 所示。

图 5-12　借助热点话题进行营销的流程

利用社会热点事件进行短视频营销的意义在于，如果与热点话题相关联的短视频的营销效果好，那么该短视频很容易被观众自发在网络上进行传播，最终形成口碑营销，大大提升品牌的影响力和知名度。

三、短视频变现

短视频账号分为垂类账号和泛娱乐类账号。垂类账号拥有固定赛道，如房产类账号只讲房产类知识，不会讲其他内容，它的变现通路只与房产类有关；而泛娱乐类账号通常以剧情为主，变现渠道不固定，如偶像剧可以根据情节设定，这一集介绍零食，下一集介绍口红。通常泛娱乐类账号能变现的品类要比垂类账号广，但是垂类账号比泛娱乐类账号的转化率高，这是因为垂类账号拥有较高的专业度，"粉丝"大部分是有需求的用户。

通常，账号类型不同，其变现通路也不同，同类账号之间也会因运营团队的不同而有所差别，本节只讨论短视频变现的相关内容。

1. 广告内容变现

这是最直接的一种短视频变现方式，如果视频制作者是个人，既不是厂家也没有店铺，那么接广告是最合适的变现方式。

许多短视频平台都有自己的官方接单渠道，如抖音官方的接单渠道是星图。在星图上接单的方式主要有：广告公司派单；厂家指定视频制作人；视频制作人主动找广告；视频制作人签约经纪公司，公司对接广告方。

2. 电商渠道变现

电商变现是直播带货最主要的渠道，也是最常见的变现渠道。

电商变现主要有三种操作方式：信息栏添加商品橱窗，"粉丝"可购买同款商品；短视频中的商品链接；直播中的商品链接。

3. 私域变现

私域变现主要是把各平台中的"粉丝"流量通过评论、个性签名、直播、私信等方式导流到微信或其他社交软件中，这种方法多被微商使用。

4. IP 变现

很多短视频红人都拥有自己的高黏度"粉丝"群体(简称"铁粉")，这类铁粉被红人的原创或某一属性吸引，因此让红人拥有更多的变现通路，如通过上综艺、签约品牌成为品牌推荐官，以出书、出唱片等方式变现附加价值。例如，在抖音拥有 3200 多万"粉丝"的"多余和毛毛姐"，通过方言、搞笑的视频风格形成颇具特色的个人品牌。此后，他频繁出现在各大综艺，还发布了个人单曲，又掀起一波热潮。

第六节 短视频数据化运营管理

数据运营就像我们拍摄短视频一样。视频是通过相机将每一帧画面记录下来，而数据可以帮助我们将每一次观众观看我们的行为及反馈记录下来。数据化运营能指导账号的内容方向，甚至能决定一个账号的热度。

短视频上线后的运营工作复杂且精细，怎么通过数据来指导我们的运营工作呢？

一、让数据指导内容创作方向

在短视频赛道，视频更像是一场注意力的抢夺战，如何在最短的时间抓住更多用户的眼球，需要依据数据分析才能得出具体结果。

(一) 数据化运营的诉求

数据化运营管理有两个诉求：一是作品内容获得更多的曝光度，吸引更多的用户关注；二是通过视频的播放，增加"粉丝"，获得一定的变现收益。

(二) 视频的数据检测维度

目前市面上有很多成熟、专业的短视频分析平台，这些平台能够全方位解析一个账号，并且给出运营建议，如卡思、飞瓜、抖查查、知瓜、直播眼等。各平台的数据会略有不同，建议多找几个平台的数据做参考。

通过数据监测，可以了解视频发布的影响，关注视频的人群，以及明确什么时间发布视频效果更好等。具体的检测维度包含如下几项。

1. 发布作品的时间

每个平台都会有自己的流量高峰时间，应了解"粉丝"活跃时间段的分布情况，在"粉丝"最活跃的时间段发布作品，以增加作品的投放效率。

2. 用户群体特征

"粉丝"画像功能可以解析"粉丝"性别比例、"粉丝"兴趣等，帮助运营人员了解"粉丝"群体占比，如账号的男性"粉丝"占比是90%，则需要发布更多男性感兴趣的话题(如房、车、体育赛事等)。但需要注意的是，相对于女性"粉丝"，男性"粉丝"变现能力较弱。一般来说，优质的变现账号多以女性"粉丝"为主，故而"粉丝"画像也是广告主寻找合作红人的判断指标之一。

3. 用户的关注点

"粉丝"舆情功能可以展示7天内"粉丝"讨论度最高的关键词，帮助运营人员了解"粉丝"最关注的内容。

4. 已发作品的数据

已发作品的数据可将作品的观看人数精准对应到秒，使运营人员知道哪个画面、音乐或台词让观众感兴趣，这些就是以后作品需要加强的地方。不仅如此，运营人员还可以横向研究其他作品，了解哪些情节更吸引用户、用户留存率更高。

二、视频数据分析

我们需要分析视频发布后的数据，做复盘总结，从而优化视频内容。通常，"视频指标"包括固有数据、播放量相关指标、播放完成性相关指标、互动数据、关联指标等。

1. 固有数据

固有数据是指我们在视频制作、发布的过程中产生的且不可通过外力进行改变的固定数据，如发布时间、视频时长、发布渠道等。

2. 播放量相关指标

将拍摄好的视频发布到各个渠道后，我们要关注其"播放量"。

视频的播放情况可通过以下两个方面来进行评估：

(1) 实际的结果量，也就是累计播放量；

(2) 同期相对播放量、对比播放量。

视频发布后，可以用自己作品的实际播放量与同类优质作品的平均播放量进行对比，以此来评估播放量。应总结同类内容在不同渠道、不同时间发布的播放差异，找出相同点与不同点，从而对视频进行优化。

通过精细化的运营，我们可以更全面地评估视频的播放效果，总结相同内容在不同渠道的流量规律，找到同期播放差异渠道，从而优化视频内容。

3. 播放完成性相关指标

播放量完成性的相关指标包括播完量、播完率、平均播放进度等，其通过不同的维度表达观众在看我们的视频的时候，是否会完整地看完，或者标识哪一个环节影响了观众，没有继续观看。

对于视频内容的制作者来说，播放完成性数据是非常重要的，通过对这些平台的数据研究，可以总结出本期视频中明显集中的跳出点，避免下期节目出现类似的问题，提高视频的完播率。

4. 互动数据

互动数据也就是我们经常会提到的评论、转发、收藏，包括"顶""踩"，这些都是观众和我们互动产生的数据。通过各大平台的算法，结合播放及互动情况，可决定短视频是否有更多的推荐量。

除了视频本身，对评论也要重视。对于高质量的评论，我们可以标记为精选置顶，引导更多的观众与我们互动。对于经常与我们互动的粉丝，应该重点跟进他们的评论，也可以进一步私信，同他们聊天沟通。

5. 关联指标

关联指标是指由两个数据相互作用的结果。其中比较重要的指标有：播荐率、评论率、点赞率、转发率、收藏率、涨粉率。

(1) "播荐率"高的视频，说明推荐后被观众打开的概率更高，一般可以表明这个视频的标题、配置的图片、相关的描述比较吸引人。其计算公式为

$$播荐率 = 播放量/推荐量 \times 100\%$$

(2) 评论率高的视频，说明这个视频让观众表达意愿强烈，引发观众的讨论。其计算公式为

$$评论率 = 评论量/播放量 \times 100\%$$

(3) 转发率高的视频，说明观众更愿意推荐给他的朋友或者通过视频表达个人的观点或态度，有较强的传播性。其计算公式为

$$转发率 = 转发量/播放量 \times 100\%$$

(4) 收藏率高的视频，首先代表内容本身对于观看者有用，收藏后可能产生再次观看。如果收藏率高，但是转发率很低的视频，可能涉及用户的隐私考虑，传播性有一定的局限性。其计算公式为

$$收藏率 = 收藏量/播放量 \times 100\%$$

(5) 涨粉率。涨粉率可以帮助运营人员判断分析用户是通过哪些视频引起共鸣，愿意关注账号的，其计算公式为

$$涨粉率 = 涨粉量/播放量$$

其中，涨粉量可以通过新增关注数减去取消关注数得出，其计算公式为

$$涨粉量 = 新增关注数 - 取消关注数$$

新增关注数指用户在该篇内容页面上产生的关注行为的数据；取消关注数指用户在该篇内容页面上产生的取消关注行为的数据。也就是说，用户在观看视频的时候，在该页面点击了关注，就会被记录为该视频的涨粉量。

同时，我们要重点关注一些播放量非常高，但是涨粉率却非常低的视频，结合实际的评论内容及其他指标来对视频进行分析。

作品从投放到变现的过程中，数据体现了专业性、科学性、实时性和多样性。根据短视频平台的数据化运营可以优化视频作品，增加曝光量和变现的机会；而广告方也可以通过专业数据来分析自己的产品更适合哪类人群，从而找到更适合的网络红人进行合作。数据化运营管理标志着传统的"人工营销时代"将成为历史，大数据将成为最有力的营销工具。

第六章

直播运营

第一节　直播营销的概念

一、直播行业概述

中国互联网络信息中心(CNNIC)发布的第 50 次《中国互联网络发展状况统计报告》显示，2022 年 6 月，我国网络直播用户规模达 7.16 亿，较 2021 年 12 月增长 1290 万，占网民整体的 68.1%。

(一) 直播内容形态演化

网络直播自诞生以来，经历了一个不断演进的过程。早在 2002 年或更早的时候，受当时互联网技术的限制，网络直播是以文本状态出现的。随着网络技术的不断进步，更多的直播方式应运而生，如图片直播、音频直播等，同时一些直播平台浮出水面，如唱吧、喜马拉雅、蜻蜓 FM 等。

这些平台的兴起，离不开近几年 5G 技术的应用推广，"5G+直播"正在潜移默化地融入我们的生活。从直播平台发展而言，5G 技术能有效提升网速，改善视频画质，可显著提升用户观看体验，提升用户留存度。5G 时代下，VR、人脸识别等新技术应用得到支持，赛事直播、企业直播等现场模式将扩大应用范围，实现场景多元化。

随着 5G 技术和人工智能的发展，直播会越来越丰富，直播方式不再局限于文字、图片、音频，甚至视频，直播内容会更具观赏性、互动性和实用性，让用户更有身临其境的感觉。

(二) 直播平台的发展演变

2006 年，国内首家直播平台——六间房上线，开辟了秀场直播的模式，用户可以通过直播的形式展现自己的才华和美貌。2007 年，AcFun 弹幕视频网成立，不同于传统的视频网站，其带来了一种全新的弹幕模式。

YY 在 2012 年首先推出了视频游戏直播插件，并开始与主播签约，随之，整个游戏直播行业开始蓬勃发展。2014 年 1 月 1 日，AcFun 弹幕视频网的生放送直播改名为斗鱼 TV。2014 年 1 月 20 日，杭州边锋网络技术有限公司推出战旗 TV。2014 年 11 月 24 日，YY 正式将直播业务拆分为聚焦娱乐直播的 YY LIVE 和聚焦游戏直播的虎牙 TV。

2016 年，移动互联网流量在互联网总流量中占比达 68%，移动化、场景化的购物体验需求增加，电商直播迅速发展，聚美优品、蘑菇街、淘宝、苏宁、考拉海购、京东都争先恐后地加入电商直播的行列。从 2016 年初开始，直播平台只有几百个，到 2016 年年中，近千个直播平台诞生，成为网络直播发展史上一个非常重要的事件——"千播大战"。

(三) 全民网络直播时代

2016 年的"千播大战"吸引了大批的用户。这背后的原因是互联网的迅速发展及网民基数的不断扩大，文字和图片的直播形式已经无法满足用户的需求，视频逐渐成为一种更为流行的媒介，它的模式更加简单，互动更为直接。

(四) 秀场直播重新洗牌

2016 年，秀场直播由盛转衰，由于竞争太过激烈了，很多直播平台在竞争中倒下，秀场直播行业面临重新洗牌的局面。一些中小平台迅速销声匿迹，大平台也难以继续维持热度，如秒拍、一直播；六间房也重组成花椒直播，熊猫直播不得不宣告破产。

二、电商直播行业的发展现状

电商直播指的是以直播为渠道达成营销目的的电商形式，是数字化时代背景下直播与电商双向融合的产物。电商直播以直播为手段重构"人、货、场"三要素，但其本质仍是电商。与传统电商相比，电商直播拥有强互动性、高转化率等优势。

2016 年 3 月，淘宝直播开始试运营，同年蘑菇街正式开启了电商直播的布局，越来越多的直播平台开始进军电商直播。2017 年，电商直播行业开始进入快速发展期。以快手和苏宁为例，快手本来是短视频平台，2017 年开始做直播；苏宁原来是传统的线下品牌，同年开始布局电商直播。

2018 年，随着各大电商直播平台的兴起，竞争不断加剧。平台要想在竞争中形成自己的特色，必须在直播操作上更加精细化。越来越多的专业团队和机构进入电商直播行业，不断提高直播水平。2019 年 9 月，腾讯推出的看点直播正式开放，几乎所有电商均开始涉足直播，电商直播市场迎来爆发期。

2020 年 9 月抖音电商直播断开外部链接，不再给电商平台导流，同年 4 月 1 日，罗×浩"交个朋友"直播间在抖音开启了自己的带货首秀，3 小时带货 1.1 亿元。近几年，主播是站在聚光灯下、离消费者最近的直播群体，他们在事业上的成功吸引了各路人马强势加入。

(一) 行业进入市场爆发期

根据中华人民共和国文化和旅游部的数据显示，2021 年中国直播行业市场规模达 1 844.42 亿元，行业内共 11 家上市机构主体，截至 2021 年 12 月，主播账号累计近 1.4 亿个，仅 2022 年上半年新增开播账号 826 万个。也就是说，我国已经进入全民直播时代，"约 10 个人里就有 1 个网络主播"。

截至 2022 年 6 月，我国网络直播用户规模达 7.16 亿人，较 2021 年 12 月增长 0.13 亿人，同比增长 1.8%，占网民整体的 68.1%。也就是说，目前我国超半数网民已经成为直播用户。看直播买东西，成为人们日常的消费习惯。

(二) 直播电商成为日常消费模式

第一，传统的电商依赖文字和图片对产品进行描述。对于文字描述，由于内容的主观性较强，所以消费者会对产品信息的真实性存疑。对于图片描述，很多用户运用修图软件对图片进行加工，虽然可以使产品看上去更加美观，但是这样会误导消费者，同时存在造假的可能性。直播电商的形式可以使消费者亲眼看到实物，对产品有更全面的了解。

第二，由于文字和图片的局限性，传统的电商信息显示得不够全面，消费者很难对自己需要的产品做出消费决策，因此消费者的购物体验往往不尽如人意。而直播可以实现更直观、互动的讲解和展示，让消费者能够在更短的时间内了解产品，并快速得到相应的对称信息。

第三，传统电商让消费者足不出户，就能买到想要的商品，但是在购物的过程中缺乏社交行为。而直播电商可以做到即时互动，用户在购物过程中有任何问题可以随时询问主播，几乎相当于面对面的线下购物，这是一种强社交性的购买形式。

正是因为这些优势，让用户越来越依赖直播消费。

iiMedia Research(艾媒咨询)数据显示，在 2022 年中国直播用户每周使用频率中，46.2%的消费者每周使用直播的频率为 6 次及以上，34.6%的消费者每周使用直播的频率为 4～5 次，19.2%的消费者每周使用直播的频率为 1～3 次。

消费者直播使用频率大幅提升，无论是商家还是消费者，都越来越离不开电商直播。电商行业已成为现在的行业风口，势必引领一波新的财富分配。

(三) 中国直播电商时长竞争格局

如今国内涉足直播电商的平台主要有淘宝、抖音、快手、京东、拼多多、小红书等，但从总体来看，淘宝、抖音、快手三大平台用户最多、交易体量最大，竞争也最为激烈，已经造就三足鼎立的格局。

从活跃用户数量情况看，根据 2022 年快手三季度报告，快手平均日活跃用户为 3.63 亿，平均月活跃用户突破 6 亿；淘宝 2022 年 6 月 MAU(月活跃用户数量)为 8.7 亿，抖音为 6.8 亿。

从平台占有率来看，目前我国直播电商市场主要被淘宝、抖音和快手三大平台垄断，三大直播电商巨头占据了中国直播电商行业 99.7%的份额。其中抖音市场份额占比最大，达 38.9%；其次为淘宝，市场份额占比达 31.1%；快手市场份额占比 29.7%

从内容价值角度，《电商行业内容生态健康指数(ECHI)报告》显示，目前电商生态健康程度在政策环境指标整体表现良好，内容均衡性、多样性、活跃度多个维度表现优秀。在具体分数上，抖音电商以 98.1 分摘领跑，快手(96.9)、淘宝(95.9)紧随其后。从评分导向来看，电商行业已经从"消费可及性"过渡到"消费品质化"阶段，优质、专业、差异化的内容是电商行业的"硬通货"。

三、电商直播的发展前景

直播 1.0 时代展示的是草根化、全民皆直播的状态，强调娱乐性。到了直播 2.0 时代，直播逐渐拓展出更多垂直细分领域。专业团队的激增、个人 IP 的诞生，使变现模式日渐多元化，其中的代表性人物就是李×琦。他从口红专柜销售员发展为拥有专业团队的"网红"主播,在美妆直播带货领域几乎无人能敌。直播 3.0 时代,直播会走向品牌化,有利于用户沉淀与转化。

电商直播的发展具有以下 8 个趋势。

(1) 打造个人 IP①。内容丰富、制作精细的产品将有更大的变现可能。平台流量已经发生了主导权的变化。未来,更多的专业人士或专业机构将成为直播的主流力量。

(2) 平台垂直化的趋势会越来越突出。随着直播产业的发展和行业竞争白热化,差异化和特色化将是主流打法。就现有平台而言,淘宝更多的是一个全品类平台,而唯品会主要销售品牌折扣商品,商品涵盖名品服饰鞋包、美妆、居家等品类,客群以女性消费者为主。

(3) 直播越来越强调社交属性。未来的社群也将与电商直播有更深层次的融合,如腾讯直播就发力社群来提升直播间的流量。

(4) 名人入局直播,直播认可度越来越高。比如歌手林×轮加入淘宝直播平台,演员王×蓝加入抖音直播等。新型冠状病毒感染疫情发生以来,线下经营遭受重创,线下店铺纷纷转到线上,一些店铺因此获得了比原来多达数倍甚至数十倍的销售额。以直播为主营业务的 MCN 机构也不断增加。此外,不少地方政府也纷纷出台相关政策,大力扶持本地电商直播的发展。

(5) 强化市场监管,加强平台自律管理。好的行业和平台必须有良好的监督管理机制,国家也将制定出台更加具体的监管措施对直播行业进行规范,建立更加健康的直播生态体系管理。

(6) 场景化与 O2O②布局。越来越多的直播场景应运而生,变现模式升级。线上线下将实现良好的互动,一批新的直播产业资源链将在线下发展,形成新的业务模型。

(7) 大数据助力内容生产、输出和交互。通过大数据获取用户画像,充分了解直播所面对的目标群体的特征,据此来设计直播内容。

(8) 5G 和人工智能助力下一代直播。未来的直播充满无限可能,从多屏直播到无屏直播,从超高清直播到全景直播,从 AR③直播到 VR 直播,移动场景将不断延伸。

---

① 个人 IP 是一个网络用语,指个人对某种成果的占有权。在互联网时代,它可以指一个符号、一种价值观、一个共同特征的群体、一部自带流量的内容。
② O2O 即 online to offline,是指线下的商务机构与互联网结合,让互联网成为线下交易的平台。
③ AR(augmented reality),即增强现实,它是一种实时地计算摄影机影像的位置及角度并加上相应图像的技术,是一种将真实世界信息和虚拟世界信息"无缝"集成的新技术,这种技术的目标是在屏幕上把虚拟世界套在现实世界并进行互动。

四、各大直播平台介绍

目前，主流的直播平台有以下几个。

(一) 淘宝直播

关键词：人带货。

淘宝直播需要主播前期囤积粉丝，在粉丝和知名度达到一定量级之后引发销量的提升。在淘宝进行直播，最好有固定的时间段，每次直播完之后可以将直播要点发布在微淘里，进行二次沉淀。

运营要点：①先维护老客户，再考虑吸纳新客户；②注重主播 IP 打造。

热门品类：服饰、珠宝、美妆个护。

(二) 拼多多直播

关键词：用户裂变。

拼多多直播扩散方式是依靠用户裂变形成的。拼多多对于直播的扶持与裂变息息相关。比如直播首秀只要三位好友组团就能获得直播商品的五折优惠券，组团看直播可以获得拼团低价。从其直播活动来看，直播主要流量不仅依赖于自身用户，还有从外部吸纳而来的用户群体。

运营要点：①合理利用平台活动进行用户裂变；②拓展产品宣传渠道。

热门品类：日用百货、水果、食品。

(三) 抖音直播

关键词：内容。

抖音的核心玩法是输出内容。一直以来，抖音都想为用户打造沉浸式体验，所以抖音对优质内容的流量扶持力度更高。在直播流量的获取上，彰显用户体验的互动行为成为抖音流量倾斜的标志。直播上互动、打赏一系列用户行为都可以为直播增加热度，也可以增加直播曝光量。

运营要点：①利用短视频为账号引流，再用直播或橱窗带货；②以内容输出为核心。

热门品类：女装、美妆、护肤、食品。

(四) 快手直播

关键词：下沉市场。

快手直播以打赏和带货两种形式并行，快手直播电商主要针对下沉市场，所以快手规则少，卖货短平快，用户多样化。

运营要点：①将平台粉丝和消费群体转化为私域流量；②选择热门产品进行销售。

热门品类：食品饮料、美妆、家居日用。

(五) 小红书直播

关键词：种草。

小红书直播开启之后，最初的直播内容以博主与粉丝进行互动、分享为主。小红书直播后续则以"笔记+直播"双向种草为核心，同时直播也将成为用户"种草"的转化渠道。

运营要点：选择热门品类进行带货，通过自有种草笔记做产品宣传推广。

热门品类：美妆、文化、美食、时尚。

(六) 哔哩哔哩直播

关键词：Z世代[①]。

在 24 岁及以下的年龄区间内，头部直播平台中哔哩哔哩网站(英文名称：bilibili，简称 B 站)占比最高。此类用户无视电商规则，更注重商品价值与服务，且不局限于实物消费，对于虚拟物品的消费水平较高。且 Z 世代群体更注重消费体验，并且愿意为自己的喜好买单。

运营要点：①B 站没有购物车选项，也没有转化路径，如需带货只能在直播内容中植入软广告或广告图；②B 站群体适合进行有价值的内容输出，适合先进行教学类垂直内容直播，再进行课程出售。

热门板块：网游、手游、电台、二次元。

直播，能够让观众随着镜头进入另一个空间，往往是观众之前从来没能进入的空间，直播的镜头，因为没有经过精心的剪辑，也没有精心选择摄影角度，所以呈现出来的是"更真实"的一面。通过网络直播这个虚拟的窗口，观众能够窥视到更真实的世界，这是网络直播的魅力所在，也是近年来其产业呈现爆发式增长、站在风口上的原因。

---

① Z 世代，是一个网络流行语，也指新时代人群。

第二节　直播前的策划与准备

一、直播间定位

直播看似简单，实际包含了很多技巧和学问。头部直播之所以能火，并不是一蹴而就的，最关键的是他们能分析自己的优劣势，并且找准直播间的定位。定位是所有直播孵化机构的重点，如果没有定位好自己的直播属性，就不要盲目开播。

直播间的定位通常分为按属性定位和按风格定位两种。

(一) 按属性定位

按照属性定位，直播可分为电商直播和社交直播两种。

1. 电商直播

电商直播逐渐成为品牌方和商家提升销售和吸引人气的重要渠道，通常由头部主播直播间、达人主播直播间、品牌官方直播间、普通店铺直播间组成。

(1) 头部主播直播间。对标线下实体商业，可以将头部主播直播间理解为城市地标商业综合体。头部主播直播间拥有直播市场中近60%的资源，如高曝光、高流量、独家好价、丰富的品类选择及完善的幕后供应链，但同时产品专业讲解和产品售后服务等需要有更深层次的介绍，大部分头部主播在这一点上不及官方直播及品类达人直播的效果好。通常，艺人、企业家均属于头部主播这一类，希望高度曝光、快速出圈的品牌会选择头部主播直播间。

(2) 达人主播直播间。对标线下实体商业，可以将达人主播直播间理解为大型商场。达人直播间有较深的"粉丝"沉淀，与品牌方有较好的合作价格及较丰富的品类选择，并且达人拥有自己的固定"粉丝"圈，流量虽不及头部主播，但是转换精准、效率高。通常，没有足够高的预算及计划持续投放的品牌方会选择普通达人直播间。

(3) 品牌官方直播间。对标线下的品牌专卖店，此类直播间只售卖自己的产品。主播会深度讲解产品的功效和卖点，并且会给进入直播间的客户提供独家福利和完善的售后保障。知名品牌官方直播间的转换通常会高于普通品牌直播间，建议普通品牌先扩大品牌知名度，再进行品牌官方直播。

(4) 普通店铺直播间。普通店铺直播间对标线下的品牌促销员。普通店铺的流量及曝光非常有限，且主播只能在自己的流量池里进行转换。不同店铺的流量池，会因店铺的顾客标签及商品属性有所不同，例如美妆类的普通店铺会比卖鱼饵的店铺流量池更大、更广，所以对普通店铺特性的判断不能一概而论，一些积累了大量老顾客的店铺，甚至可以等同于一个"垂类达人"。

现在，电商直播平台已然形成一种闭环直播模式，4 类直播间各自的分工又相互连接，为人—货—品牌之间的流量互通带来了极大的便利。

2. 社交直播

社交直播是指用户为满足不同社交需求而参与的直播，主要分为秀场直播和生活直播两种。

(1) 秀场直播。秀场直播是指主播通过展示个人才艺吸引用户。进入秀场直播间的用户主要是为了交友或者与主播互动。跳舞、唱歌、喊麦等是秀场直播常见的形式。

(2) 生活直播。生活直播的主播主要通过展示个人生活吸引用户，生活化的题材容易引发共鸣，让用户展开话题讨论。常见的生活直播题材如美食、旅游等。

社交直播的变现通路主要以打赏为主，个人 IP 非常鲜明的主播通常会将"粉丝"引流至线下进行变现。

(二) 按风格定位

属性定位决定了直播间的基调，风格定位则决定了用户为什么看你的直播并且留在你的直播间。简而言之，风格定位就是展示主播的亮点和吸引点，现在很多头部主播都有自己独特的风格标识，比如李×琦的"oh my god"，罗×浩的"交个朋友"等。

若要找准自己的风格定位，应考虑以下因素：适合自己，自己擅长，有差异点，能长期持续发展等。

风格定位通常不能一蹴而就。刚入门的主播，可以一步一步调整，先做好大致的风格定位，再仔细琢磨如何让直播风格更突出、更细化，细到一句话、一个表情、一个手势，都能自成风格，让用户印象深刻。

二、直播策划

电商的本质是销售商品。传统电商一方面在寻找用户需要的产品，优化供应链，创造性价比；另一方面，通过各种方式和渠道导入准确的流量，通过运营刺激消费，不断将需求与商品联系起来，最终沉淀出消费者对这一品类的购买习惯。场景电商的核心价值在于引导消费者做出决策。

有一个典型的线下场景：用户去电影院看电影，商家在等候区出售饮料和零食。在这种情况下，用户认为饮料和零食满足了他们主动/无形的需求，并花钱购买，这就是场景消费。场景电商将与此类似的各种场景和在线交易连接起来。在特定场景下，将适合场景的产品展示在用户面前，发掘和唤醒消费者的主动/无形需求，引导用户消费。

(一) 直播工作内容

在直播中，最重要的就是对直播套路进行合理的规划和安排。直播工作内容包括明确直播主题、确定直播时间、设计直播流程、协调直播运营。

1. 明确直播主题

直播主题可以是当下的热点主题，如 618 大促销，双 11 热卖节等，也可以是节气主题，还可以是商家自创的主题，如店庆日等。

2. 确定直播时间

从早上 7 点到晚上 12 点都可以直播，应该根据你的消费人群制定合适的直播时间点。

一般，上午 10 点是上午曝光的最高点，这个时候大多数人都已经起床；下午 2 点是下午曝光最高点，而不是午休时间；晚间曝光的最高点是晚上 10 点，这是大多数人的睡前时间。当然，一场直播的黄金时间其实是晚上 8 点到 12 点之间，这是大多数人下班到睡前的时间，人们有充足的时间娱乐或者看直播。李×琦的直播一般都选择这个时间段，这也是他每场直播都取得那么好的效果的原因之一。

3. 设计直播流程

一场完整的直播包括开场互动、整场产品的预告、产品介绍、福利点、下场预告等环节，每一环节需要详细到时间节点、目的、互动方式等。

4. 协调直播运营

在直播中，应协调直播节奏，处理突发问题。

(二) 直播间的人员配置

仅靠主播一个人，无法做一场好的直播。现在的直播，更多的是在"拼"团队和供应链，所以拥有一个完整高效的直播团队是至关重要的。

直播团队一般由主播、助播、运营人员、场控人员等组成。

1. 主播

主播是每个直播间必不可少的角色，应有较强的现场控制能力和临场应变能力，了解直播间所有产品的信息，在保证直播流程正常进行的基础上进行直播销售，促进直播间的成交。

2. 助播

助播主要做一些辅助性的工作，主要工作包括：直播前，确认产品、样品及直播时需要的道具是否已经准备到位；直播时，配合场控人员辅助主播回答用户在弹幕中提出的问题，进行答疑，并且对直播中没有讲解到的宝贝信息进行补充；直播后，进行货品整理等工作。

3. 运营人员

运营人员的工作包括协调团队之间的合作和内外部工作，直播后的复盘工作，以及确定下场直播的主题。

(1) 协调团队之间的合作和内外部工作。运营人员在直播团队中起到润滑剂的作用，增强团队协作能力。比如：如果运营人员想在后期拍摄直播封面和设计图，就需要与设计部门协调；如果想进行直播间的选品工作和申请直播间福利奖，就需要与仓库等部门协调，等等。同时，其还要调整直播人员的情绪、协调直播时间、处理直播过程中出现的问题等。

(2) 直播后的复盘工作。工作完成后，运营人员要根据直播团队的配合表现和消费者的数据反馈，针对前期制订的方案和目标，进行详细的数据复盘工作，然后给出改进建议及方案。

(3) 确定下场直播的主题。运营人员要确定下场直播是日常的销售直播还是官方活动直播，然后规划直播的内容，再根据直播的主题选取相匹配的货品和利益点，并且计划好开播的时间、时长、流量来源、直播中的互动玩法等。

4. 场控人员

场控人员要在开播前对软硬件进行调试，开播后负责中控台所有的相关操作，包括推送直播信息、发布公告、上架产品，以及监控数据(如实时在线高峰人数，商品点击率等)等。当发生异常时，场控人员应及时反馈给运营人员。

三、直播场景搭建

对于新主播来说，顾客进入直播间的第一个画面就是直播现场。如果用户认为现场足够吸引人，就会留下来。因此，对于新主播，客户不会关注主播是什么样的人，而会更关注现场布景和商品。

(一) 空间利用

1. 层高

层高应至少 3.5 米，顶灯不出现在镜头里，以免在画面中形成抢眼的光斑(注意消防管线是否会影响布光)。如果条件允许，可选择长宽为 5×6 米的房间作为直播间，原因主要有两点：第一，灯光布置灵活，能使层次效果更好；第二，设备、样品、操作台均可自由摆放，比较方便。

2. 面积

直播间的区域规划极为重要。不合理的区域规划会导致空间狭小、不易活动或空余空间过大。对于美搭的主播来说，直播间的面积起码要 15 平方米以上，美妆直播间的面积至少要 5 平方米。

3. 地面

直播间的地面可选用浅色地毯或浅色地板，这一点对美容、服装、食品、珠宝首饰等品类来讲同样适用。

4. 背景

背景要简洁大方，杂乱的背景容易让人反感。底色建议使用浅色或明亮的纯色。直播间常使用灰色，灰色是中性色，可以与任何颜色搭配。另外，灰色也是最适合摄像的背景色，不会产生曝光过度，视觉效果舒适，有利于突出服装、妆容或产品的颜色，例如浅灰色的壁纸、背景布或魔术贴窗帘(注意：窗帘上的线条要尽量简洁，褶皱不要太多)。可以使用纯色背景搭配品牌标识作为墙面，但不建议使用纯白色的墙面，这样容易导致曝光过度或脸色发黄。此外，直播间也可以采用虚拟背景，像赵×喜的直播间，背景墙以白天或晚上的城市全景为虚拟背景，增加了直播间的纵深感、空间感和高级感。

(二) 功能分区

直播间的空间利用应考虑功能分区和动静分离。

1. 人员安排

在镜头外应预留空间，供主播换衣服或摆放物品；还要规划后台人员的操作空间，并标明人员进出口。

2. 设备摆放

主机与直播设备的距离要适中。对于近景类产品(美容食品)，建议上半身出镜。对于全景类产品(服饰鞋包)，设备应在主播的活动区域后搭建。位置确认无误后，不得随意移动。另外，建议在直播屏幕右侧选择与直播间相同颜色的公告栏显示主播信息或活动福利。灯具的总体位置应提前规划，尤其是固定位置的光源，如筒灯、聚光灯、背景灯等。

3. 隔音

应在直播间内进行隔声处理，特别是多个直播间并列建造时，应避免串音，以免影响主播的直播状态。

4. 空调

空调最好使用静音空调。一方面，光线下的热量不容小觑；另一方面，空调靠近摄像机或麦克风时，会发出噪声。

5. 插座

要为设备预留合理数量的插座，避免电线杂乱，同时也可消除安全隐患。

(三) 货品陈列

货品陈列的总体原则是：直播屏幕上显示的内容应醒目，提高直播画面的质量，而且显示区域要整洁；镜外部分便于主播拿放。

1. 服饰类直播间

服饰类直播间可放置衣架或衣柜，但不能乱放。直播可以展示人体模型，这样对服装的展示更加立体生动，视觉效果更强，最好不要超过两个模型。如果展出的模特太多，很容易喧宾夺主，并且占用主播展示活动的空间。

2. 美妆类直播间

美妆类直播间可根据是品牌直播还是导购直播来确定是否有背景展示。对于护肤美妆类的前景显示，口红可以有序地放置在透明的口红存储盒中，如果需要显示色号，则可以去掉口红盖。以李×琦的直播间为例，并不是每次都有口红展示架。当有口红展示架时，尽管他的口红很多，但都是按照品牌分类排序的。

3. 美食类直播间

美食类直播间一定要做好直播间的前景陈列，否则用户进来时会不知道主持人在介绍什么产品。食品品类的前景陈列是将所展示的产品放在前景展示桌或展示台上，以便主播展示所销售的产品。在展示美味佳肴时，应取下包装袋，尽量全面地展示产品的状态。当需要油炸产品时，可以在前景陈列展示平台上展示油炸产品的过程和美食成品效果，并现场品尝。

4. 珠宝类直播间

珠宝首饰类产品的前景陈列非常重要，可以将珠宝放在首饰盒或精致的收纳盒中，摆放在前景陈列台上集中展示。

(四) 直播间场景道具

直播间常用的场景有大型竖画、挂画、植物、地毯、小饰品、品牌标识、活动大标题、沙发椅、高脚凳柜、书架等(尽量不要使用地图)。可以在直播间里适当增加书架或其他物品，以增强房间上层的空间感；也可以摆放合适的小物件，以增加直播间的活力。同时，通过这些场景道具，可以让观众更多地了解主播，从中找到更多的话题，但要注意装修风格不能太凌乱。

(五) 直播间的设备及调试

1. 电脑直播

推流直播就是通过摄像机捕捉画面，传输到直播操作后台，然后通过直播操作后台进行画面直播。过于老旧的电脑配置会影响推流软件的使用。为了方便操作，电脑上也可以安装手机模拟器进行直播，这样直播画面质量也会更清晰。保证直播的流畅性是非常重要的，否则直播卡顿会影响主播的心情，导致直播效果不佳，同时也会加大用户流失量。

2. 手机直播

手机直播最基本的设备是高像素智能手机。手机的配置将直接影响直播时的画质。在选购手机时，最重要的是看前置摄像头的像素和系统的运行速度。

3. 网络资源

直播时，宽带应尽量选择 10MB 以上的光纤宽带，开播前需要对网络环境进行测试。一般来说，15 分钟内没有大的网络波动，就证明网络没有问题。

4. 摄像设备

摄像设备是整个直播设备的核心，目前以旋转高清摄像头为主。例如，罗技 C922 PRO 是直播间的首选摄像头，拥有超高分辨率、1 500 万像素，支持 1080p 全高清画面录制，1.2 倍数码变焦，支持 720p、60 帧和 1080p、30 帧的视频录制。

5. 声卡

声卡分为电脑声卡和手机声卡两种。

(1) 电脑声卡：在直播间所需的设备中，摄像头和麦克风是兼容所有计算机的，但声卡除外。声卡分为内置声卡与外置声卡。内置声卡仅限于在台式机上使用，且电脑主板一定要有一个空置的 PCI 插槽[①]；外置声卡主要用于笔记本电脑，同时也可以用于台式机，通过 USB 插口接入。从整体上讲，内置声卡的效果要优于外置声卡。

(2) 手机声卡：手机直播逐渐成为主流，所以专用的手机移动直播设备也就应运而生了。虽然手机声卡很小，但功能齐全而且便捷，手机声卡直接插上耳机就能使用，能接外置伴奏，也可以连接专业话筒。

6. 话筒

话筒有两种类型，一种是动圈表，另一种是电容麦。通常情况下，直播时会选择电容麦。电容麦种类繁多，价格从 100 元到数万元不等。对于电容麦的选择，可以从两方面入手：一是预算；二是直播形式。在某些场景下，需要主播移动位置，比如需要展示全身衣服或者鞋包等，可以配置两个麦克风来接收音频。

7. 三脚支架

直播时需要一个摄像头支架和一个手机支架。如果用手机直播，为了防止抖动，应选择手机支架，这是每个主播必不可少的直播工具。因为三脚架具有很强的稳定性，可以自由调节高度及角度，使得手机数据线的连接和补光灯的架设更加方便。

(六) 直播间灯具搭建

灯光可以起到营造气氛、创立风格和美肤的强大作用，所以，一定要灵活运用直播间的灯光。不同的灯光对一个人或场景会起到不同的作用。

---

① PCI 插槽是基于 PCI 局部总线(peripheral component interconnection)元件扩展接口的扩展插槽。

1. 布光种类

灯光的不同搭配及不同的摆放角度,可以营造出不同的光影效果。

(1) 主光。主光是呈现形态和外貌的主要光线,起到主要的照明作用,能够使主播的面部匀称受光,是灯光美颜的第一步。主光置于主播的前方,应与摄像头的镜头光轴形成0~15度夹角,这个角度照射的光线均匀充足,可以起到磨皮美白的效果。由于主光是从正面照射的,会导致缺少阴影,从而使整个画面缺乏层次。

(2) 辅助光。辅助光可以增加画面的立体效果,起到加强侧面轮廓的作用。辅助光一般在主播左右侧照射,左前方45度照射的辅助光可以使面部轮廓产生阴影、突出面部的立体感,右后方45度照射的辅助光可以将后面的轮廓打亮,与前侧光形成反差,从而让主播的形象更有立体感和质感。要注意光比的调整,避免光线过亮而造成面部过度曝光。

(3) 轮廓光。轮廓光又称作逆光,放置在主播身后的位置,形成背光效果。轮廓光不仅能使主播轮廓清晰,还能将主播与直播间的背景割离开来,从而达到突出主体的作用。它可以加强主播画面的气氛,获得戏剧性的效果。作为轮廓光,必须注意光线亮度的调节,如果光线过于明亮,会使整个画面的主体太黑,并且主播的阴影部分无法显示层次细节。

(4) 顶光。顶光是仅次于主光的灯光,从主播上方照射下来的光线,便于塑造轮廓造型,从而起到瘦脸的作用。值得注意的是,顶灯与主播的距离不应超过2米。充足的光线可以呈现鲜艳的色彩,但由于垂直照射脸部会有明显的阴影,所以需要使用补光灯。

(5) 背景光。背景光又称作环境光,主要用作背景照明,尽可能使直播间内的各点的照度保持统一,光线均匀。但值得注意的是,该光的设置应当简单,切忌本末倒置。

2. 光效

(1) 立体轮廓。对于轮廓立体度高的主播,可采用斜上光源的方式进行打光,从主播头顶左右45度斜上方打下。在调节灯光的过程中,主播可以看到眼睛下方的一块明亮的三角光斑。这种布光方式就是著名的伦勃朗布光法。

(2) 蝴蝶光瘦脸法。很多主播都希望在直播中呈现一张娇小的面孔,那么可以使用顶光布光法。光源设置在主播的头顶偏前的位置。这种布光方法可以拉长主播的颧骨、嘴角和鼻子的阴影,从而拉长面部轮廓,达到瘦脸的效果。但是,该方法并不适合脸型长的主播。

3. 不同灯具的选择

在直播过程中，灯光有着举足轻重的地位。若灯光打得不好，无论摄像头多么清晰，画面都会出现颗粒感。目前有多种灯光分类，由于光源、色温、照度和光束角的参数不同，可以呈现出不同的氛围。直播间最常用的灯光主要分为主灯、辅助灯、轮廓灯、顶灯和背景灯 5 类。

(1) 光质指拍摄所用光线的软硬性质，分为硬质光和软质光。

- 硬质光(直射光)：是强烈的直射光，或指直接照在人或物上的人造光。
- 软质光(散射光)：也称作柔光，是一种漫散射的光线，没有明确的方向，也不会留下显著的阴影。由于反差较小，明暗过渡较为柔和，表现层次变化细腻，色调层次丰富，所以常被用于女性和儿童题材的拍摄。

(2) 直播间灯具搭建的原则是选择散光源，平铺整个直播间。所谓散光源，是指空间中来自四面八方且均衡的光源，如头顶周围的光线，会使直播间各角落都很明亮，有舒适的视觉效果。

目前直播间常见的灯具类型有照明灯、摄像灯、球形灯、环形灯、射灯和壁灯、反光板等。其中，射灯和壁灯主要起到辅助光源的作用，应避免光线太暗、太亮等情况，其光度不应强于主光，不能干扰主光正常的光线效果，也不能产生光线投影；照明灯用于顶灯和环境灯效，灯源足够多，才能照亮整个直播间，部分直播间环境光也使用吊灯，虽然较为浮夸，但可以加强高级感和场景感。

四、选品逻辑

不同的主播，不同的直播间，卖的商品不同，吸引的顾客也不尽相同。因此，选品对于直播间的重要性，不亚于一个优秀主播。直播带货的本质是卖货，可以理解为比以前的图文视频多了一个在线的一对多的销售人员。

卖货会涉及产品，包装设计、产品设计、做工、原料品质、品牌力甚至售后服务，都是直播业界追求的卡点。

一直以来，选品是老生常谈的话题，李×琦直播间的选品堪称业界典范，基本拿到观众眼前的，已经是性价比非常之高的产品了。

达人直播间一般根据账号定位，大部分直播间都属于垂直领域的直播，粉丝画像集中在某一类人群，建议根据粉丝来进行产品选择，比如宝妈及母婴达人，可以选择儿童健康食品、儿童教育、儿童衣物、家用刚需类产品、清洁类产品等。

下面介绍垂类主播的四大选品逻辑。

1. 产品垂直，单价百元内

价格在百元以内的商品是最适合直播带货的商品。

据统计，抖音小店浏览量前100名商品中，100元以上的产品浏览量不足10%，所以建议大家选择100元以内的产品，提高流量，最终达到提高转化率的目的。

如果资源够多且实力不错，可以复制现有的运营模式，多开设几个其他定位的账号，账号之间也可以互粉，把粉丝留在自己的矩阵内。

用户有很大的容差度，一个账号基本上只能做一种垂类产品，做女装的账号基本就放弃男装了，做户外探险的账号基本放弃了内衣市场。

2. 高性价比

性价比不是指低价，而是指"同价我最优秀，同质我最便宜"。现在直播间带货，用户非常倾向于高性价比的产品，有时候看中一件商品，还会去其他电商平台做对比，确认是性价比最高的，才会下单购买。

偶尔也可以使用套路，例如三件七折、买二送一等方法，不仅让用户觉得有性价比，还增加了产品销量。

3. 多卖应季性产品

应注重产品的实用性，夏季卖电扇空调，冬季卖羽绒服暖宝宝，端午卖粽子，中秋卖月饼，等等。

现在也有一些达人做反季节清库存，在三伏天卖羽绒服，用户花100多元就可买到一件品牌货。这也是一种反向思维，如果可以选到物美价廉的库存产品，也是值得一试的。

4. 知名品牌

主播一般都会选择知名品牌，不仅是质量、售后有保证，还可以作为主播的优秀案例和其他品牌做谈判，拿到更好的价格。

有时候，也可选择一些新品牌，或许是一个机会，花西子靠着李×琦走上了国货之巅，成为新民族品牌。

选品是一件精细活，一个人能做，一个部门也能做，学会高超的选品能力，除了经验和方法，更依靠责任心和价值观。同时，爆品是有生命周期的，在步入衰退期后，选品团队必须尽快找到第二增长引擎的爆品，以防止爆品失去活力后发生营业额下滑。

选品非常重要，因为选品结果的好坏直接影响直播间的成交额。同时还应重视直播后的产品复盘，售后反馈的产品问题，以及用户反映的产品使用体验。

五、脚本设计及撰写

单场直播脚本用以规范整场直播流程与内容，规划和安排直播套路，重点是逻辑和玩法的编写，以及直播节奏的把控。

要做到 5 个明确：

(1) 明确直播主题：如回馈粉丝、新品上市，让粉丝明白在直播中能得到什么等。

(2) 明确给谁看：需要做好粉丝画像，挖掘粉丝的欲望点和深层需求。

(3) 明确直播节奏：安排好商品解说的顺序，控制解说时间，提前安排好福利发放。例如：每个整点抽奖，或者观看人次到 10 万送粉丝礼物。

(4) 明确直播卖点和看点：如发放什么福利，设置直播中的彩蛋等。

(5) 明确预算：设置优惠券面额和数量，发放的赠品数量等。

整场直播大概持续 4~6 个小时，中间没有休息。表 6-1 是整场直播粗略的直播脚本。

表 6-1 直播脚本示例

时间节奏	主题	内容	现场配合
直播开始	签到环节	开播第 1 分钟就进入直播状态，和最先来的粉丝打招呼	/
第 1~5 分钟	近景直播	边互动，边安排 1~2 款爆款；建议选择签到打卡的方式进行互动；安排抽奖；不断强调每天定点开播；等待观众前来	/
第 5~10 分钟	透露福利或主推款	剧透今日新款和主推款，以及今日的福利，吸引粉丝停留及转发直播间	/
第 10~20 分钟	产品速览	将今日直播的产品简单说一遍，不做过多停留，但潜在爆款可以重点推荐；整个速览持续 10 分钟，期间不看粉丝评论，按自己的节奏逐一剧透	助理跟上，服装、日化、食品等商品可以配套展示

(续表)

时间节奏	主题	内容	现场配合
开播半小时后	逐个推荐产品	有重点地根据粉丝需求进行介绍；每个产品的5分钟直播参考单品脚本	直播中，场控根据同时在线人数和每个产品的点击转化销售数据，引导主播随时调整
最后1小时	返场介绍	做呼声较高产品的返场介绍	
最后10分钟	直播预告	主播剧透明天或下次直播的新款，小助理见缝插针回复今日商品的问题	
最后1分钟	直播预告	强调关注主播，明天或下次开播时间及福利	助理关注指引

一份优秀的直播脚本，应将时间、场景、人员、道具、产品的综合性调度等直播细节考虑周全。做好直播脚本是直播间步入正轨的必要条件，可以让直播有条不紊，气氛活跃，产品畅销。

应注意，直播脚本不是固定的，每一场活动都会有变化，所以每一场直播都应该做一份直播脚本。最好以周为一个单位，每周更新一次玩法。

六、预热及引流

我们可以通过以下几种方式在开播之前推广自己的直播活动。

(1) 可以充分利用公众号进行传播。比如在公众号发布图文形式的直播预告，也可以通过设置关注回复、客服消息自动回复等方式进行直播预告。快开播的时候再发一条带小程序二维码的海报邀请客户关注。

(2) 可以在小程序商城页面进行预告。在首页放 banner(横幅广告)或者直播插件，或者开屏推广，并进行轮番播报。

(3) 可以通过朋友圈转发等方式进行提前预热，拥有线下门店的也可通过线下门店导购的引导、在门店放置海报等多种方式引导顾客提前关注。

(4) 异业合作也是一个不错的方式。比如一个卖健康食品的商家就会到当地的健身房去和老板协商，看能否把自己的海报放到对方的门店内，这是很好的传播方式。

如果想让你的直播间在开播前十几分钟内快速聚集大量粉丝的话，可以在预告的时候加上一些话术，如前 15 分钟会发放高额优惠券，或者进行抽奖活动等，以达到快速吸引粉丝进入直播间的目的。

第三节　直播中的运营技巧

一、主播常用话术

直播营销的最终目的是变现，这也是许多品牌发展直播的原因。然而直播变现要具有一定基数的流量池，所以如何从公域流量池转化"粉丝"是每个主播必须具备的能力。

"粉丝"互动作为电商直播中的重要环节，是留住"粉丝"、调动"粉丝"的积极性、保持直播间"粉丝"持久黏性的关键。面对面的直播场景有利于主播与"粉丝"间的互动，主播与"粉丝"的高频互动，不仅能够及时地解决"粉丝"对商品的疑虑和问题，还能引导"粉丝"购买产品，实现最终的销售转换。

从用户进入直播间开始，每个主播都有"黄金 7 秒"的时间让用户留在你的直播间。主播的通常做法有设计欢迎话术、关注话术及一句话 IP 介绍。

这些话术有一个原则：让用户知道他们进入了你的直播间，你在关注他们，让用户有参与感，并且让用户知道你是谁，你是做什么的，你能为他们带来哪些价值。

(一) 留人话术

留人，顾名思义就是要把人留在直播间里，提高直播间的留存率，也有助于增加直播间的推荐流量。根据抖音平台的推荐算法，直播间人越多，互动率越高，系统越容易把你实时地推荐给更多人。

留人话术的技巧主要有以下两点。

1. 福利诱惑

直播过程中，纯聊天或只介绍产品的功能其实很无聊，适当设置福利对"粉丝"更具吸引力，更能活跃氛围。主播要利用好各个平台的红包及抽奖工具，设置开场满送、抽红包、送优惠券、互动游戏送礼品、截屏互动、整点抽奖、限量秒杀、神秘礼盒等福利环节，极大地激起"粉丝"的互动热情，提升产品的销售和流量转化，例如"点赞达到5万发红包""直播观看人数超过5000人抽奖"等。运用话术设定，让"粉丝"去分享直播间，邀请用户进直播间，各种福利的空隙就是主播宣传产品的最好时机。

参考话术：

"直播间的粉丝宝宝们，12点整的时候我们就开始抽免单了啊！还没有点关注的宝宝上方点个关注，加入我们的粉丝团，12点整就可以参与抽免单了，还可以去找我们的客服小姐姐去领10元优惠券……"

2. 及时回答粉丝提问

问答话术的关键：细致耐心。

一个问题可能会有很多人问，我们常常要反复回答相同的问题。这时，一定要耐心、真诚，这样才能留住人。

参考话术1：

粉丝问："主播能把这条裙子和刚刚的小西装配一下吗？小个子能穿吗？微胖星人能穿吗？"

主播答："@###(粉丝账号昵称或昵称简称)小姐姐，可以先关注主播，稍等马上为你试穿哦！"

参考话术2：

粉丝问："有什么优惠吗？××(产品名)多少钱？有优惠券吗？怎么领？"

主播答："提问优惠券的那位小姐姐(最好直接说ID名)，××(产品名)有优惠券×元，×点有秒杀活动。"(然后反复告诉具体的优惠力度及使用方法，确保观众能够在你的指引下，正确地使用优惠并下单)

参考话术3：

粉丝问："怎么不理我？一直不回答我的问题？"

主播答：(一定要及时安抚)"没有不理哦，弹幕太多刷得太快，我看到一定会回的哦，请不要生气哦！"

(二) 互动话术

想要留人促转化，就必须让直播间粉丝参与进来，与主播产生互动。

互动是算法评价直播间是否优质的关键指标。因此，在开播时，要基于开播目的，尽量引导用户进行有效互动。

(1) 提问式互动。比如：这款口红你们用过吗？

(2) 选择题互动。比如：想要 A 款的"扣"1，要 B 款的"扣"2。

(3) 刷屏式互动。号召用户刷屏互动。比如：想要的宝宝在评论里"扣""想要"。

互动过后，要号召用户"关注、点赞、加粉丝团"，应 5～10 分钟(甚至更短)左右提醒一次，参考话术：

"×点我们有限量秒杀活动(重复福利活动)，但是仅限关注主播和加粉丝团的宝宝参与哈，还没有点关注的宝宝上方点个关注，加入我们的粉丝团。"

(三) 产品介绍话术

产品介绍是直播带货话术里面最基础的，最重要的，也是最影响转化率的部分。那么，如何做好产品介绍直播带货话术，提升直播间转化率呢？务必考虑以下两点。

1. 产品举证

出示产品可信证明，证明产品靠谱，包括但不限于：销量截图、网友好评、网红推荐、官方资质、专家背书等。

比如：

● 上市当天销售突破 80 000 份(销量数据)；

● 32%的顾客都会回购(回购率)；

● 好评率 99%(好评率)；

● ……

参考话术：

● "我们直播间 59 包邮，他们已经卖了 9 万份了(具体销量)……"

● "累计卖了 9 万份了，评分 4.9 分(具体评分)……"

2. 专业介绍

从产品的功效、成分、材质、价位、包装设计、使用方法、使用效果、使用人群等多维度介绍产品，介绍得越专业，越有说服力。专业介绍建立在足够了解产品的基础上，同时有优秀的直播脚本。

3. 场景化介绍

简言之，做场景化介绍时可多用比喻句，把虚的比喻成实的，实的比喻成虚的。

比如李×琦在推荐香水的时候，就会把看不见摸不着"虚"的香味比喻成：

- "恋爱中的少女，开心地跟男朋友约会，那种很甜的感觉。"
- "穿着白纱裙，在海边漫步的女生，非常干净的那种感觉。"
- "下过小雨的森林里的味道。"

比如李×琦在推荐口红的时候，会把口红涂在嘴巴上的"实"况，比喻成：

- "太心动的感觉吧，人间水蜜桃就是你。"
- "很有知识的女生，神仙色！"
- "啊，好闪！5 克拉的嘴巴！"

(四) 成交话术

好多头部主播在推荐产品时，常常会提到家人、工作人员使用过的经历，还会在直播间展示自己的淘宝购买订单，证明某款产品是"自用款"，且为重复购买的产品。这些看似不经意的动作，其实都暗藏心机——打消观众对产品的顾虑。

直播带货的成交话术主要有以下 3 个。

1. 打消顾虑(提升信任感)

在直播间现场试用产品，分享使用体验与效果，验证产品的功效。这样才有足够的说服力，证明你在用，你觉得很好，让你的粉丝信服你，买你的产品。同时还要描述出产品的使用需求和购买需求，勾起用户的购买欲望。

2. 价格锚点

善于利用"价格锚点"，明白消费者其实并不真的是为商品的成本付费，他是为商品的价值感而付费。

参考话术：

"天猫旗舰店的价格是 79.9 元一瓶(旗舰店价格为价格锚点)，我们今天晚上，买 2 瓶直接减 80 元，相当于第 1 瓶 79 元，第 2 瓶不要钱(直播低价)，再给你多减 2 元，我再送你们雪花喷雾，这 1 瓶也要卖 79.9 元(超值福利，买到就是赚到)。"

3. 限"时"、限"量"、限"地"

限"时"、限"量"、限"地"的话术就是要给消费者制造一种紧迫感，马上下单。

(1) 限时(到点涨价)的参考话术："还有最后三分钟,没有买到的宝宝赶紧下单、赶紧下单。时间到了我们就下架了(恢复原价)!"

(2) 限量的参考话术："这一款真的数量有限,只有最后 10 件了。如果看中了一定要及时下单,不然等会儿就抢不到了!"

(3) 限地的参考话术："不用想,直接拍,只有我们这里有这样的价格,往后只会越来越贵。"

直播带货话术本身的作用,并非机械式地复述,应有技巧地引导、互动和促进成交。要用一轮轮惊喜轰炸的方式,让用户产生一种"不买可能真的要吃亏了"的心理,很难"抵御诱惑"。

不管是哪一种话术,都不是独立存在的,需要主播融会贯通,在直播间灵活地表达。

二、直播营销方法

(一) 转化

直播间转化方式有限时秒杀、折扣优惠、抽奖等。

(1) 限时秒杀。在头部主播的直播间,常用的方法是爆款秒杀、特价秒杀,但是一般企业可能做不到每款商品都特价秒杀。常见的方式是每场直播选择 4~5 款常规秒杀款,放在整点或者中间时间段进行秒杀,价格定在平常价的 5 折、6 折,并且主播强调仅限在直播间才有这个价格。还可以选择几件商品进行低价秒杀,如 1 元、9.9 元,以不包邮的方式进行售卖,这样可以促使用户再买其他商品凑单,以解决邮费问题。

(2) 折扣优惠:指在直播间下单能享受专属折扣或者赠送直播间专属礼品。通过折扣优惠,可以让消费者觉得自己占到了便宜。我们在直播中可以让主播使用引导技巧,快速促进成交。

(3) 抽奖:为了增加和粉丝的互动,防止粉丝的流失,促进转化,可以告诉粉丝点赞、关注直播间可以领取优惠券,或者定时截屏抽奖,发放小额的优惠券等。

(二) 裂变和留存

直播的时候除了要引导粉丝转化,还要关注粉丝的留存和裂变,留得住人是确保直播间高转化的重要条件。

直播的时候，主播可以提醒粉丝关注直播间和个人微信号、公众号，或者进入粉丝群可以不定期领取福利和优惠券、红包等，这些可以实现粉丝的裂变和留存。广告位上可以添加很多信息，比如添加主播的基本信息、展示直播间爆款商品，介绍活动等。另外，要善用留言对话框引导活动，回答一些常见问题。直播背景墙还可以做一些活动福利介绍、营销福利介绍和活动背景介绍等。

三、直播中的主要禁忌

(一) 七类抖音违规词

(1) 严禁使用的不文明用语。

(2) 严禁使用疑似欺骗用户(包含极限、时限、权威性)的词语，如全民免单、非转基因更安全、国家级、第一、仅此一次、××国家领导人等。

(3) 严禁使用刺激消费词语，如再不抢就没了、不会再便宜了、万人疯抢等。

(4) 严禁使用淫秽、色情、赌博、迷信、恐怖、暴力、丑恶用语，如算命、神仙、保佑、性生活、杀戮、带来好运气等。

(5) 严禁使用民族、种族、性别歧视用语，如蛮夷、大男人、小女人等。

(6) 严禁使用化妆品虚假宣传用语，如特效、高效、全效、强效、速效、消除、清除、化解死细胞、去(祛)除皱纹、平皱、丰胸、改善(促进)睡眠等。

(7) 严禁使用医疗用语(普通商品，不含特殊用途化妆品、保健食品、医疗器械)，如全面调整人体内分泌平衡、消炎、减肥等。

(二) 常见直播违规案例

(1) 双平台直播：即在不同平台同时直播一个场景。

(2) 站内多账号直播同一主播、同一场景。

(3) 直播时着装暴露。

(4) 恶意发布广告，展示联系方式或以任何形式引导用户私下交易，如口播微信号、淘宝店铺。

(5) 直播中存在长期静态挂机、播放个人或他人直播视频回放等行为。

(6) 未成年人直播、冒充官方、非本人实名认证开播等违规操作。

(7) 展示管制刀具、枪支(包括仿真枪)、毒品等违禁物品。

(8) 直播中有开车、抽烟、喝酒等危害生命健康的行为。

表 6-2 列出了抖音平台八大违规行为,可供大家参考。

表 6-2 抖音平台八大违规行为

违规类型	违规行为
涉嫌违法违规	一切违反法律法规和涉政的视频内容或敏感物品
	有危险驾驶、竞逐、欺凌等违反公共治安管理的内容
色情低俗	色情、低俗和着装暴露(包括儿童)的内容
内容引人不适	暴力、恐怖、血腥等引人不适的视频内容
	展示自杀自残等其他危险动作,引起不适,或者容易诱发模仿的内容
造谣传谣	宣扬邪教、封建迷信、民间陋习及破坏国家宗教政策的内容
	含不安全违规信息,宣传伪科学或违背科学的内容
侵犯未成年人权益	误导未成年人和违反公序良俗的内容
垃圾广告	商品广告,比如商业产品、品牌、活动的推广软文及广告等,包括但不限于淘宝、微店等
	推广里含有个人联系方式(二维码、电话、个人微信/QQ 号、微信群/QQ 群等)或内容含有多处推广信息
	推广里含有网址,比如购物链接、网盘资源下载链接等
	推广的微信公众号,带有明显营销意图,如「回复××,获得××」
	推广微信或微信公众号时使用变种,如「威信」「薇信」「微^信`公`众`号」等,情节严重的将予以封禁
	推广二维码、图文形式的联络方式等
	诱导用户点击/关注本人账号之外的其他账号,如:关注领奖、关注看答案、关注获取下载资源等
	推广与所发内容无关

第四节　直播后的复盘总结

直播后,应对本场直播的直播时长、总场观看人数、成交金额、订单数量、涨粉数量、引流短视频数量等进行汇总,并分析与上一场相比(甚至可以与最近 10

场相比)哪些方面进步了，哪些方面还有待提高，根据数据的涨跌优化直播内容。

另外，还可以通过点击数、成交人数、成交件数、转化率、单品数量/成交额占比等，对单品进行分析，数据表现好的单品下次可以作为主打产品，数据表现差的单品可以直接淘汰，更换新的产品。

一、直播过程复盘

直播得以顺利进行，需要团队所有成员相互配合。因此，直播过程复盘需要清晰地了解直播过程中每个人的工作是否执行到位，是否有人缺席，是否有人补位，有突发状况时是否按照预案执行。

下面列举直播过程中各岗位可能出现的常见问题。

(一) 场控

场控作为正常直播的指挥官，也是复盘的组织者，随时观察直播过程中的任何事情，要时刻关注当晚的目标达成情况，在线人数低的时候要加大引流、上福利、留住人并增加互动等方案实施，对正常直播的稳定性和高效性负责。

场控在直播中会出现的问题包括产品上镜没有特点，产品要点归纳不足，预估直播数据出现偏差，对直播中突发的状况没有做出有效的判断，等等。

(二) 主播

主播是直面用户的第一人，一般选用形象符合产品特点、口头表达能力强、应变能力强、抗压能力强的人。

主播需要有对产品及直播间的独特见解，能主导或参与选款、卖点归纳、产品展示方式、直播玩法策划、复盘优化等事项，同时具备优秀的状态调整能力、语言表达能力、善于总结并持续优化的能力。

主播在直播中会出现的问题包括在线人数激增时无法承接流量，直播间节奏出现偏差，黑粉出现时没有做出恰当的临场反应，粉丝提出专业问题时无法及时回答，介绍产品卖点时出现错误且现场混乱，直播间号召力差，催单能力弱，等等。

(三) 副播

副播在直播过程中充当主播"好闺蜜"的角色，灵敏度、激情度、配合度极佳的优质人员是副播的不二之选。副播能制造话题、烘托气氛；在粉丝想看细节时，能够第一时间呈现产品的近景；在做福利时，能详细介绍规则及抽奖操作，直播间的粉丝有任何问题都要快速解决。

副播在直播中会出现的问题包括激情不足，无法调动起直播间的气氛，与主播配合不佳，产品细节展示不清晰，优惠券发放不及时，不能及时回答问题或者解决问题不及时，传递道具时出现错误，等等。

(四) 助理

助理负责后台操作，如产品上下架、价格及库存的修改、配合主播进行数量的呐喊、优惠券的发放、实时数据的记录等。

助理在直播中会出现的问题包括产品上下架操作失误，库存数量修改错误，逼单催单气氛配合度不足，声音不够洪亮，实时问题出现后没有进行记录，等等。

(五) 投手

投手的主要工作是为直播间引流，不管是直播间画面短视频，引流短视频的准备和发布，还是巨量千川或者"DOU+"的投放，都需要做好及时输出。试想如果直播间在线人数很低，其他人做得再好，也无济于事，所以及时为直播间带来精准付费人群是投手的第一要务。

投手在直播中会出现的问题包括引流人群不精准，转化率不足，上福利款时直播间人气偏少，只有浅层数据没有深层数据，等等。

(六) 客服

一场优秀的直播，除了优秀的脚本和流程设计之外，还离不开直播客服的作用。直播间客服通过线上互动满足粉丝需求，如产品功能咨询、直播间福利获取、售后问题等，提升满意度，并促进订单转化，推进直播顺利进行。对于一些小型直播，客服工作会交给直播助理来完成。

以上就是直播的重要团队成员在直播时的主要工作及常出现的问题。直播过程的复盘就是针对直播过程中出现的问题进行反思(见表 6-3)，以及提出合理的解决方案，同时做好预案准备，防止重大失误带来的严重后果。

表 6-3　直播过程的复盘维度

角色	复盘方向	复盘维度
场控	直播效果	选品、排品、货品组合、直播流程/节奏、视觉效果、直播间人气、转化、直播中的实时目标关注、突发事件预警能力
主播	直播状态	脚本、开场话术、互动话术、促单话术、产品讲解、控场情况
副播	直播状态	产品展示、优惠说明、气氛调动、与主播的配合度
助理	后台操作配合	上下架产品、库存、优惠券、下单、直播间设备
投手	投放效果	预热视频准备及发布、投流时机、投放金额、投放目标、投放效果
客服	粉丝需求	福利说明、售后问题、中奖粉丝、高频问题、粉丝需求

二、货品复盘

货品复盘主要考核复盘直播间的选品逻辑是否合理，引流款、利润款、主推款的分配是否合理，以及产品的核心卖点提炼是否到位，直播间的货品展示是否清晰美观等(见表 6-4)，为后续的直播选品及组合策略提供优化的方向，比如：

- 筛选销售最好的商品，下一场直播增加库存或者增加类似款；
- 筛选用户最喜欢的商品，下一场直播做福利款增加人气；
- 筛选退货率最高的商品，移除。

表 6-4　货品的复盘维度

环节	复盘方向	复盘维度
货品组合	直播间产品设计	引流款、利润款、主推款的分配是否合理
	直播间产品选择	产品是否吸引人，是否能带来流量
货品上架顺序	直播间产品上架	链接是否有效，上架是否及时
	直播间控评	是否有小号进行直播间控评，是否设置敏感词拦截

三、场景复盘

相较于人和货的复盘，场景复盘相对简单，其包括复盘场地布置、直播间背景、直播间灯光直播设备、商品陈列及账号主体场景等，具体如表 6-5 所示。

表 6-5　场景的复盘维度

环节	复盘方向	复盘维度
直播间场景布置	画面	画面是否清晰、稳定，构图是否合理
	电脑/手机	设备正常且有备用设备
	直播间商品陈列	是否整齐展示且有重点
	直播道具	是否到位且能正常使用
	提示音效/音乐	是否准备
账号主体场景	账号昵称	是否合理
	个人简介	是否包含必要信息，以及是否有违规信息
	个人页主图	是否合理清晰
	私信自动服务	有无设置自动回复，回复信息是否合理

四、直播数据复盘

直播数据是直播情况最真实的反应，关注的数据点有很多，我们主要通过能反映整场甚至整月直播概况的数据进行复盘分析。一般，我们从人气峰值和平均在线人数、平均停留时长、带货转化率、UV[①]价值等 4 个直播数据进行分析。

(一) 人气峰值和平均在线人数

人气峰值和平均在线人数决定了直播间的人气。一般，平均在线 50 人以上的直播间有直播带货的变现能力。

一般而言，高客单价产品以线下成交为主，直播间的产品客单价和毛利较低，应先把直播间人气做上来。

(二) 平均停留时长

一般直播间的平均停留时长在 30～60 秒，而好的直播间的平均停留时长在 2 分钟以上，平均停留时长直接反映直播内容是否有吸引力，反映出选品能力和主播留人能力。平均停留时间越长，说明观众对直播间的兴趣越大。

新粉丝进来之后的欢迎语、与观众的互动技巧、直播间的商品、详细美观的产品介绍等都是可以决定观众的平均停留时间，延长平均停留时间对建立直播间

---

① UV(unique visitor)，是指不同的、通过互联网访问、浏览这个网页的自然人。这里的 UV 价值是指进入直播间一个访客的成本价值。

标签和提高自然流量都有非常好的推动作用。

(三) 带货转化率

带货转化率是指直播间下单人数和总观看人数之间的比例,是衡量整个直播运营结果的重要指标。其计算公式为

$$带货转化率=下单人数/总观看人数$$

提升直播间转化率是每一场直播的目标,转化率涉及的影响因素很多,主要因素是人、货、场。

(1) 人:引入精准流量,提升主播话术能力。提高直播间转化率,前提是要有流量,而且是精准流量。运营人员通过复盘,不断优化整个流量投放计划,寻求投流引流成本及流量质量的平衡点;有了流量,就要看主播的话术能力了,如产品讲解能力、催单能力、互动能力、节奏把控能力等。

(2) 货:精细划分货品,优化价格策略。根据商家需求,把货分为主推款、秒杀款、直播间专享款、引流款、利润款等,然后采取不同的推广策略,并持续优化,比如:引流款价格低,点击率高,可以用来引流,带动其他商品的销量;秒杀款用来增加用户时长(类似千元商品限量只要 2 位数),留住用户;新款主要用来刺激直播间的老用户等;利润款主要用来保证直播间的利润。

(3) 场:精心布置直播间,提升用户信任感。除了人和货之外,还可以在"场"上进行优化。比如在线下场景布置方面,一般会选择将品牌墙作为直播背景,并在桌上摆放自家的产品,营造强烈的品牌氛围;或者直接选择在门店、批发市场,甚至工厂进行直播,让用户看到"货源",提升用户的信任感。

(四) UV 价值

UV 价值代表每个观众对直播间的贡献值,高 UV 价值也表示粉丝拥有极强的购买能力,可以用更好的高利润产品深挖粉丝的消费潜力。其计算公式为

$$UV 价值=成交额/总观看人数$$

要提升 UV 价值,一是要引入精准粉丝,让每一个进直播间的用户都能下单;二是引导消费者购买多种产品,比如从链接 A 进来的用户,走的时候购买了链接 A 和链接 B 的两个产品,相当于增加了销量;三是增加高客单价货品,引导用户下单。

表 6-6 总结了直播数据的复盘维度。

表 6-6　直播数据的复盘维度

环节	复盘方向	复盘维度
人气数据	综合涨粉情况	粉丝增长数、粉丝来源增长占比、直播涨粉转化率
	平均停留时长	平均数据，超总体比例
	直播间单场观看量	数量变化、增长/下降趋势
销售数据	销售额	近期销售额变化
	带货转化率	最高值、最低值、平均值
	UV 价值	—

每次直播复盘，都可围绕转化问题、留存问题、流量问题、货品问题、协同问题等，提出不足之处，思考并整理出解决方案，同时也可以指出优点和亮点，一并提炼后形成标准操作流程，作为每次执行的标准方案。

一般，直播后都要进行一次复盘，每周开展一次大复盘，相当于一周直播总结，只有复盘，才能不断进步，直播的结果一定是团队的协作成果，一个人无法做好一个直播间。

第五节　直播间运营数字化管理

云时代来临，数字化不断演进，不仅丰富了应用场景，还显著提升了产品的应用价值和效率，同时进一步促进了品牌数据获取的有效性和及时性。

借助数字化方式来高效管理直播间的运营工作，并基于此构建不断迭代成长的闭环数字化管理体系，已经成为当下直播间运营管理的全新模式。那么，数字化的管理给直播间运营带来了哪些变化呢？

一、模式发生变化——更高效的数字化场景

直播让很多行业的商业逻辑和供应链条发生了变化，随着 5G 和 AI 时代的到来，现实世界的一切都会被映射到数字世界，社会化活动也会迁徙到数字世界来。人类的社会行为能够被数据量化，因此大数据成为各类电商平台的底层逻辑支撑。电商的背后通常是大数据的精准分析，要求从业人员能及时针对直播的前端消费

行为、终端经营行为及后端的管理行为进行数据化分析，并产生彼此之间的数据交换、传递及反馈。同时，通过数字化平台的构建，加强直播前、中、后期协同的效率及效果。

过去的直播业务发展往往以商品或产品供给为导向，而现在的直播间运营则以用户为中心，以需求及其场景为导向。如今，我们会更多地研究直播用户在直播场景下的态度、动机及其行为，即用户会根据自己的需求和兴趣来选择不同的意见领袖，例如：

- 健身博主，喜好健身的"粉丝"比重更大；
- 母婴类博主，宝妈或孕妈"粉丝"占比更多。

平台会根据用户的搜索偏好和兴趣基准对他们分类，比如宝妈会更容易刷到母婴类的直播间，手账达人会更容易刷到文具类的直播间。应实行精准投放，让送达更有效，以提升转化率占比。

不仅如此，直播间借助全新的数字化管理方法，能够在直播间更加自由地创造出更多更适应用户需求和喜好的场景体验。通过对直播间高质量的用户进行喜好、行为数字化分析，可对商品潜在客户进行分类，触达目标客户，分析触达后的直播效果和制订迭代的直播方案。我们可以看一看下面这些场景。

(1) 直播新客下单运营场景：了解直播间新用户对哪个商品、哪个品类、哪个品牌有喜好后，设计商品优惠券的组合，从而达到拉新的目的。

(2) 直播优惠实施触达场景：当一个直播间用户对美妆产品有需求时，直播平台实时自动弹窗，将美妆品类的优惠券发放给目标客户，从而促进客户下单，及时进行营销转化。

二、行为发生变化——更依赖于数字化的工具

如今各大直播平台针对数字化的演变，开发了众多数字化的工具。数字化的工具有着丰富的功能和实用数据，因为数字化工具的应用，直播间各种业务过程、直播用户的行为、用户喜好和态度都能够更好更精准地被记录、被追溯。以下针对直播的5种数据进行具体介绍。

1. 在线观看总数

本场直播的在线观看总数非常重要，很多用户把它作为直播可看性的参考指标。如果进来发现直播间的观看人数低，他们会直接离开，这就影响了直播的停留时长，而停留时长会影响直播间能否获得系统的更多推荐。

2. 新增"粉丝"数

新增"粉丝"数是指从开播到结束，本场直播产生的"粉丝"人数。这个数据能够帮助你判断你的直播对"粉丝"有没有吸引力。通常，这个数据与主播有没有引导关注和设置红包福利有关。

3. 评论人数

在一场直播中，有多少"粉丝"在评论区与主播进行互动，这个数据能间接说明主播的互动能力和"粉丝"黏性。通常，评论人数高的直播间，"粉丝"黏性更高，对主播有较强的信任感，这个数据能通过主播设置互动话题提高。

4. 虚拟币打赏数

在直播过程中，"粉丝"可以通过虚拟币打赏主播。不同平台有不同的虚拟币，如抖音平台的打赏币叫作音浪。当然，不同平台，其提现分成方式也不一样。主播获得的打赏币越多，表示人气越高，吸金能力越强，同时获得的收入也越高。这是秀场主播直播变现的主要来源。

5. 电商数据

电商数据是直播带货中"粉丝"买货产生的数据，主要有以下 4 项。

(1) 订单管理：可查看所有的订单状态。

(2) 账单管理：可查看交易产生的金额，分为"交易中"和"交易完成"两种状态。

(3) 付款数：付款笔数，这个数据通常用于计算客单价。

(4) 总金额：总收入金额。

利用实时生成的直播带货数据和次日生成的直播数据信息，可以让主播直观地了解直播观看、下单、交易等各方面数据的情况和变化，整合资源后及时调整，选择与"粉丝"契合度更高的商品或者品牌。

第七章

社群运营及搭建

第一节　社群的基本概念

一、什么是社群

社群(community)，一般是指在某些边界线、地区或领域内发生作用的一切社会关系。互联网环境下的社群，本质上是一群志同道合者或兴趣志向、价值观趋同的人群聚集并通过参与互动找到归属感。

社群是互联网去中心化的产物，是与客户建立强关系，充分建立客户参与感的社会化工具。社群的核心关键词是参与、互动、统一的兴趣点、归属感、亲密、开放、信任。

实践中，经常有人把社群、社交和社区混淆。表 7-1 具体列出了社群、社交、社区在不同维度上的差异。

总结来看，社区与社群本质上都是互联网时代产生的一种组织形式，最大的区别在于参与成员的精细化程度不同。社区成员涵盖的人群比较宽泛，主要是由各个成员聚集在一起形成相互关联的大集体，紧密度比较低。社群成员涵盖的人群范围较小，紧密度更高，各个成员会有一个相对统一的目标。社交则是人与人之间互动交流的方式的统称。

表 7-1   社群、社交和社区在不同维度上的差异

维度	社群	社交	社区
本质	价值观	关系	内容
输出	定向群体	一对一	无特定群体
构建类型	建立制度规则	自由构建	选择性构建
维度	社群	社交	社区
情感	归属感	存在感	参与感
互动	交叉连接	即时交流	关注认可
产品/服务	有聚焦点	自发性	固定主题
管理	制度化管理	自由化	集中化
运营	自治	个人	管理员负责
维护	价值	人品	兴趣爱好
关系	中关系	强关系	弱关系
特点	核心人物	—	去中心
模型	面	线	点
传播速度	快	慢	快

二、社群的分类

社群可以分为品牌福利群、服务型社群、兴趣交流群三类。

(1) 品牌福利群:注重销售,适用于购买频次高、容易决策的产品。在运营的过程中,通常轻互动,重促销,如秒杀群、抢购群、会员群、门店群等。例如,品牌商城和连锁超市的福利群会定期推送优惠券信息和优惠活动,引导用户消费。

(2) 服务型社群:注重服务,适用于价格较高、决策成本高、使用难度高的产品。在运营的过程中,通常重服务,轻营销,如课程学习群、干货交流群、行业交流群、资源链接群、售后服务群、装修服务群等。

(3) 兴趣交流群:注重情感交流。在运营兴趣交流群时,企业要注意话题引入、互动引导,打造较好的氛围,如运动交流群、美妆交流群、母婴交流群、旅游交流群。

社群属性比较复杂,同一个社群可能有多重属性。比如,用户购买了一款母婴产品后,进入了品牌官方社群,这个群很可能兼具品牌福利群与兴趣交流群(母

婴交流群)双重属性。

三、社群的作用与价值

社群是一群有着共同兴趣、爱好、需求目标的人在一起做一件有关联的事情。每一个社群都有其独特的价值，而这种独特价值其实就是社群的定位。在建群之前，应先明确社群的价值需求，进而确定社群为组织、成员提供什么样的服务和价值。

社群可以是服务的通路，及时有效地发布官方的产品和服务信息；社群也可以是一对多的服务营销方式，有效提升用户黏性、提升复购、强化沟通、调动群成员活跃度；社群也是最快的推广方式，将企业的促销、产品、服务快速传递给最精准的客户群体。

通过社群为客户提供服务时，具有门槛低、易操作、启动快、短链高效、直连用户、直观可追踪、见效明显、成本低等特点。那么，社群能带来哪些价值呢？

(一) 积累自有流量池，搭建"护城河"

互联网的红利逐渐褪去，流量越来越贵，如果企业及品牌方没有自己的流量池，单纯地靠投放广告获得流量，投入成本较高，利润空间将逐渐被压缩，流量和收入都会无法持续，企业很难具有竞争力。

因此，拥有一个或多个高质量的私域社群，是支撑品牌盈利转化，并且能够长远发展下去的护城河。

(二) 连接客户，持续优化产品和运营

传统营销时代，企业距离消费者较远，企业和消费者之间隔着经销商、门店。客户对于产品的反馈，很难传达到企业这里。

社群在当下提倡服务一体化的客户体验时代，用户只要在群里说一声，社群运营的小伙伴就能直接收到反馈。企业方还可以直接在群内发起问卷调研、新品测试等活动，通过与消费者的直接连接，去优化企业的产品、运营，实现以用户需求为导向的服务营销。

(三) 缩短转化链路，提升成交量

社群"去中心化"的特性，让企业及品牌方能通过引流，搭建私域社群，直接触达用户，且反复触达。用户转化的核心是沟通的深度，社群可以为沟通创造良好的环境，通过触达用户、沟通交流、运营互动等，提升成交转化率。

(四) 培养强黏性用户分享传播

社群的运营可以增加企业与客户的连接触点，提高互动频次，让客户持续消费该企业的产品；同时，给企业提供了孵化强黏性用户的机会，对重点用户进行专属运营，引导其进行跨平台或其自有圈层的分享，形成良好的口碑裂变。

四、哪些产品品类适合做社群

我们总结了适合做社群的产品品类的三个特征，产品符合任意一个特征，就有做私域社群的价值。

(1) 高利润空间：一般指价格较高、利润率较高的产品，如护肤品、保健品等。

(2) 高频次购买：一般指寿命短、使用频次高、速度快、重复购买率高的产品，如零食、衣服、水果、生活日用品等。对于这类产品，用户购买需求明确，售前咨询成本低，用户对价格敏感，下单时简单、迅速、冲动、感性。

(3) 高决策成本：一般指用户需要花费时间和精力来挑选、做决定的产品，如服装、美容产品、电子产品等；或者在使用产品时学习成本较高，需要有人指导的产品，如培训课程、电脑软件等。

我们还可以将特征组合起来进行判断，如表 7-2 所示。

表 7-2　通过组合特征判断是否适合打造私域社群

维度	相关产品品类	适合群主题	说明
高频高客单价	高端教育、大牌服装、银行类产品等	分析产品和推荐产品	帮助用户做正确的选择和决策，群内要有专业人员
高频低客单价	零食、生活日用品、水果等	打造福利群、会员群，提升私域复购	开展促销、打折等活动
低频高客单价	智能家居、家装、家电、培训课程等	做服务类社群，提供专业服务	结合线下服务，提高客户的购买频率和到店率，提升购买频次

第二节　如何搭建社群私域

通过一段时间的短视频、直播等运营后，企业积累了一定数量的粉丝，此时就有必要建立社群了。运营者可以通过社群维护粉丝，增强粉丝黏性，实现流量的反复利用，让短视频和直播的运营更长久，实现良性循环。

一、找准社群定位

构建社群前应明确社群类型，了解所构建社群的核心价值，这是社群后续工作的依据。

比如，为了提升复购的效果，可以建立一个品牌福利群，这个群的核心价值点是福利优惠、会员日秒杀、售后服务。

为什么群定位显得尤为重要呢？因为社群是相对封闭的小圈子，如果定位不清，会导致新用户或者潜在用户对社群价值的认识模糊不清，无法给予用户进来或者留存下来的理由。

那具体要怎么做呢？

(1) 收集信息。可以通过用户调研，形成用户画像来发掘社群价值，做好社群定位。在用户调研中，我们需要收集用户基本属性(如性别、年龄、学历、所在城市等级、职业、薪资水平等)、用户惯常消费行为(如同类产品的花费、获知产品的渠道、购买动机，使用中遇到的问题等)等信息。

(2) 分析信息。总结用户的痛点问题，逐步清晰社群定位。例如：做护肤品行业的，可以通过分析消费人群的性别、年龄、需求等，判定用户可能需要提供一些有关护肤的指导，从而打造服务型社群。

为了初步验证用户痛点，我们需要有用户同理心，从用户视角出发去思考：

● 用户是否正在为做某事而头疼？

● 用户是否愿意为解决这个难题而改变自己的行为？

● 用户在做选择的时候，在担忧什么，我们能解决吗？

(3) 确定社群价值。结合群定位及前期的用户调研，挖掘用户痛点，提供相应的解决方案。

二、确定转化方式

社群运营是重人力成本的运营方式，并且社群有一定的生命周期，所以在建群前，就要想好转化和变现的方式，否则会陷于入不敷出或者在群处于衰退期还未变现的窘境。一般的变现方式有会员制(付费入群)和售卖产品两种。

三、配置群成员

社群运营角色配置至关重要，决定了社群的运营效果。在社群运营中，通常需要4种角色，即群管理员、社群意见领袖、气氛组、普通成员。

1. 群管理员

群管理员主要负责群的运营决策及落地，一般由群主和群助理组成，群助理人数视群体量配置人数。社群的日常管理工作基本都是由群助理完成的，如群规的监督执行、组织活动等。

比如奈雪的群公告，详细介绍了群内的成员，让用户知道应该找谁解决什么问题。其中店长和小奈同学是门店的小伙伴，奈小雪提供线上的服务支持(见图7-1)。

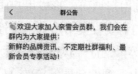

图 7-1　奈雪社群公告

2. 社群意见领袖

社群意见领袖具备专业知识或强社交能力，是非官方人员，但有一定的权威性和影响力。其要么是在运营前期直接邀请进群，要么是在群运营的过程中成长起来的。品牌方可以多关注群内活跃用户，鼓励群用户发言、互动，培养社群意见领袖。

3. 气氛组

气氛组主要负责带动社群节奏、烘托社群氛围。一般，一个群要安排 3～5 个企业内部可控账号，活跃群内气氛、回答成员问题等。

4. 普通成员

要确定群规模，是 200 人群还是 500 人大群。不建议做 500 人群，更建议做 200 人群，这样的群用户活跃度高、用户管理难度小。

四、规划群服务内容

社群内容可分为干货价值型内容、产品营销型内容、用户互动型内容、售后服务型内容、社群文化/价值观型内容等。我们可以根据群定位来规划群服务内容。

(1) 干货价值型内容：给用户提供有价值的、与用户自身利益强相关的内容，比如在美妆交流群内，最核心的干货价值是护肤、美妆教学知识(见图 7-2)。

图 7-2　干货价值型社群消息

(2) 产品营销型内容：与营销转化挂钩，如新品优惠、限时福利、会员活动等(见图 7-3)。

图 7-3　产品营销型社群消息

(3) 用户互动型内容：即互动性质的内容，以保持社群长期活跃，如快问快答、抢红包手气王、接龙抢订等(见图7-4)。

图 7-4　用户互动型社群消息

(4) 售后服务型内容：如升级服务、物流咨询、退换货处理等，应提前制定好对应的话术和相关流程(见图7-5)。

图 7-5　售后服务型社群消息

(5) 社群文化/价值观型内容：与社群的活跃和转化、用户和社群的黏性挂钩。一般，有群价值观和文化氛围的社群，会给客户留下更深刻的印象。

五、制定社群规则

1. 入群门槛

设置入群门槛，能够提高社群的质量，延长社群生命周期。无门槛的社群意味着无逃逸成本，就算打广告被踢也无所谓。入群门槛一般有三种：一是付费入群，二是群主审核邀请，三是完成任务(比如转发海报到朋友圈等)。根据建群的目的，可以选择相应的入群门槛。

2. 设置社群名称

群名称一定要含品牌信息，群名称不能超过 12 个字，否则无法完整展示。如果有多个群，要设置群的序号或者有明显的地点标记，这样才能让运营人员分得清。同时，群名称可适当增加 emoji 表情，但不要过多。

图 7-6 中的京东生鲜及麦当劳的群，因为名称比较长，在聊天列表中无法完整显示，故不合规；奈雪、东方甄选等福利群基本符合社群名称的规范。

图 7-6 社群名称一览

3. 设置群规则

社群规则用来约束用户行为，一是帮助新用户认识社群，二是维护社群的价值环境。根据社群运营的实际经验，一般新用户对群的认知建立是在入群的 24 小时内，用户对社群的整体印象决定其是否留存，是否保持活跃。

4. 设置群欢迎语、群公告内容

社群建立完毕后，需要第一时间配置好入群欢迎语和群公告。

入群欢迎语，是当有新用户进群时，自动推送的内容，在欢迎语内容里，建议大家说明社群的定位和核心价值点，让用户对群有直观的了解。欢迎语可以附带海报、小程序链接、文字链接等内容，可根据企业的需求进行配置。

设置群公告，可以介绍社群核心价值、说明群内的分工和群的红线规则，不论是欢迎语还是群公告，都尽量在手机一屏以内呈现核心价值信息。

5. 设定社群红线

通过群公告和群欢迎语，设定社群的红线(见图 7-7)，即什么是违规情况，以及对违规情况的处理方式，让用户了解，在群里可以做哪些事情，不可以做哪些事情。

一般来讲，社群规则红线包括涉及黄赌毒与政治敏感问题，传播不实消息，私加好友，发送无关的广告信息及链接等。

图 7-7　社群规范类群公告

6. 建立防骚扰机制

为了营造更好的群运营环境，我们可以利用运营工具，建立防骚扰机制，例如企业微信的社群，自带防骚扰功能，群管理员进入社群的管理页面，点击防骚扰，可以自建防骚扰规则：比如，借助防广告环节，可以将群内乱发图片、链接的用户直接踢出群聊，还可以将昵称包含关键词的用户踢出去(见图 7-8)。

图 7-8　社群防骚扰机制建立

在踢人的方式上，也可以进行自定义，是警告用户，直接踢出，还是警告并踢出，或者给三次机会，三次后再踢出。另外，还可将用户永久拉黑，禁止加入企业社群。

需要注意的是，在踢出用户的时候，运营人员一定要在群内发声，让其他用户知道广告党被踢出去了，以起到警示效果。

六、总结社群运营经验

收集社群常见问题，整理话术文档，比如产品答疑、优惠信息、售后服务等。其不仅有助于统一服务标准，提升运营效率，也便于同步工作。

私域运营越来越专业化、精细化，运营也需要更加规范化、标准。只有如此，才能高效地运营社群，实现更加持续、稳定的社群转化。此外，社群运营是一件综合性、体系化的事情，需要在日常的运营实战中积累更多的经验，根据用户的反馈不断去迭代。

第三节　社群私域运营管理

一、社群私域运营管理的要素

运营一个社群，若是总往大的方向进行统筹决策，很难精准地把握社群现阶段的问题，反而浪费资源。想要成为一个健康的社群，以下这 5 个要素必不可少。

1. 同好

社群管理的第一要素是同好，它是社群成立的前提。所谓"同好"，是指对某种事物的共同认可或行为，即我们为了什么聚到一起。

可以基于某一个产品，如苹果手机、锤子手机、小米手机；可以基于某一种行为，如爱旅游的驴友群、爱阅读的读书交流会；可以基于某一种标签，如星座、某演员的"粉丝"等；可以基于某一种空间，如某小区的业主群；可以基于某一种情感，如老乡会、校友群、班级群；还可以基于某一类观点，如倡导"一个人走得快，一群人走得远"的大本营。

2. 体系

做社群不要做成无结构、无体系、无规则、无管理的四无社群。社群管理的第二要素是体系，它决定了社群能否存活。体系包括种子用户、社群平台、入圈要求、管理规范。

- 种子用户：即社群的第一批成员，会对以后的社群产生巨大的影响。
- 社群平台：即一群人进行日常交流的大本营，如点金世界就是一个财经类的社群平台。

- 加入要求：设立一定的筛选机制作为门槛，如在点金世界中会有加入审核或付费加入两种机制，一是保证质量，二是让新加入者感觉加入不易而格外珍惜。
- 管理规范：制定管理规范来约束和管理成员，不断完善群规。

3. 输出

社群管理的第三要素是输出，它决定了社群的价值。持续输出有价值的内容是考验社群生命力的重要指标之一。

内容输出是社群的核心，社群必须要有稳定的输出。所有的社群在成立之初都有一定的活跃度，若不能持续提供价值，社群的活跃度会慢慢下降，最后沦为广告群。没有足够价值的社群迟早会被解散，也有一些人会屏蔽群。为了防止出现这些情况，优秀的社群一定要给群员提供稳定的价值，切忌只有营销性质的内容。

社群的内容价值，是用户留存的直接原因。在私域的留存环节，社群有规律地输出价值内容。如基于产品本身的使用教程、趣味知识、最新资讯，都是价值内容生产方向。

举个例子，京东生鲜每天都会在群内开设一个"小鲜厨房"的栏目，每天在群里分享食谱，再附上对应的食材的购买链接，一下子就将用户的消费场景营造出来了。

4. 运营

社群管理的第四要素是运营，它决定了社群的寿命。没有运营管理的社群很难有较长的生命周期。一般来说，通过运营要建立如下"四感"。

(1) 仪式感。仪式感包括进群成员需要认同群规，某些行为可以获得奖励或惩罚，进群要先申请等。比如让用户实时了解在完成过程中自己能做出的贡献，用户在社群中的占比、排名、贡献值等。如今，大家都比较推崇将个人贡献与社群成长和竞争联系在一起。

(2) 参与感。社群是大家的，每个人都积极参与进来，这个社群才有意义，才可能是成功的。例如，通过有组织的讨论、分享等，保证社群成员在群内有话说、有事做，并且能有所收获，从而保证社群质量较高。比如举办一次抽奖活动，但预算奖品只有一部最新款 iPhone 手机，过少的奖品让许多人还没参与就觉得概率太小而放弃。这就可以在中间增加一个抽奖环节，先抽出有资格参与抽奖的人员名单，然后在这个名单中再次抽奖。最终奖品数量没有任何变化，但对于参与者而言，则多了一次小激励，能够让更多的人参与这个活动。

(3) 组织感。例如通过对某主题事物的分工、协作、执行等，保证社群的战斗力。

(4) 归属感。虽然说社群运营大多都是在线上操作的，但社群群人员之间的感情联动，还是需要线下活动的推进与维系。例如通过线上线下的互助、活动等，保证社群的凝聚力。

社群通过建立这"四感"形成了规范、质量、战斗力和凝聚力，从而得以持久健康地运营发展。

5. 复制

社群管理的第五要素是复制，它决定了社群的规模。

由于社群的核心是情感归宿和价值认同，那么社群过大，情感分裂的可能性就越大，所以在"复制"这方面，需要考虑是不是真的有必要通过复制而扩大社群规模。

二、社群私域运营管理的目标

在社群运营工作中，应做好数据分析，通过科学的数据分析，引导社群运营工作。我们可以用 AARRR 模型来辅助社群数据分析体系的搭建。AARRR 模型，即用户获取(acquisition)、用户激活(activation)、用户留存(retention)、获得收益(revenue)、推荐传播(referral)，如图 7-9 所示。

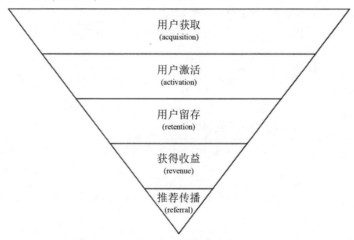

图 7-9　社群运营的 AARRR 模型

- 用户获取，在社群中可称为获客。
- 用户激活，即提升用户的活跃度。
- 用户留存，即提升用户的留存，减少流失。
- 获得收益，包括产品或内容转化，或通过其他方式获取收益。
- 推荐传播，即"粉丝"分享与裂变。

在社群运营中，依据 AARRR 模型，我们应先分解运营流程，然后考虑各个运营环节中的细节。为了在每个运营环节有明确的动作和结果导向，会通过以下一些主要指标进行分析和监控，如表 7-3 所示。

表 7-3 群运营主要的指标说明

环节	指标	数据价值	指标公式
用户获取	入群率	入群率主要用来监控哪个入群渠道进来的人数最多，以及相应的入群率	入群率=入群人数/入群渠道曝光量
	退群率	退群率主要反映退群的原因是什么，在什么时间点退群	退群率=退群人数/群内留存人数
	净增用户数	净增用户数是最直接、客观的考核指标，决定后续用户的规模和运营策略	净增用户数=某个周期内新增人数-退群人数
用户激活	粉丝活跃率	粉丝活跃率是决定社群生死的重要指标，当群活跃率低于 15%时，就进入了衰退期	活跃率=活跃人数/群成员总人数
	互动率	互动率反映了多少人愿意参与群话题、问答、反馈、交流等，群里有交流就可以算一次活跃(乱发广告的除外)	互动率=当日有效发言人数/群成员总人数
	活动内容数	群在一定的周期内开展了多少场活动，有多少篇有价值的内容、话题等，活动内容数量从一定程度上反映社群所提供的价值	—
用户留存	留存率	监控粉丝留存情况，便于分析流失原因是产品、服务，还是体验	留存率=周期内留存的用户数/新增用户数
获得收益	转化率	不同的业务类型有不同的社群转化率，比如社交电商在 10%左右	转化率=订单数/群成员总数
	投入产出比	主要用来平衡投入和销售的均衡点，避免过度补贴，投入太大	投入产出比=销售额/成本

(续表)

环节	指标	数据价值	指标公式
推荐 传播	转发用 户数	转发某个活动或者某篇文章的用户数量，可进行 传播意愿分析	—
	转发点 击率	转发并被点击的数量与转发用户数量的比率，用 于分析传播的效果	转发点击率=转发用户 点击数/转发用户数
	邀请用 户数	发出邀请的用户数量	—
	受邀用 户数	接受邀请成为群或平台用户的用户数量	—

三、社群私域声明周期的运营策略

社群与大多数互联网产品的最大差异在于其生命周期极其短暂，平均生命周期为 100 天，生命力顽强的社群存活时间一般也不会超过两年。因此，社群运营的重点是在开始运营前确定整个社群生命周期的运营策略。

社群的用户生命周期分为 4 个阶段，即引入期、增长期、成熟期、衰退期。在不同时期，用户的状态和运营策略会有不同的侧重点，如图 7-10 所示。

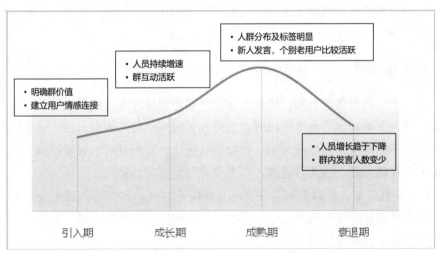

图 7-10 社群的用户生命周期各阶段用户的状态

(一) 引入期

社群刚刚建立时，运营的重点是引流，也就是获客。

获客主要手段具体如下。

(1) 全渠道引流，增强引流吸引力。在决定开展私域社群运营后，我们要梳理企业的资源渠道表，将私域的导流路径和触点切换为社群，或者加好友后导入社群。

(2) 广告投放、社群换量。如果短期内，企业没有太多的自有资源进行导流，我们同样可以用投放的形式或换量推广的方式做第一波导流。

(3) 开展群获客活动。通过群获客活动获取新客户，京东生鲜、每日优鲜、叮咚买菜等就是以社群运营为主的生鲜电商平台，做线上获客活动。比如活动奖品是一份橙子，用户生成并且分享自己的专属海报，邀请身边其他的朋友进群，只需要8个人进群，就能免费领取一份橙子，到货后在群内晒图，还能领取其他福利。

(4) 老群激活导入。不少企业有很多的微信群或者以前沉睡的群，这些群可以采取发红包激活的方式，将沉睡的客户调动起来，导流到新群；也可以在老群预告新群的超级福利与价值感，吸引尚且活跃的用户转向新群。比如新东方新的直播电商项目东方甄选，就是在新东方原有的教育板块社群内进行引流。

在该阶段，由于用户刚进群，对社群有新鲜感，可以在群里发放新人优惠券，突出群的服务和后续活动安排。一定要第一时间让用户知道群的价值，培养用户的习惯。

(二) 增长期

增长期，也叫作成长期，用户在这个时期会积极地参与群里活动，咨询产品问题，高频下单。成交促单的同时，运营人员应关注粉丝留存问题，确定核心用户人群，多在群里开展激活活动，比如满减满送、签到打卡、设计游戏化内容、抛出社群互动话题、抽奖答题等。以下重点讲述三种活动。

(1) 签到打卡。社群签到是常见的一种留存方式，比如签到送积分、签到抽奖、签到解锁礼品等。品牌方可以基于自有小程序、会员微商城、积分商城、打卡小程序，来发起签到打卡活动。

(2) 游戏化内容。社群的小游戏也是提升留存的一种方式，比如简单的第三方小游戏、基于自身小程序商城开发的小游戏等，都可以提升私域的活跃与留存。

即便短期内没有技术的支持，也可以在群内做一些猜题活动、有奖问答、晒单有礼的活动。

(3) 社群互动话题。高活跃的社群，往往也是高留存的社群，可在群内适当地抛出相关的话题，引导用户互动、讨论。在互动的过程中，群"气氛组"就可以起到炒热氛围的效果。

(三) 成熟期

这个阶段，用户已经非常熟悉群里的节奏，有些老的用户可以成为"群助力"的后备军，当然也有用户会产生消费疲劳。从运营角度，需要持续地留住用户，既要提供大量目标用户需要的服务，也要做好分层用户管理机制。

通过前期与用户的互动过程，做好用户的分类及标签管理工作，并且发掘、维护、激励高质量用户，让高质量用户带动群活跃。或者根据用户的行为信息和标签，通过主题活动或者标签把用户吸引到某个主题群里。比如，我们可以做爆款专场群、秒杀群、拼团群、宝妈群，实现群转群的效果。通过群拆分，达到延续用户价值的目的。

(四) 衰退期

当一切核心指标都在衰退时，社群可能出现新的竞争对手、新的技术、新的解决方案等。我们可以筛选出优质用户做持续的重点运营，比如建 VIP 群或增加一对一的沟通频率。对其他非优质用户，可以通过优惠券再做一波召回，或者邀请用户参与一些裂变活动。在这个阶段，如果手上的群比较多的话，建议做完激活活动后把不活跃的群解散，这样可以降低维护成本。表 7-4 列出了各社群生命周期运营侧重点。

表 7-4　各社群生命周期运营侧重点

生命周期	关注指标	运营重点动作
引入期	入群率、退群率、用户数	拉新：多渠道获取用户 留存：和用户密切沟通，开展需求调研，建立感情
成长期	用户数、互动率、转化率	促活/转化：激活用户，促进用户转化 拉新/留存：培养用户黏性，关注用户留存，引导人脉二次开发

(续表)

生命周期	关注指标	运营重点动作
成熟期	用户数、互动率、转化率	促活/转化：内容活动输出，引导转化及推荐 留存：用户标签管理，搭建用户分层运营
衰退期	互动率、转化率	促活/转化：沉默客户唤醒激活 留存：重点用户分群开展专属服务

社群的生命周期有长有短，除了长周期运营的社群，也有5～7天的短周期运营的社群，比如快闪群。

快闪群指的是将用户导流到社群里，通过快速的发售玩法达成交易，发售结束后再快速解散社群。快闪群具有运营节奏快、时间短的特点，是一种非常适合做批量成交的方式。

以用户的视角来看，快闪群的流程是：用户看到活动海报，扫码进群，进群后收到活动的规则，等待产品发售，正式发售后购买产品。

以活动方视角来看，快闪群的流程是：首先，确认群权益，是优惠抢购、限时秒杀，还是有加赠的权益；其次，搭建社群，设置群公告、群欢迎语、群成员等；再次，开放全渠道的社群引流，用户进群后，要维持群的活跃度，不断和用户强调正式发售的时间点；然后，在活动当天进行发售和优惠抢购；最后，在发售后的隔天做群的收尾工作，比如解散社群、发布下期活动预告等。

第八章

从品牌到产品的四维营销管理

第一节　品牌定位

一、为消费者导航

品牌是一种识别标志、一种精神象征、一种价值观，是品质优异的核心表现。

近二十年，随着生产力的不断发展，各行业产品供应呈几何级增长。市场主导权由工厂交到消费者手上。品牌资产的重要性愈发突显。人们进行消费，不仅仅是单纯地购买产品，还需要为产品的场景、服务、身份感等综合要素买单，这些吸引要素集合起来就是品牌资产。

(一) 形成品牌轮廓，持续散发人格魅力

对品牌资产做出明确的标记，能使消费者清楚感知到产品的亮点。一旦消费者构建了品牌的整体轮廓，就能很快地辨析产品在哪些场景、时间段适合自己。企业也能通过占据消费心智，将产品转化为品牌，进而实现以下两个维度的价值提升。

- 操作性价值，即提升现有品牌的净赚价值。
- 策略性价值，即提升未来延伸可行性的价值。

由于消费偏好被频繁迭代，产品被喜爱的周期越来越短，唯有品牌烙印可以

持久有效。同一品牌下，其轮廓一旦形成，就会散发品牌魅力，企业便可以源源不断地生产产品，以不同的产品满足消费期待，实现价值提升。与此同时，企业与客户的关系将从"为消费者提供服务"转化成"为伙伴效力"，或者"与朋友共同分享、分担生活"，这就为企业圈定了有别于其他竞争对手的区域空间。

(二) 创造稀缺性，让品牌与众不同

在品牌轮廓下，如何打造品牌资产？和钻石、黄金等重金属一样，品牌资产的贵重性取决于稀缺程度。找准品牌在市场的定位，选择具有独特卖点的赛道，争抢消费心智的第一顺位，将为企业带来长足的增益。

20世纪初，卡地亚确立了"上流社会宠物"的定位，使其产品远销国际，形成了具有价值的品牌力；而法拉利则把自己包装为会呼吸的艺术品，快速区分于其他标榜动力、速度的常规汽车产品。

除了心智上的感官分界，也有不少产品通过产品卖点进行品牌定位，并因此大获成功。比如，"白加黑"分时感冒药，其通过创新的时间区隔，"白天吃白片，夜晚吃黑片"，使消费者迅速了解其功能，并以具象化的白黑颜色感观，与白天黑夜熟悉的生活情景关联，极好地增强了品牌印记。"白加黑"在1994年第一次面市后，仅用半年时间，就从老牌药企手中夺走16%的市场份额，销售额过百亿。

2015年以后，随着互联网共创经济的形成，一些轻量级"网红"产品也通过各种巧妙途径，凸显自己品牌定位的稀缺性。以"40万吃货共同研发的酸奶"而著称的乐纯酸奶，另辟蹊径，通过讲述品牌故事的方式丰富其产品形象。该品牌邀请网络红人、热心网友奔赴全世界寻找酸奶，并将一系列品牌动作发布到社交媒体公众平台上，确定了其独特的市场定位——具有参与感的共创酸奶。通过"线上主营+线下体验店"的模式，品牌口碑迅速发酵，仅用10个月的时间，就卖出500 000盒产品，打破快消乳品侧重线下的模式。

销售"咖啡环境"的星巴克，将饮料与药结合的王老吉，让生鲜在你身边的"盒马鲜生"……这些成功案例，都因为标记了具有稀缺性的品牌定位，使消费者能快速轻松地找到他们，亲近他们。通过洞察需求，找到消费者期待被满足的细节，"在潜在顾客的心智中做到与众不同"，完成品牌定位。

(三) 规避定位盲区，减少品牌试错成本

品牌是产品溢价的关键因素。一个正确的产品定位，将决定企业的市场占有率、市场盈利、市场关注度。尽管超强的产品力能帮助企业快速销售，完成流水

和利润指标，但品牌才是企业长久生存的不二法宝，若品牌定位出现了偏差，将使企业陷入泥沼。

曾经销量极大的"阿依莲"品牌服装，因定位不准、产品设计滞后而快速隐没于市场。无独有偶，由于缺乏准确的市场调研，"麦考林"没有将顾客更看重的品质利益点进行保护，导致感知和实际不一致，错位的品牌定义导致其流失大量客户。

良好的品牌定位，应该包含清晰的用户洞察，照顾用户的情感利益点，满足用户的理性需求。我们需要找准一个点，立定并不断重复，让消费者能知悉、理解、认定并信任。当然，在这之前我们需要进行大量的市场调研，找准方向，简化表达，突出卖点，建立消费者的品牌忠实度，以此降低他们对价格的敏感度，使他们成为品牌转换者，满意并习惯购买产品，最后忠诚于品牌。

二、提高品牌精度

尽管我们了解塑造品牌稀缺性将为我们带来收益，但形成品牌的原料要素极其复杂，它涉及包装、色彩、价格、渠道、宣传文案、售后客服、员工制服、运送车外貌等。因此，我们需要厘清步骤。在众多路径中，我们首先应该根据市场需求、用户画像、产品特性反推我们的定位逻辑。这一过程，被称作 STP 分析，指将市场进行细分、确定目标市场和定位的过程。其中：S 指 segmenting，即细分市场；T 指 targeting，即目标市场；P 指 positioning，即具体定位。

(一) 细分市场垂类，找到最小分母

品牌定位的第一步是熟悉市场和产品，并给消费者打上具象化的标签，根据他们的需求、习惯，做适合他们的产品，提出他们能理解的宣传主张。

1. 区分市场

企业应充分审视自己的企业情况，包括所处区域，产品投放区域，相应市场的表现力，自身的经营条件、能力，产品及服务的价格区间等。不同地理位置，其市场表现大有不同。我们在地理细分上，可以根据国家、省、地区、县、市或居民区进行划分。地理差异影响消费能力、消费习惯、爱好与风俗等。例如，同样的暖气设备在南北两地有不同的市场需求和产品功能诉求。

2. 勾画消费者形象

摸清市场之后，我们需要对用户进行细分。我们除了了解年龄段、消费水平、社交圈层等影响消费的显性因子，还可以利用当下的大数据报告，获取用户近期的行为轨迹，总结他们的需求结构，找好产品定位。

我们根据消费者特征，为他们打上具象化标签。比如，在北方的美妆市场上，有年轻态的学生消费群体、消费频次较高的白领人群、消费力较强的商业人士等。她们中有人因北方天气干燥而产生补水需求，也有人希望解决日照较长、紫外线较强的防晒需求，等等。

应对不同市场、人群需求进行分析，以便我们找到产品定位的切入点。同时，我们还需要根据企业所在的细分市场规模、消费层次做进一步研究，以衡量我们所占有的市场规模，估计我们的获利水平。

(二) 完整品牌定位

当我们拿到市场与消费者洞察分析后，就可以根据相关情况进行品牌定位。目前主流的定位方式高达 10 多种，我们需要根据品牌情况进行对应分析与应用。

1. 首席定位法

首席定位法是指强调品牌在同行业或同类中的领导性、专业性地位，如宣称"我是行业中的领先者"。我们在运用此定位时，要注意广告法中对极端表达的限制，做到合理表述。

2. 比附定位法

比附定位法，也称类比定位法，又称为逆向定位法，是指拿自己的产品或服务比附领导者的位置，以达到在消费者心目中为自己确立一个位置的方法。比如"青花郎"曾请特劳特做品牌迭代，提出了"中国两大酱香白酒之一"，通过比拟茅台定位自己，获得了较好的市场反响。

3. 利益定位法

利益定位法是根据产品能为消费者提供的便利、益处做出有实际意义的定位。比如在男士洗发露品牌中定位清晰的"清扬"，其利益点就是为消费者"去头屑"。

4. USP 定位法

USP(unique selling proposition)定位法是罗瑟·瑞夫斯于 20 世纪 50 年代初提出的。直译为品牌需要找到自己独特的销售主张，直接宣传。比如，日本护肤品牌 SK-II 含有超过 90%的 PITERA™ 成分，通过宣传语"核心配方始终不变"，强调该产品具有其他品牌所不具备的原料。USP 定位法要求找出产品的特性，能够使消费者轻松记住。

5. 加强定位法

当无法用首席定位占据消费者心智时，我们可以尝试强化自身形象，突出有优势的部分。比如，德克士在与传统快餐品牌肯德基、麦当劳竞争时，通过不断强化其性价比高的产品卖点，聚合到了较多的消费者。

6. 意识定位法

将品牌人格化是当下很多企业正在尝试的品牌沟通方式。事实上，这也是有效的品牌定位方法。将品牌形象化，给予它个性、品牌诉求，将帮助企业获得种子用户。小米手机就以年轻化的品牌人格快速占领市场。

7. 经营理念定位法

企业的经营理念也可以作为产品的品牌定位。利用鲜明的企业管理、经营模式，为品牌赋能，塑造出较为正面的品牌形象。

8. 市场空白点定位法

找到利基市场，为自己的产品做空白市场定位。如在饮品市场，"喜茶"融入情绪消费，铸造了品牌的独特性。

除了上述讲到的方式，品牌定位还可以遵循心智定位、档次定位、文化定位、概念定位、自我表现定位等逻辑。我们需要通过品牌定位，塑造或调整产品在顾客心中的品牌形象，让他们记住、熟悉、购买、喜爱品牌。在品牌定位之路上，要小心掉入品牌"夸大化"、营销片面化的陷阱。

媒介多元化，信息大爆炸，使得如何利用全媒体找到消费者，搭建良好的品牌质地，以独特品牌定位影响消费者心智，变得越来越难。我们需要了解市场，讲消费者听得懂的语言，才能精确地定位品牌，实现产品的良好感知。

第二节　线上与线下立体化互动营销与传播

一、消费升级，衍生立体化互动营销与传播

消费市场的升级，带来了海量的产品与信息。品牌的宣传链路不再是单纯的产品—用户单通道，还涵盖线上(互联网、物联网)、线下(货架、市场)的双向沟通。这就催生了新的营销方式——立体化互动营销。

线上线下立体化互动营销是一种系统性的品牌推介形式，品牌对营销渠道、媒介矩阵、传播内容进行有机组合，根据传播语境的动态变化，选择不同的媒介承载模型，通过对应的内容输出，使品牌有效触达消费客群。

立体化互动营销涵盖营销广告、直接促销、线下推广、产品包装、事件营销、线上品牌阵地运营、全媒体宣传、内容"种草"[1]、红人带货、EPR[2]新闻稿等多个动作，这些独立的动作，经由O2O的循环传播，实现战略性的品牌立体营销。

不同于过去的"以传者为中心"，立体化互动营销"以受众为中心"，围绕个体的行为进行全矩阵的传播触达。举例来讲，当我们售卖一款美白牙膏时，过去的单向传播是通过某一渠道宣传产品卖点(如电视上重复播放的广告)，或者进行降价促销活动。立体化互动营销则更为丰富，可以制作具有美白标签的产品外包装；利用多元化的媒介渠道进行产品推介；在微博、微信、小红书、抖音等SNS[3]社交媒体上发布产品，并请意见领袖进行展示；同时，在线下同步策划相关的活动。

立体化互动营销倡导在传播中，明确消费导向，鼓励消费者参与，围绕消费者重组企业的传播渠道、行销手段，协同各个媒体、销售端口，以统一的形象进行传播，有效传递产品理念。各渠道传播内容的丰富，有利于消费者多维度地了解产品，实现产品—用户的双向交流。

事实上，很多企业的营销预算不能实现有效的客群全覆盖。因此，找出最精准的客群，对他们进行立体化互动营销就显得尤为重要。我们不能盲目投放产品信息，而应该综合运用短视频平台、微博、微信、论坛、贴吧等进行矩阵联动，把每个营销渠道关联起来，达到效果最大化。

---

① 此处指通过展示产品的利益点吸引用户关注并期待购买产品。
② EPR(electronic public relation)，即网络公关，是指利用互联网的高科技表达手段营造企业形象，为现代公共关系提供新的思维方式、策划思路和传播媒介。
③ SNS(social networking service)，即社交网络服务，专指在帮助人们建立社会性网络的互联网应用服务。

设定目标，将消费需求具象化，以此达到营销哲学：减少精力浪费，传递品牌价值。

二、搭建立体化互动营销框架的要素

在当今信息碎片化、注意力粉末化的时代，许多企业在进行互动营销时产生了"媒介焦虑"。TNS 数据(市场调研机构)指出，高达 60%的中国营销从业者对如何驾驭消费者的媒介接触点没有信心。立体化互动营销需要关注产品品质、制定有竞争力的价格，并能根据市场消费变化实现价格优化，同时要对客群的选择进行细分，以采取不同的销售策略与推广方式。

从形式上看，2012 年兴起的 SoLoMo 商业模式(social 即社交的，local 即本地的，mobile 即移动的)是立体化互动营销的前身。它通过社交本地化和移动性，实现传播渠道的拓展。不同的是，当下的立体化互动营销有了更深的迭代。比如，现在很多产品在设计之初就会做众筹，而价格的设定也分不同渠道做调整，客户的分层也更为明显，推广上则会借助抖音、快手、淘宝、腾讯、新浪、轿厢广告等多矩阵的媒介渠道提高产品的曝光度。我们可以通过以下 5 个要素，进行立体化营销探索。

(1) 产品：优化产品结构，即从功能、性质、卖点等方面实现产品多维立体化。

(2) 价格：建立价格体系，将价格分为上、中、下三种价位，并制定灵活的促销体系。

(3) 客户：满足不同消费层次和不同区域的客户群体的需求。

(4) 销售：拓宽销售渠道，采用线上线下多种销售模式、多种销售渠道和多种灵活的销售体系。

(5) 推广：进行多方式、多方位、多时间段的全渠道推广宣传。

三、立体覆盖，全面激活互动推广

基于产品、价格、客户、销售及推广 5 个要素的互动框架，我们需要设定更高密度的方案，以实现用户的精准触达。这就要求品牌搭建从内到外的立体传播路径。

1. 打通双向渠道

打通双向渠道包括打通自有渠道和打通合作渠道。

打通自有渠道，应搭建企业自媒体通路，包含淘宝、微信、抖音账号、官网建设等。打通合作渠道，应搭建外界媒体通路，包含电视台、报纸等传统媒体，以及红人 MCN 等新媒体渠道。

2. 覆盖全面路径

(1) 横向覆盖。以品牌为核心，找到关联的横向关键词，抓取相关用户，对他们进行品牌信息宣导，让客群了解产品、熟悉产品、购买产品。

(2) 纵向深入。在品牌所处的垂直行业里深挖用户，并通过自有媒体、外部媒体及事件营销，创造品牌话题，让潜在用户无法忽视。

(3) 定向服务。对高度精准的核心消费人群进行定制化服务，并把他们开发成产品的推广媒介，达成"用户即媒介"的终极目标，使产品口碑实现正向裂变。通过定向服务，立体传播有了外扩的通路。

近年来，立体化互动营销几乎是品牌绕不开的话题。以必胜客为例，其形成了微信、微博及短视频等自媒体矩阵，并通过不断的事件营销(如明星代言、线下活动)助推品牌曝光。在产品方向上，其探索消费者喜爱的榴莲、芝士等口味，通过线上线下的传播，不断巩固其原有客群，并通过私域流量二次裂变，吸纳新鲜消费者加入其中。

通过自媒体搭建、横纵向客户覆盖及定向服务，必胜客完成了品牌升级。无独有偶，共享单车的出现也是立体化营销的成功典范。产品从一开始就使用了线上线下邀约体验的传播模式，在单点曝光成功后，发布 EPR 新闻稿，在吸引消费者的同时，为其找到投资者。而在产品优化的过程中，品牌不断创造事件，开展荧光夜骑、城市骑遇等创意活动，通过线上线下的充分接触，使品牌与消费者实现快速链接。

除了品牌口碑的发酵，有效的立体化互动也会产生延伸效应。如很多"网红"产品在传播中会将淘宝站内推广与微博、抖音内容推广结合起来，后者为前者导流，助推商品交易总额增长，前者的产品信息和详情页呈现则很好地为后者做品牌诠释。同时，其邀请多个"网红"带货，通过在各渠道发布产品信息，快速打开知名度。多媒体的立体覆盖，加速广告客群的扩增，这部分潜在客群通过立体化的传播更深入地了解产品，提升记忆度和理解度，其购买意愿也因此提升。

在营销成本高企的当下，可以利用立体化营销，搭建不同渠道以实现传播获客，这已成为企业主关注的事项。在这一过程中，我们可以充分探索营销的潜能，比如异业合作、事件营销、平台共振、私域流量打造、短视频营销、红人直播带货、品牌信息流曝光、搜索引擎优化等。多维度的营销网络搭建，将帮助品牌累积消费口碑，补足传统单向传播的枯燥感、覆盖窄的缺憾。当然，立体化传播需要根据市场变化不断更新，我们需要随时保持对用户的洞察，调整各渠道的比例，并同步进行产品升级。

四、营销活动的运营与策划

(一) C2B

C2B(customer to business，消费者到企业)，是互联网经济时代新的商业模式。这一模式改变了原有生产者(企业和机构)和消费者的关系，它意味着消费者的贡献价值，以及企业和机构的消费价值。

C2B 模式和我们熟知的供需模式(DSM)相反，真正的 C2B 应该先有消费者需求，后有企业生产，即先有消费者提出需求，后有生产企业按需求组织生产。通常情况为消费者根据自身需求定制产品，或主动参与产品设计、生产和定价。C2B 模式的主要目的是以消费者为核心，一心一意为客户服务，帮助消费者和商家创造一个更加省时、省力、省钱的交易渠道。

(二) 如何出色地完成活动运营策划

在 C2B 模式下，要牢牢抓住消费者需求，才能形成良好的运营策略。在活动运营和策划工作中，我们常常会遇到一个问题：活动达不到预期的效果，有时甚至起到的作用非常小。那么作为运营人员，如何真正洞察用户需求，策划好一个活动，让活动效果最优呢？这里介绍活动运营策划的 4 个突破点。

1. 活动前期准备

(1) 学习同行业活动的经典成功案例。只有研究了行业现状和最新的活动营销方式，才会明白各类方式的优劣，为以后的活动营销积累素材和经验。

(2) 明确活动目的。活动目的要清晰、可衡量，有且只能有一个，如果有多个目的，效果反而不佳。

(3) 了解用户画像等基本情况。只有了解用户年龄、偏好、兴趣和特征，才能根据目标群体做出正确的、有针对性的活动方案。

2. 活动策划阶段

活动创意是活动营销成功的关键因素，也是让用户买单的催化剂。活动创意策划需要做到以下几点。

(1) 贴合目标，以达到目标为最终目的。只有贴近目标客户的喜好，才能吸引受众群体参与其中，达到预期效果。

(2) 适度的参与门槛。为了吸引消费者参与，活动的主办者经常会降低活动门槛。但是要注意，参与门槛不能设置得过低，否则消费者会没有兴趣参加活动。

(3) 活动需要有情感共鸣点。简单来说，就是活动的主题要能引起用户的情感共鸣，使用户发自真心地、积极地参与企业的活动。

(4) 活动奖品能契合活动策略。设置的奖品应能够吸引目标消费者参与活动。

3. 活动内容文案

永远不要小觑文字的力量。对于一场活动来说，文案的存在感可能比不上视觉设计，但活动现场还是有许多需要输出文案的地方。优秀且贴合需求的文案会起到锦上添花的作用，斟酌每个标题和每个文案将会为你的活动带来巨大的效果。比如业界有名的 kindle、陌陌等众多品牌的文案，以直击观众内心而深获好评。文案具备温暖人心的力量，以此销售自己的产品，创造最大化的价值。好的文案能建立起用户与品牌对话的桥梁。

4. 活动执行阶段

活动执行阶段最重要的就是要保证活动的顺利开展，同时也需要随时监控活动中的舆论导向，及时删除负面内容。在活动执行阶段，有两个方面需要留意。

(1) 活动爆点挖掘。活动在进行过程中，会有优质网友、用户参与其中，他们会输出具有爆点的内容。这时，运营人员需要随时关注网友的参与情况，用一双敏锐的眼睛洞察爆点话题，总结具有传播价值的热点并加以助推，将话题进一步炒热。

(2) 监控活动流程。可能会有网友分享低俗的内容或者分享有地域歧视的内容，也有可能分享一些违反国家法律的内容，运营人员需要及时进行监控与清除。

(三) 如何找到活动爆点

在《引爆点》一书中，介绍了如何引爆流行的三大关键要素：第一，威力环境。若要引爆流行，需要考虑社会环境、社会文化及社会心理。只有考虑好以上这些，才有可能让抛出的话题在社会上掀起波澜，引发热议。第二，附着力因素，即沟通元。它是一个活动能够流行起来的爆点，代表着群体认同的某种基本价值要素，它是一种大众文化符号。第三，人物法则。同样的一句话，不同的人说，效果会有所不同。所以企业一定要预先设计好活动的发起人，比如用户群体中的意见领袖，由这些人发起活动，效果更佳。具体来说，要策划有爆点的活动，需要注意以下几点。

1. 爆点活动的参与机制设计

好的创意策划不靠奖品激励，而靠活动参与机制的设计。有两种非常经典的活动参与机制：一种是挑战机制，一种是站队机制。挑战机制很容易理解，比如点名挑战、冰桶挑战、立扫帚挑战等。这些挑战机制套路一直被用在各大活动中，热度只增不减。为什么此类挑战机制经久不衰呢？主要原因是用户都喜欢模仿。我们总是渴望挑战自我，证明自己。我们总会不自觉地服从权威。我们总想融入群体，做他人都在做的事情，获得群体归属感。用三个字来形容就是"人、从、众"，证明自己、服从权威、归属群体。

第二种机制更容易理解，即你究竟认可谁？甜豆花和咸豆花，你选哪个？你是甜粽党，还是咸粽党？每一个问题都容易引发争论，于是话题迅速引爆，活动大获成功。

2. 爆点活动的运营方针

要想把活动做到有爆点、有热点，除了有创意的活动外，还要有一定的运营手段。通常，运营方针有两种：一是借力，二是借势。借力是借别人的力，借势是借环境的势。简单来说，就是蹭热度、蹭热点，如2020年比较火的电视剧《三十而已》，各大营销平台纷纷"借东风"，"三十而已"的话题和热搜纷至沓来，借着电视剧的热度赚了一波眼球，吸引用户点击转发和关注。借力是一个过程，尝试与其他产品品牌或者网站做联合活动，共担成本，就出现了时下流行的限量版、联名款。如优衣库发售的Kaws联名T恤，吸引了一大波人通宵排队抢购。

最后，在运营策划过程中，有一个问题要提前想清楚：做活动的根本目的是什么？为什么要做活动？很多企业对全年的活动没有做战略规划，为了做活动而做活动。情人节要到了，咱们做个活动；暑假要到了，咱们做个活动；《花木兰》要上映了，咱们做个活动；"618"要到了，咱们做个活动……优秀的活动策划，应该契合产品推出的时机、人群的需求时机，而不是跟风输出垃圾热点活动。如何判断活动时机？我们可以从营销数据中找到产品销售峰值对应的时间，也可以根据消费者的消费习惯推出活动。

在 C2B 的商业模式下,我们需要抓取消费者需求,根据用户意愿进行活动设计,将品牌根植于消费者的心智之中。

第三节　渠道选品技巧与产品运营

一、渠道选品的概念

七分靠选品,三分靠运营。渠道选品作为市场营销中必不可少的一环,是市场营销能否成功的必要前提。渠道选品不仅包含品牌市场销售库存量单位(stock keeping unit,SKU)的选择,还包含各电商平台直播带货团队的直播商品选择。

渠道选品是指市场营销选品团队在营销活动(包含直播)前综合多渠道、多品牌、多维度的市场信息,通过综合了解合作品牌和自有品牌 SKU 的核心卖点、市场受欢迎程度、受众画像等因素,选择最符合品牌人设、最适合核心受众的产品,并纳入待销产品库,以保证营销活动顺利完成的行为。

二、渠道选品的意义

合理的渠道选品能为销售增长打下重要的基础。李×琦的人设关键词为"女性的伙伴",故其渠道选品团队的选品策略均以女性护肤品为主,其他产品为辅。其带货数据也显示,女性护肤品的销量均呈正增长。

正确的渠道选品不仅可以进一步夯实巩固品牌 IP 人设,还能够有力地帮助品牌实现单场影响力最大化。这种影响力不仅体现在销量上,也体现在与目标客群的联系中。受众通过消费产品,接触产品与品牌,而直播中,主播用专业的产品介绍和高超的沟通技巧,有效地增强"粉丝"黏性。

三、渠道选品的技巧

渠道选品是市场营销活动乃至一个企业是否成功的关键一环,在选择时需要注意以下三点。

(一) 严把质量关,警惕口碑事故

一方面,强调"质量的意义"在于,质量问题对购买者和品牌会产生强烈的影响,购买者维护和使用产品的费用可能等于或大于利润率。

另一方面是质量同整个国家生产率水平关联。产品或服务质量不仅是当代决定企业素质、企业发展、企业经济实力和企业竞争优势的主要因素，也是决定一国竞争能力和经济实力的主要因素。

对于一个直播间来说，选品团队在选品时，务必以"产品质量"为首要前提，销量只是直播间的数据体现，产品质量才是一个直播间乃至其主播能否长远发展的关键因素。

(二) 低价策略不是促销售卖，而是以用户思维做营销

"很多品牌为什么会在李×琦直播间做最低价？不是因为他们不想赚钱，而是他们想做到品销合一。"李×琦表示，电商产品会有权重，"比如一只口红刚刚上市，要在一个月内完成 10 万笔交易的话，权重就会上去，被推送到淘宝首页，让更多的人看到这只口红。"

李×琦称，"一个新品如果要一下子完成 10 万单销量是很难的，这时候很多企业会选择把产品放在李×琦直播间销售，因为我 5 分钟就可以帮助他完成 10 万单销量，所以他们能给我最低价，实现品销合一。"

好的主播及直播间团队不仅要与商家洽谈，以获得最有利于"粉丝"客群利益的商品单价，还需要充分了解核心客群的需求，善于发现产品趋势，切忌跟风选品。同时，从长远来看，选品要具备试错意识，一次数据"滑铁卢"，不代表选品策略失败，而通过一次失败，及时优化选品过程，总结选品技巧，建立选品应急机制，以完成二次选品，这才是正确的策略思路。

(三) 关注细分品类与利基市场，聚焦多品牌战略

市场细分(market segmentation)的概念是美国市场学家温德尔·史密斯(Wendell R. Smith)于 20 世纪 50 年代中期提出来的。市场细分是指营销者通过市场调研，依据消费者的需要和欲望、购买行为和购买习惯等方面的差异，把某一产品的市场划分为不同消费市场的过程。每一个消费社群就是一个细分市场，每一个细分市场都是由具有类似需求的消费者构成的。

下面以巴黎欧莱雅品牌为例说明关注细分品类与利基市场的重要性。

(1) 公司背景。法国欧莱雅集团为全球 500 强企业之一，由发明世界上第一种合成染发剂的法国化学家欧仁·舒莱尔于 1907 年创立，产品包括护肤防晒、护发染发、彩妆、香水、卫浴、药妆等。

(2) 市场细分策略。巴黎欧莱雅进入中国市场后，通过对中国化妆品市场的

环境分析，决定采取多品牌战略。其按照金字塔理论，将市场划分为高端产品、中端产品和低端产品。

其中，塔尖部分为高端产品，约由 12 个品牌构成。塔中部分为中端产品，包括美发与活性健康化妆品。塔基部分为低端产品，主要指大众类产品。通过欧莱雅集团对所有细分市场进行全面覆盖的策略，2003 年中国市场的销售额达到 15 亿元，比 2002 年增加 69.3%，这是欧莱雅公司销售历史上最高的增幅，比 1997 年增长了 824%。

当选品策略模糊时，我们可以多关注细分市场的受众需求，优秀的细分市场选品策略会给市场营销活动带来优质品效。此外，关注利基市场也是一个不错的选择。

利基战略的起点是选准一个比较小的产品(或服务)，将全部资源集中于此，这是利基战略的第一要素。同时，以一个较小的利基产品，占领宽广的地域市场，是利基战略的第二个要素。选品时，我们可以避开大主播的主推品，当主推产品在价格和关注度上没有绝对优势时，我们可以多关注一些区域性的全新商品和市场大但声量小的产品(服务)，这样更容易使产品脱颖而出。

四、产品运营

产品运营是基于产品进行营销或者宣传运营的工作。其具体工作内容非常丰富，包括运营策划、BD(商务拓展)、媒介、活动、数据分析、市场监控。不同的公司对运营的具体定义相差很大，部分公司将产品运营部门下设在市场部，结合市场营销活动进行产品运营，同时活动数据也将反哺指导产品运营。而部分互联网公司有自己独立的运营部门，包括活动运营、用户运营、新媒体运营等岗位。

产品运营的工作是基于渠道选品，进行面向消费者的传播销售行为，其主要目的是扩大品牌或产品的综合影响力，并完成宣传指标，故而产品运营的执行方向主要有三个。

(1) 活动运营。活动运营是指企业为了实现某个运营目标，围绕某一主题系统地开展一项或一系列活动。在这个过程中，运营的工作包括活动策划、活动执行、活动复盘。

(2) 用户运营。用户运营是指企业在发展过程中，针对核心用户的群体特征而制定的管理运维用户的一系列方法或活动，包括用户池的建立、运营、使用等。

(3) 新媒体运营。新媒体运营的出现是品牌传统广告向互动广告转变的起点。

互联网 2.0 时代带给所有品牌最大的红利就在于出现了很多自媒体平台，品牌可以基于庞大用户数的社交平台，比如微信或微博，通过长期的运营，自主建立一个对外发声的平台，从而建立一定的品牌认知，树立清晰的品牌形象。

新媒体运营工作包括品牌自媒体的内容推送、参与线上活动策划等。

第四节　内容为王——提炼产品卖点的 13 个维度

"营销学之父"菲利普·科特勒在《营销管理》一书中对产品卖点进行了定义，产品卖点是与竞品相比的差异化优势。20 世纪 50 年代初，美国人罗瑟·瑞夫斯(Rosser Reeves)基于产品卖点提出 USP 理论，也被称为创意理论，其特点是必须向受众陈述产品的卖点，同时这个卖点必须是独特的、能够带来销量的。

USP 理论是广告发展历史上最早提出的一个具有广泛深远影响的广告创意理论，该理论要求具备三个要点：一是利益承诺，强调产品有哪些具体的特殊功效和能给消费者提供哪些实际利益；二是独特，即竞争对手无法提出或没有提出的；三是强而有力，即令消费者印象深刻，看完就想购买。本书将从 13 个维度解读产品卖点提炼的方法。

一、品牌故事

品牌故事是产品卖点提炼最常见的方法之一。比如在乐百氏提出了"27 层过滤技术"之后，饮用水品牌农夫山泉讲了一个关于大自然的故事——"我们只是大自然的搬运工"，引导受众放弃理性的技术认知，而转向饮用矿泉水应当更天然的感性层面，赢得了更多的用户认同。

除此之外，还有"小罐茶，大师造"，用匠人之心包装顶级的茶叶，宣传大师级的手艺值得送给最挚爱的亲友；"不是所有牛奶都叫特仑苏"，通过展示纯粹的养殖环境，传递品质奶源的优势，差异化讲述产品故事。

二、价格优势

价格是消费者选择消费最主要的决定性因素之一，低价策略很大程度上可以帮助企业成功营收，但大量的促销活动也会降低品牌的价值感。优势价格策略建议在"细分市场与细分品类"中施行，最大化保护品牌的综合价值。在价格卖点的塑造与宣传上，人们印象最深刻的，无疑是电商品牌拼多多：从冠名各大热门综艺到提供平台百亿补贴，无一不是在刺激消费。

三、包装设计

独特的外观设计，也是企业常用的产品卖点提炼方法。优秀的外观设计不仅可以帮助消费者决策，更重要的是，它可以增加消费者的信任感。比如新兴瓜子品牌"三胖蛋"，推陈出新，采用盒装的包装设计，在世界杯期间，更是推出了世界杯主题的盒装瓜子。其将自己定位为"瓜子中的劳斯莱斯"，明确了产品的实际细分市场，一经推出，便成功获得消费者的认可。

另一个通过外观拉动销量的案例是脉动。脉动当初销量飙升，除了提出"脉动"概念，还在包装中注入了流行元素——广口瓶、蓝瓶身、中英文包装，让消费者能从视觉层面感受能量型饮品的产品内核。

四、独特工艺

很多产品在产品制造的过程中都具备独家专利技术，或者是行业内颠覆性的创新尝试，以技术性的优势传播也是常见的营销手段之一。以乐百氏为例，曾经的纯净水市场，大家都主打"水质纯净"的卖点，但乐百氏通过提出"27 层过滤"的技术卖点，将纯净表现到了极致。

为什么是"27 层过滤"而不是"28 层过滤"呢？其品牌服务公司通过精准的市场调查发现，大部分的纯净水核心消费群体认为 5 层或 60 层无法很清晰地表现出水质过滤的专业性，太少显得不够纯净，太多容易形成欺骗感知，27 层是一个最容易被接受同时技术层面可执行的包装点。此宣传一经面世，就帮助乐百氏的销量实现了突破式增长。

五、重塑认知

重塑认知是指改变用户对此品牌或产品惯有的认知，通过挖掘产品的差异化优势，提炼出产品卖点。比如 OPPO 闪充手机上市时，主打的卖点是"充电五分钟，通话两小时"。在当时智能手机普遍电能不稳定的情况下，OPPO 推出闪充功能，推广电耗低的产品卖点，配合当时的其他营销策略，助力品牌从众多国产手机品牌中脱颖而出，令消费者印象深刻。

六、社交需求

马斯洛认为，人的需要由生理的需要、安全的需要、归属与爱的需要、尊重的需要、自我实现的需要 5 个等级构成。在人的社会行为中，社交需求作为归属的需要，将在生理、安全等需求被满足后被要求获得。消费者在消费行为过程中，往往会关注产品是否有助于提高自己的社交形象。因此，很多企业通常会利用核心群体的消费心理，给产品注入一些"社交基因"。

曾经流行一时的皇茶，全新升级更名为"喜茶"之后，在包装和营销的助力下，年轻人以逛街喝喜茶作为某种不谋而合的"约定"。星巴克的咖啡文化则扎根在都市白领日复一日的职场生活中。喜茶与星巴克的产品价格无疑都超出了同行业其他产品的价格，为什么还有这么多人买单？当一款产品被赋予社交属性时，他的实际品效往往就无须计较了。

七、价值共鸣

除了社交需求以外，还有一种产品卖点的提炼形式备受推崇，那就是制造价值共鸣。若消费者与产品产生价值共鸣，就可以让品牌溢价更具说服力，如：Nike "JUST DO IT." 喊出了年轻人的生活态度；乔布斯的"less is more"将极简主义设计变成智能手机工业设计标准。

价值共鸣往往建立在品牌认知上，而品牌认知通常由两个方面组成：品牌意识和品牌形象。品牌意识是通过品牌回忆与识别而建立的，企业通常会通过广告来建立品牌意识，通过对话引导影响目标客群的消费行为，从而提升品牌形象。以"价值共鸣"提炼品牌产品卖点，效果显著却非一日之劳可获之。

八、差异化服务

前面提到，产品卖点是与竞品相比的差异化优势。差异化的优势几乎是每一个品牌在宣传前的必杀技。而在实际的产品营销过程中，差异化服务很难被提出，企业家们往往更容易陷入真实情境，而忘记从其他角度包装产品。

有两个案例非常值得一提。一个是家喻户晓以服务著称的火锅品牌"海底捞"，其差异化表现非常明显。从进入火锅店等待排队开始，"海底捞"就开启了高品质的服务，将以往枯燥的等待过程变为充实、有趣的独家体验，不仅有美味的小食品，还有极具地方特色的表演。如果顾客当天过生日或恰逢结婚纪念日，由服务员组成的小合唱团还将送上极具仪式感的祝福，使去海底捞吃火锅成为体验高品质服务的代名词。

另一个案例是蛋糕品牌"熊猫不走"。作为特殊纪念日的需求产品，其产品卖点并非聚焦到蛋糕的口感上，而转移到纪念日的仪式感上，其产品卖点提炼的过程正是市场差异化占位的过程。

九、创造溢价

当品牌的价值超过销售的总产品的价值时，品牌溢价就产生了。一个高溢价品牌不仅有优秀的品质，还能提供声望及令人仰慕的品牌文化内涵与精神价值。

最值得关注的品牌溢价案例就是风靡一时、广受年轻女性热爱的"泡泡玛特"盲盒。泡泡玛特围绕全球艺术家挖掘、IP 孵化运营、消费者触达、潮玩文化推广创新业务孵化与投资 5 个领域，用"创造潮流，传递美好"的品牌文化，构建了覆盖潮流玩具全产业链的综合运营平台，其市场估值超 40 亿元。单 Molly(泡泡玛特的第一款潮流玩具产品)一年的销售额就能达到 4.5 亿元；2019 年全年营收 16.8 亿元，仅"双 11"当天就卖出潮流玩具 200 多万个，销售额达到 8 212 万元，公司毛利率高达 65%。

十、聚焦场景

以舒肤佳香皂为例，其提出"有效除菌护全家"的主题，以"除菌"为核心概念，同时在广告中通过踢球、挤车、扛煤气罐等场景演绎，把消费者代入使用场景，直击用户痛点，随后再通过"内含抗菌成分'迪保肤'"的理性诉求和实验来证明舒肤佳可以让你把手洗"干净"。另外，其还通过"中华医学会验证"的权威背书增强了品牌信任度。

聚焦场景逐渐成为企业打造的产品卖点，比如"怕上火，喝王老吉""饿了就用饿了么""累了困了喝东鹏特饮"等案例，均从用户的使用场景上切入完成卖点演绎，使用户感同身受并买单。经实践验证，聚焦场景是销量促增点之一。

十一、用户体验

除了海底捞以外，很多品牌和企业都在完善用户体验上制造产品优势。以家具品牌芝华仕为例，其产品卖点提炼为"头等舱沙发"，品牌以自身综合实力出发，因在沙发材质、制造工艺、工业设计标准等方面的专注投入，使其沙发的使用体验相较同品类产品更加舒适，而在大众认知体系下，头等舱的体验与服务是高于行业平均水平的，于是芝华仕的沙发自然和同品类沙发区隔开了。

十二、制造稀缺性

近年来，随着互动营销的逐渐发展，品牌异业合作屡见不鲜。在整合资源后，跨行业、跨品类的合作不仅有利于单个品牌的曝光，其联合活动往往具有 1+1>2 的效果。于是在营销变现层面，产品出现了限量款、联名款、明星签名款等，通过强化产品的稀缺性增加其市场价值，制造话题与热度。

品牌或产品若无法在短时间内获得全新的产品形象或溢价价值，选择联名或异业合作将是焕新增销的有效手段之一。

十三、销售信任

随着"网红"生态的逐渐规范化，越来越多的 KOL 成为品牌的代言人。他们的风格通过视频或文字的方式已经在消费者心中建立了清晰的画像，所以当品牌的售卖渠道选择 KOL 时，产品的卖点提炼则毫无章法、没有逻辑可寻，但他们就是有一种魔力，可以触发群体认同，用户很自然地接受浮夸的产品设定并买单。

举个例子，以李×琦为代表的直播带货主播们，在直播间(线上)通过对产品三言两语的介绍，营造紧张的购物氛围，通过主播个人的"oh my god""所有女生，买它""这是仙女的颜色"等标志性语言，在短时间内，帮助品牌与消费者建立信任关系，助力产品销售。此时，消费者们的消费行为取决于对销售官的信任。当然，该销售官在产品卖点提炼的过程中，需要了解产品的主要功效，以及目标客群的核心诉求，通过自己的人格魅力，借力消费者对自己的信任，完成产品卖点的打造与宣传。

第九章

全媒体社交化客户关系管理

第一节　全媒体时代会员经营趋势

近年来，移动互联网渗透到各个领域，社交化媒体快速发展，线上获客、社交分享逐步成为企业经营的新阵地，技术和管理水平也日趋成熟。2020年的新型冠状病毒感染疫情加速了企业数字化转型，在全民带货、全网营销的社会环境下，形成了以下几大趋势，并进一步促进服务营销的快速发展。

一、从渠道为王到产品为王

客户接触的渠道越来越多，线上线下互动的交易场景成为标配，公域流量和私域流量成为获取客户和经营客户的重要渠道。能否抢到流量或者让流量的价值更高，取决于产品的差异化、产品的卖点，以及产品的质量、口碑及内容包装等。好的产品在社交化媒体的背景下更加凸显其自带流量的属性，达到品效合一的效果。

二、从获取流量到经营流量

在获客成本越来越高的市场环境下，引流及经营流量成为竞争的关键，也决定着经营成本。因此，获取流量、转化流量、存量客户持续经营才是企业制胜的关键。经营好客户，要延伸到与客户接触的第一印象，做好每一步的体验设计与互动，方可使流量价值最大化。

三、从经营会员到经营"粉丝"

在传统渠道，企业是从经营客户开始的；而全媒体渠道则是从路人到"粉丝"，再到会员，最后成为忠诚客户，形成经营闭环。经营"粉丝"要更加注重客户体验，用心研究客户的需求和偏好，在"懂"的基础上满足并创造惊喜点，只有这样，才能够赢得"粉丝"的认同和喜欢。

全媒体运营师要懂客户、懂产品，当与"粉丝"建立起"懂你、宠你、从不骗你"的信任和依赖关系时，服务营销才会产生裂变的效果。

四、全生命周期会员经营

企业或品牌的增长，取决于增量的获客渠道和存量的客户经营。增量的获客渠道与流量闭环决定了获客成本，而存量的客户经营与复购拉动、品类交叉经营、会员裂变，以及生态链客户价值的挖掘，决定了企业增长的速度和可持续性发展。

五、从大众到小众

企业服务客户时，要从大众过渡到小众，即进行客户细分，为客户提供差异化的、定制化的产品和服务。

对于大众，要讲究标准化；对于小众，要注意差异化和精准化。差异化的背后需要强大的数字化管理能力，这样才能够做到"千人千面"，精准推送产品和服务，也就是我们所说的要"懂"客户。

六、从服务到服务营销

从成本最优解到流量价值最优解，服务的设计初衷发生了变化。在流量稀缺的当下，应把握住每一次客户互动带来的机会，进而优化服务运营和挖掘服务营销的亮点。

七、客户关系从弱到强

崇尚"客户是上帝"所建立的是不平等的客情关系，友好中带有疏离；而在社会化环境下，我们用专业提供帮助，要与客户交朋友，建立平等的、友好的、亲密的关系，做到懂客户、宠客户，才能够让客户舒服、舒心、长情。

第二节 全媒体渠道互动与交互设计

在流量稀缺、客户关系维系难度越来越大的情况下，交互渠道与交互设计成为挖掘商机的重要环节。从服务运营的优化到服务营销的挖掘，每个互动触点都可以带动流量价值的提升，服务运营应该具备"服务即营销，引流即变现"的经营思路。

一、全媒体接入渠道

(一) 接入渠道概述

现在，大部分在线互动平台均已支持 PC 端、WAP 端、App 端，以及接入微信和微博；而抖音、快手两大直播电商的崛起，迅速成为流量的聚集中心，因此这两个电商平台的接入及经营也成为在线互动平台的必备功能之一。

全媒体服务接入渠道，可将企业交易和交互渠道进行统一管理，如图9-1所示。

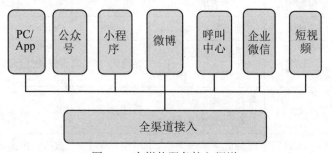

图 9-1 全媒体服务接入渠道

基于不同渠道的特点和成熟度，企业在接入优先级及策略方面也会有所侧重。

(1) 参考各渠道业务占比，优先上线主要业务集中的渠道。

(2) 可以独立服务微信、微博等已经具备交互基本功能的社会化媒体，并逐步并入统一路由。

(3) 抖音、快手等直播电商，成为私域流量池的源泉之一。其特点是流量峰谷差异大，流量经营需求迫切，营销价值高，企业的服务接入模式需要结合这类新渠道的特点进行创新。

(二) 全媒体服务渠道的特点

全媒体服务接入渠道呈现三个特点，即显性化、多入口、差异化。

1. 渠道的显性化

以往，客户想要找到企业的联系方式是十分困难的，甚至有些企业根本没有把联系方式放在网站上，给客户带来了诸多不便。而现在，全媒体服务渠道可以保证客户随时与企业取得联系。

企业可以结合自身业务类型、服务对象、产品属性和服务成本等因素考虑服务入口的设计。

(1) 对于高单价、购物频次低、产品使用率高或专业门槛高的产品类别，谁能够提供更好的服务和销售引导，谁就更容易促成销售。

(2) 对于服务类产品，尤其是因人而异需要定制化的产品，比如旅游、医疗、家装等产品，更需要显性化的服务。如果这些产品的服务人员可以提供专业的咨询意见，将能够很好地引导销售。

下面举例说明不同业务的服务入口设计，如表9-1所示。

表9-1　不同业务的服务入口设计

企业类型	服务对象	产品属性	服务入口	参考企业
平台型	B2C	交流工具	相对保守	QQ、微信等
平台型	B2B	快消品、标准化产品(如奶粉)、分销产品	显性化	阿里巴巴商户服务
平台型	B2C	非标准化产品(如化妆品)、高客单商品	显性化	苏宁、京东等
电商	B2C	高频低客单快消品	可相对保守	微店、淘宝等
电商	B2C	低频高客单非标准化产品	显性化	唯品会、家装类网站
服务提供商	B2C	服务类产品	显性化	教育、理财、医美机构等

2. 渠道的多入口

企业的网站由原来的信息展示和企业宣传，逐步转变成产品和服务的销售渠道、客户获取与招募的渠道、业务交互与衔接的唯一渠道，而客服则成为企业互联网化的助手与推手。因此，可以根据客户的需求对服务入口进行设计与规划。

以电商企业为例，可以针对不同的客群，在不同的页面提供服务入口，以满足不同的服务需求，具体如表 9-2 所示。

表 9-2 不同服务需求的服务入口设置及特点

服务类型	适合业务	展示页面	收益与价值	开放对象
通用服务类	政策类公示，如退换货政策、积分政策、会员分级政策、配送政策、服务流程等	帮助中心、服务中心、常见问题展示等	实时备查，减少交互	所有客群
销售类	促销咨询、产品咨询	网站首页、各类促销页面、商品详情页、购物车	提升转化，提升客单	所有客群
售后服务类	订单修改、取消、退换货申请等	售后服务申请页、订单完成、订单详情页等	提升顾客的满意度	购物会员
商家服务类	开店、店铺装修、店铺运营	商家服务页、系统使用页面	提升商家服务水平	供应商、服务提供商
评价页面	订购评价、页面咨询	差评提交时或页面文字咨询时	减少差评率，提升转化率	注册会员、购物会员

按客户需求进行分类，设计多个服务入口，能够更加精准地判断顾客需求，简化顾客的操作，提升顾客的满意度；同时，可以精准分析不同入口的服务需求，从而为提升相应页面的服务体验提供改进依据与参考。

3. 渠道的差异化

应结合服务需求对不同服务类型的入口进行差异化的设置。

(1) 业务流程差异化。比如，售前咨询类业务是促进销售的环节，在网络安全的情况下，应向所有人开放，即流程简化，无须登录；但对于售后类业务，则应增加用户登录、选择订单等环节。

(2) 服务风格差异化。售前类业务的服务口吻与售后类业务可以差异化，比如售前使用愉悦轻松的口吻，可以略显俏皮，营造与朋友交流经验的氛围；而售后类则可以使用专业的话术，凸显对客户的尊重，消除顾客的不满。

(3) 展示位置差异化。企业应该根据服务体验及决策节点进行不同的展示位置预设。服务类别不同，展示也应有差异，比如售前类服务可以在页面的最底端或悬浮页展示，而售后类服务则仅在需要的界面展示。

(4) 沟通页面差异化。在与顾客沟通的过程中，我们经常要进行多层次的交互，每一次的交互时间短则 120 秒，长则 600 秒。这个过程既可以解决顾客的实际问题，又可以在互动过程中传递专业知识，提供解决方案，并抓住销售机会，具体情况如下。

- 售前类咨询：增加关联产品展示或关联促销活动展示。需要定制开发，实现精准推荐。例如，客户在咨询一段婴儿奶粉时，展示框和服务选择框可以进行纸尿裤活动或辅食活动的推荐，帮助客户做关联产品的选择，挖掘销售机会。
- 售后类咨询：增加售后类服务政策提示或产品当前促销信息的展示等。
- 分销类的客户：可以通过互动传递政策信息、活动信息、赋能信息，也可通过企业微信二维码展示，进行私域引流。

(5) 技能匹配差异化。企业可以根据技术难度匹配不同的服务人员或分流规则，以及设置不同的服务时间等。业务技能要求应与内部服务营销人员的能力水平匹配，既可以实现人才效率最大化，又可以实现内部激励，形成人才培养阶梯，降低培训成本。

(6) 路由规则差异化。应该先分析顾客心理及服务预期，根据具体情况设定路由规则及服务层级。

(7) 服务入口设置差异化。虽然服务入口差异化设置会增加开发成本，但从顾客体验及服务率角度看，这是一项非常值得的投入，通过对不同服务的分流，可以使顾客得到更快、更专业的服务，从而为企业带来高转化、高满意度、高效率等收益。

二、全媒体接入方式

全媒体接入的方式有很多种，其中文本类来话接入与互动式语音应答接入比较有代表性。我们可以通过以下几个环节来了解。

(一) 引导注册和登录环节

在早期品牌经营渠道为王的阶段，会员经营概念薄弱，往往停留在渠道管理和设备管理的层面。随着互联网渗透到各行各业，企业越发意识到会员是企业最重要的资产，因此越来越重视用户注册环节。

在线业务可以直接链接入页面，引导客户填写个人资料并完成会员注册。注

册后会员登录，企业客服便可直接识别客户，调取相关的会员信息，浏览信息和
购买信息等，以为客户提供周到的服务。

(二) 自动接入环节

1. 自动文本应答设置

与语音类互动不同，文本类互动可以一对多同步交流，大幅提升沟通效率。

由于存在价值差异，对于不同的接入场景，应在页面设置、接入时效、人效、
接入过程等方面进行差异化设置，以达到流量价值最大化、人工服务价值最大化。

2. 接入数量设置

可以根据不同技能水平、不同技能队列、不同季节，预设不同的同时接入
数量。

(1) 同时在线高限设置。该设置需要与业务类型相结合，业务复杂度越高，
单通对话时间越长，则同步在线的高限值越小。

(2) 最大并发数设置，该设置应按业务周期、技能队列、员工技能级别进行
预设和调整，可批量设置，也可单独调整。

(3) 并发数设置。并发数设置数量的高低，与满意度、询单转化、接通率、
来话等待时长成反比，需要设置平衡点。当因接入数量过多影响顾客体验时，需
调整并发数量，及时补充人力。多线并行的服务要克服单线等待时间过长、业务
漏接等问题，需要从规范的管理执行与系统功能完善两个方面规避问题的产生。

(4) 提醒设置。顾客发送内容后应通过闪烁、变色等方式提醒服务人员应答。

(5) 预设答复延时提醒。遇最高回复时间应弹屏提示，或自动向客户发送等
待提示语。等待提示语可预设。

(6) 转接设置。与语音服务相同，如因人员离席导致业务长时间无人受理，
应转接其他客服人员，并带入前期对话，确保服务的一致性。

(三) 专属服务或营销顾问接入

不同产品、不同客群，可以匹配对应专业背景的顾问。其可结合会员标签、
产品标准、客服标准进行接入匹配，也可通过匹配动态二维码形式转入私域流量
池进行经营。

来话接入业务的完整流程，如图 9-2 所示。

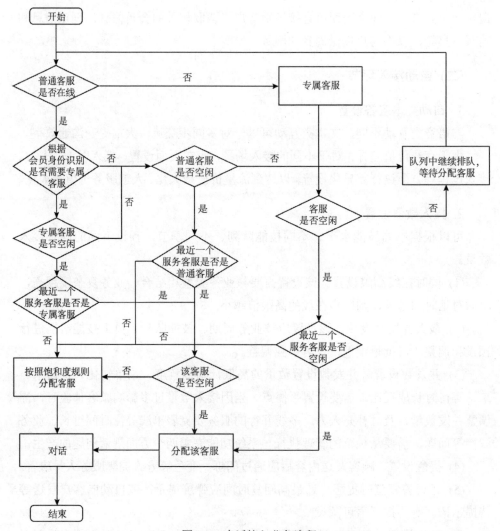

图 9-2 来话接入业务流程

在来话接入业务中，如下几个环节应重点关注。

1. 手动接入

使用手动接入功能，可以在自动分配来话的基础上，在遇到排队高峰时由高技能人员或仍有接入能力的人员随时接起排队来话，缓解排队压力。

2. 主动邀请对话

在营销型平台上，对于流量价值高、客单价值高、流量垂直且人群精准的业务，可通过对客户浏览痕迹的解读挖掘销售机会，主动发起对话，为客户提供帮助。教育、房产、汽车、旅游等领域经常使用主动邀请对话功能。

3. 来话转移

与电话服务相同,当客户选择技能队列或当业务升级当前服务人员无法受理时,可以进行来话转移。而转移的功能是影响转接体验和效率的关键,特别提示以下几点必备的功能。

(1) 按技能组转接:进入路由队列,按统一路由规则排队。

(2) 按工号或姓名搜索后转接:搜索功能应简化,如技能人员较少,可以考虑在技能队列选择转接对象。当所选座席已经超过最大接线数量时,可选择继续转接或转入其他人员。

(3) 转接上级:可默认转接组织中的直接上级,也可以选择在线的其他上级。

(4) 转接应代入转接前会话内容及客户基础信息:主要包括会员信息、购买信息、工单信息、浏览信息等。

(5) 来话小结:可与电话服务来话小结相同。可以逐步完善,尽量简化操作并起到信息收集、分析、反馈的作用。小结分析应可预设、可导出,并且可以生成预设报表。

(6) 内容可按技能队列配置:配置内容要能够反馈业务重点。

(7) 结束对话:应使来话结束操作更加便捷。

4. 设置常用知识库

在社会化媒体中,知识和信息已实现产品化,日常的沟通都是建立关系与形成交易的机会。为了提升服务质量,企业可设置常用会话库、内容库、素材库,以提升引流、获客及转化效果。客服的对话窗口可以提供多样式的对话体验,如通过对话、表情、图片、视频、文件等方式与客户沟通。

5. 访客消息预知

通过消息预知功能,客服人员可提早一步了解客户的咨询内容,了解客户的需求及想法,更快速、更周到地为客户服务,提高工作效率和质量。

(1) 互动图文及语音。客服人员与访客对话时,通常以文字对话为主,系统还支持双向文件传输功能及双向截屏(截图)功能,这样的图文结合可以让沟通更简便,服务体验更好。

(2) 常用语及常用链接。可对客服使用的常用消息、常用链接、常用文件进行管理和维护，便于客服在交谈时直接调用此类文件进行快捷回复。这可以在互动过程中为客户提供帮助和指引，为品牌提供更多曝光量和流量。内容库或素材库应增加此类图文设计。

(3) 个性化信息设置功能。客服人员可以在服务照片、服务宣言、自我介绍、自定义广告、交流字体、服务背景等方面进行个性化设置，努力打造自己的服务品牌，成为经营客户的全媒体运营师。

(4) 双向评价与标签。很多平台会话后的评价往往都是单向的，即由客户对服务进行评价。而共享经济带动下的 C2C 业务模式，可以通过标签化进行双向评价，比如滴滴打车的乘客与司机的互评，51Talk 及跟谁学等教育网站上学生与老师的互评。同样，标签化的评价也可以引入电商企业。

(5) 服务评价与标签。满意度调查、NPS[①]、服务标签等服务评价方式，可以起到顾客监督的作用，也是一种对服务人员自我约束与自我提升的激励。

每一次与客户的交互都可以收集到很多信息，为后续的服务营销打下基础。若能实现长期积累，则可以更好地推进精准服务营销。

第三节　全媒体获客渠道

2017 年前后，很多互联网公司遭遇增长瓶颈，流量获取成本越来越高。要想维持公司的增长势头，一方面需要获得新用户，即拉动增量，另一方面要让老用户的价值发挥更大效用，即经营存量。在流量红利殆尽的当下，公域流量变现难度不断增加，挖掘老用户更多的价值成为所有公司的共识，越来越多的人开始瞄准私域流量。私域流量崛起的背后，是企业的增长焦虑，同时是服务营销人员可以抓住的机会。

---

① NPS(net promoter score)，净推荐值，又称净促进者得分，亦可称口碑，是一种计量某个客户将会向其他人推荐某个企业或服务可能性的指数。它是重要的顾客忠诚度分析指标，专注于顾客口碑如何影响企业成长。

从公域流量到私域流量，可以借助全媒体运营进行转化，具体过程如图 9-3 所示。

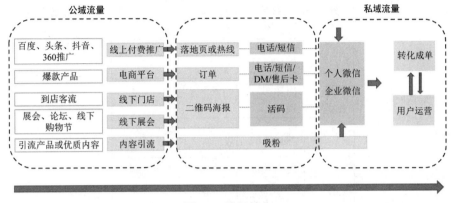

图 9-3　流量转化

一、流量的来源与转化

(一) 线上渠道

1. 引入私域流量池

交互场景是增加双方信任的天然渠道，有话题、信任度高，就可以精准切入、迅速建立关系。日常在线服务过程中的每一个接触点都可以为私域导流，企业可以结合业务场景及会员经营策略进行交互环节的设计，如表 9-3 所示。

表 9-3　线上交互场景与私域导流

操作步骤	场景	场景分类	场景细分	指导方针	持续互动渠道/专家服务渠道
第一步	迎接客户	开始语	通用	促销宣传	添加一对一专属顾问 (分场景推送) (分客群推送) (分品类推送) 引入私域持续经营
			日常	自我介绍+探寻需求	
			节日		
第二步	锁定场景	确认触点	售前	"倾听"问题+了解潜在需求	
			售后		
			等待话术	等待安抚	

(续表)

操作步骤	场景	场景分类	场景细分	指导方针	持续互动渠道/专家服务渠道
第三步	确认问题	售前相关	商品参数	锁定商品+核实后回复	
			配送时效	确定商品、地址+核实后回复	
			质疑配送慢	安抚+核实配送时间	
			缺货转推	简单回复+转推+突出转推原因	
			促销异常	了解信息+核实+回复	
第四步	订单咨询	售后相关	买后降价	查看订购信息,核实情况+安抚+处理方案	
			送货慢	核实订单号+确认送货时间+安抚	
			质量问题	安抚情绪,根据客户情况判断是否需要工单记录	
第五步	求评价	邀评话述	邀评	解答完第一个问题就及时邀请评价,要注意回复的完整性	添加一对一专属顾问(分场景推送)(分客群推送)(分品类推送)引入私域持续经营
第六步	主动关心	温馨提示	季度差异	结合季节提示生活关注点	
		主推	解决痛点的产品	卖点	
		关联销售	关联销售	结合购物车、季节、节日、年龄特点进行销售	
第七步	送客	结束语	暂无问题咨询	再次询问	
				长时间无回复	
				客户反馈无问题咨询	
通用场景	非服务时间/等候时间	接入私域			
	人工智能未解决				
	长时间浏览未下单				
	长时间待支付				

2. 引流到个人号或社群

在做流失客户激活回访或者新访客回访时，可以通过添加微信将其引流至私域流量，再进行一对一的服务营销。例如，某新国货品牌推出的减肥代餐产品，在客户购买后，会为客户匹配一对一营养师，以解答营养知识问题。除此之外，其还会建立瘦身训练营，以形成监督氛围和实现社群裂变。

(二) 线下渠道

门店的引流活动，如线下的生日会、派送宣传单、地推活动等都是线下引流的方式。松下线下旗舰店定期结合节日、购物节等运营节点，开展线下主题活动，如亲子烘焙体验日、握爪计划·松下电器旗舰店动物关爱活动等。在与客户亲历互动的过程中，松下加深客户对产品的认可度，提升品牌美誉度。

二、私域流量的客户运营

(一) 私域流量的意义

1. 私域流量的本质是客户关系管理

从公域流量到私域流量的转化，是松散型弱关系逐步到强关系的转化过程。在这个过程中，需要有专业的人在合适的场景下与客户建立起可以持续沟通的桥梁，实现流量经营闭环。这也是客服人员从服务转向营销的机会。全媒体流量经营闭环中获客转化的全过程，如图 9-4 所示。

第一步
全渠道拓客，
导入统一流量池

第二步
多渠道沟通，
及时跟进

第三步
私域内容互动，
促进成单转化

第四步
沉淀客户数据资产，
精益客户管理

图 9-4　获客转化全过程

2. 私域流量运营的底层逻辑

从公域流量引入私域流量，往往只是我们挖掘价值的开始，运营好私域流量则是一个复杂而系统的工程，需要感性与理性、温度与数字的融合。

私域流量运营的底层逻辑是对客户的精细化运营，关键的决胜因素是企业的数字化营销能力，而不仅仅是私域流量运营的媒介。

(二) 私域流量运营的关键环节

(1) 定位。例如,火星人集成灶在客户购买后,会成为客户的专属厨房管家,提供适合集成灶蒸箱功能烹饪的菜谱、匹配人数的最优家宴菜单,以及提供厨房其他功能的咨询服务,与品牌"为人类提供健康和谐的家庭环境"的定位一致。

(2) 建立信任关系。通过专业形象、经历分享、定期分享专业内容(每日、每周、每月、每年可有不同),以及与定位相匹配的帮助客户或"粉丝"解决问题的专业能力,与客户建立信任关系。

(3) 做好商品的选品工作。企业在选品时,要选择与客户需求相匹配、与消费能力和偏好相匹配的高质量商品。

(4) 进行商品的立体化推广。企业在进行商品推广时,应从客户的需求挖掘入手,然后针对需求找到商品卖点,搜集客户反馈的内容,要全面、立体,分人群、分场景地进行商品推广。

(5) 持续输出高品质内容。高品质的内容应该是走心的、声情并茂的图、文、音频和视频。能否做到走心,在于感同身受、了解客户需求,以及恰到好处地为其提供专业价值和情感价值。

(6) 做好社会关系管理。这需要企业具备客户信息数字化的技术基础,并结合客户背景、需求、消费行业、活跃度、兴趣点、关系链,进行精准营销。

(7) 服务赋能。对于客户,要在保证服务的前提下,进行服务赋能。赋能消费者是当下更高级的服务,同时是口碑传播的催化剂。

(8) 多渠道的沟通机制与沟通能力。客服人员若懂客户、懂流程、懂产品、善沟通,在运营私域流量时往往更有优势。

服务营销一体化是设身处地地为客户提供一体化的解决方案,在带动服务提升的同时,提高企业营销收益和新客转化率、客户复购率。服务与营销原本就是因果关系,而不是对立关系,好的服务是营销的开始。

第四节　数字化驱动智能营销

客户的精细化管理与精准营销,取决于企业的数字化建设进程。客户是企业最宝贵的资产之一,只有实现客户信息数字化、产品数字化、营销数字化、员工信息数字化,才能够为客户提供更贴心的服务,进而实现更精准的营销。

当企业实现了全面数字化,就能够形成精细化管理体系,精准判断客户需求,实现个性化精准营销。数字化营销管理体系模型,如图9-5所示。

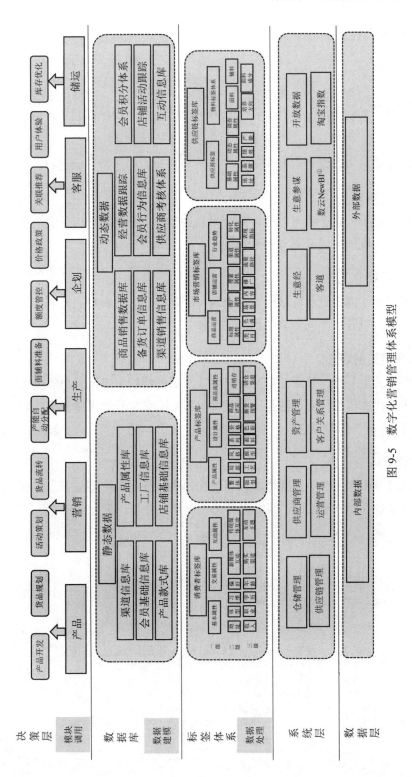

图 9-5　数字化营销管理体系模型

① 数云 NewBI(new business intelligence)，是杭州数云信息技术有限公司推出的一款强大的数据可视化分析工具。它整合流量来源、站外推广、店铺经营、订单、商品、促销、CRM、客服绩效、关键词、评价 DSR、分销等数据，通过类似 Excel 数据透视表的方式提供灵活的自定义报表设计功能。

一、客户信息数字化

(一) 客户分类

客户的分类可以结合企业的业务模式、产品特点、获客渠道、交易渠道等进行。分类的方式是结合客户的相似特点将他们分为不同的群，最终目的是更好地提供服务，以开发增量客户、激活存量客户。

对于客户的分类，可以结合客户所处的不同阶段和企业的营销目标进行。

1. 按客户属性划分

根据客户属性的不同，企业可以把客户分为企业客户、分销客户、普通消费客户等，进而采取不同的方式开展营销活动。

2. 按客户级别划分

根据客户级别的不同，企业可以把客户分为 VIP 客户和普通客户。针对不同级别的客户，企业可以开展不同的营销活动。

3. 按产品购买类别划分

根据产品购买类型划分，是通过了解客户购买产品的特性来定位客户的需求和客户属性。例如，在母婴行业，购买 1 段奶粉、NB 号或 S 号纸尿裤自用的客户家中通常都有 0~6 个月的宝宝。

4. 按产品使用场景划分

企业可以通过分析产品在不同渠道的使用情况，进而推测其使用频率，定制营销方案或商品套餐。表 9-4 展示了某零食品牌使用场景分析，供大家参考。

表9-4　某零食品牌使用场景分析

时间	地点	序号	一级场景	序号	场景分类	二级场景	序号	三级场景	序号	年轻白领	年轻妈妈	大学生	健康养生	儿童	三高族	孕妇	旅行族	运动族	企业	用户需求	解决方案	市场容量	市场占有	竞争优势	营销方案
										个人用户(按年龄状态/兴趣爱好)									企业用户	用户方案					
居家	家	1	家庭茶几零食	1	核心场景	家庭茶几零食		三口之家茶几零食	1	✓										品类丰富、食品健康	家庭零食、餐量贩装	1 000 000	10%	品类丰富	线上：活动直播、营养搭配 线下：美妆教学、烘焙培训课 无门槛报名参加
								三代同堂茶几零食	2		✓		✓							健康养生	坚果饼干面包			健康安全	线上：活动直播、养生课程 线下：亲子活动、DIY食品、参观工厂或了解原料
								给孩子买零食	3		✓			✓										萌趣	线上：活动直播—育儿亲子课堂 线下：茶话会、亲子活动 每月定期召开、选取高级会员、限量供应吃食
上班	办公室	2	办公室茶歇零食	2	核心场景	会议茶歇		日常会议茶歇	4	✓									✓	方便食用	组合量贩装、小包装	2 700 000	10%	可分享、可组合	线下：拍立得照片端、照片打印机 线上：最美代言人
								大型会议茶歇	5	✓									✓	精致、有品位	下午茶套餐、水果拼盘			高品质	线下：轻食套装 线上：最美代言人
						办公室茶几儿零食		待客茶几儿零食	6											精致、有品位	美装零食			高品质	线下：美白套装、轻食套装 线上：最美代言人
								员工茶几儿零食	7	✓										品类丰富	量贩装			品类丰富	线上：企业合作—量贩装
						办公室零食包		年轻人茶几办公零食	8	✓									✓	品类丰富	组合装			品类丰富	线下：新品品鉴会
节假日/休息日/重要时刻	出行/旅游	3	出游分享零食	3	核心场景	短途零食包		郊游分享零食	9	✓										代餐零食、抗饿、品类丰富	分车装、主题零食包	200 000	10%	方便快捷、量贩装	线上：踏青出游主题活动
						长途零食包		航空零食	10	✓										方便携带、分享	分车装、主题零食包			便于携带	与航空公司合作
								高铁餐食	11									✓	方便携带、分享	分车装、主题零食包			价格适中	线上：高铁外卖

5. 按年龄层划分

根据年龄层的不同，企业可将客户分为婴儿、幼儿、少年、青年、中年、老年几个类型，这样的分类更易于向客户提供专业知识和其所处年龄层需要的产品。按年龄层划分，企业在客服及运营人员的匹配上也应具有明显的一致性。

6. 按活动场景或客户来源划分

在不同的渠道和活动场景中转化的客户，如线下门店转化、线下客户划分、异业合作转化、线下活动转化等，后续的经营分组、经营方式、回访话术、沟通素材、需求判断均存在差异性。因此，需要按不同活动场景、客户来源进行划分，并进行后续经营。

7. 按购买活跃度划分

企业进行用户运营的核心是拉新、促活、留存。因此，按客户的活跃度进行分类是较为通用的方式。

(1) 注册未购买。只注册未购买客户，此类客户是最好的拉新资源，无论是在站内，还是在站外，都可以将其作为最佳的转化名单。此外，结合浏览的产品，可以判断客户属性及其基本需求。

(2) 活跃客户。活跃客户是近 60 天购买产品的客群。

(3) 沉睡客户。沉睡客户是近 60 天未购买产品的客群。

(4) 流失客户。流失客户是近 90 天未购买产品的客群。

8. 按购物渠道

对于电子商务公司，交易、交互、交付渠道可以作为分类的维度。企业可结合不同渠道的购物习惯、营销策划、营销节奏，进行有针对性的服务定制。

(1) 线下渠道。线下渠道包含门店、线下会议、线下活动、线下联合推广等。

(2) 线上渠道。线上渠道包括品牌 App、品牌公众号、小程序、淘宝、天猫、京东、拼多多、抖音、快手等。

(二) 客户标签

1. 客户标签的作用与价值

(1) 客户精准营销。企业可以结合标签，对客户进行精准营销及个性化信息推送。

(2) 市场前瞻分析。例如，销售机会挖掘即结合客户购买行为分析及购买意向分析，挖掘销售机会；产品反向定制即结合客户需求及产品浏览记录，对购买意向进行分析，降低库存成本和风险。

(3) 提升运营效率及效果。结合客户浏览记录或其他行为，后续可进行有针对性的推荐或主动营销，提升转化率及客户服务体验。

2. 客户标签的构成与分类

(1) 基础标签。基础标签主要是记录个人信息，包括姓名、性别、生日、城市、身高、体重、兴趣爱好、健康状况等。

(2) 行为标签。通常包括两个方面：购买行为，如渠道偏好、购买品类、购买频次、购买预测、品类价格段、品牌偏好、品牌类型偏好等；购买意向及购买预测，包括加入购物车 24 小时以上未购买，通过搜索、浏览商品详情页未购买，提交订单后 12 小时以上未支付，客户购买意向推荐，最可能购买的商品等。

(3) 服务标签。服务标签主要是指客户接受服务的足迹，即订购渠道、咨询渠道、关怀、回访反馈、评价及投诉行为、社区意见等。

(4) 营销标签。营销标签主要包括如下几个方面。

● 会员获取渠道：站外推广、线下活动、口碑相传等。

● 促销型/服务型营销信息：企业应结合相应的活动做好数据埋点，比如通过 1 元拼团获取的客户、通过某异业合作增值服务获取的客户等。

● 会员关系：会员关系标签至关重要，尤其是在当下需要深度经营客户，与客户交朋友的情况下。我们可以通过家庭和亲友关系、分销或转介绍关系、服务关系(即匹配的服务人员)等几种方式设计标签。

● 消费产品特性：无论是综合电商平台，还是品牌商，不同的产品都有其自身的特性。企业可以根据产品使用者的消费习惯做相应的用户画像，为后续用户经营做准备，比如母婴、减脂、健身、宠物、宝妈、学生、旅游爱好者等客群。

● 经营行为标签：对于经销商或分销商，还要对其经营行为进行分类并设置分类标签。

多变的市场环境和客户特点，需要有实时的数据分析系统进行支持。全渠道抓取和导出客户标签数据，存储在 BI[①]工具或其他软件内，并可保存成看板，可

---

① BI (business intelligence)，商业智能，又称商业智慧或商务智能，指用现代数据仓库技术、线上分析处理技术、数据挖掘和数据展现技术进行数据分析以实现商业价值。

以更加准确地表述客户特征，进而定义精准营销策略，并反馈执行结果，评估营销效果。

3. 客户标签的采集方法

1) 客户标签采集接触点

客户接触点是客户信息采集的最佳途径，主要包含如下几种。

(1) 营销接触点，如接触渠道、推广媒体、转化效果等。

(2) 商品接触点，如品类、品牌、商品、关联推荐等。

(3) 服务与交易接触点，如电话、电子邮件、短信、微信、微博等。

(4) 服务类型接触点，如退货、取消、拒收等。

(5) 物流接触点，如配送环节等。

2) 客户标签采集方式

(1) 系统采集。对于购买行为、信誉等级、购买意向、账户信息、朋友圈等，均可通过系统程序设置自动获取标签。

(2) 人工采集。对于客户的偏好、沟通特性等感性标签，以及系统程序无法追踪的信息，一般通过人工采集的方式完成。

3) 客户标签采集的业务阶段

(1) 注册前：客户注册前涉及站外推广阶段或相关浏览痕迹的标签等。

(2) 注册后：客户注册后，在 PC 端、App、自助服务、人工服务等各个触点上的与浏览、咨询互动、社区交流等相关的行为体现。

(3) 购买全程：与客户的购买品类、频次、渠道、地址等相关的购买行为。

(4) 日常互动：对于分销团队，除了购物行为以外，还要对其经营层面的执行情况进行信息采集，具体如下。

- App 登录。分销商在××天内未登录 App 系统的数据。对于分销商而言，未登录系统等同于没有工作，或已经转投其他平台。
- 赋能内容学习。对于社交电商或分销管理平台，赋能分销团队是分销商最重要的工作之一，因此分享内容或者上传知识素材都需要进行监控。
- 商品及知识分享。对于分销团队的管理、商品的分享行为、分享后的成交情节等都需要进行监控。

4. 客户标签易出现的问题

(1) 接触点分散、不统一，导致信息不全面。

(2) 数据库分散、不统一，导致信息不统一。

(3) 数据采集手段落后，导致数据滞后。

(4) 数据安全管理手段落后，导致数据外泄、滥用或被滥改。

随着技术手段的更新，通过浏览行为、购买行为、分享行为、交互内容、朋友圈内容等数据分析，客户标签信息的实时化程度将会越来越高。

5. 客户标签的应用

客户标签是客户信息的一部分。在大数据时代，很多企业都特别重视客户数据，并且每天会关注客户的数据分析报告。

客户标签可以用于实时的数据分析，无论是使用搜索式数据分析软件搜索标签本身，还是利用 SQL[①]语句调用相应的数据，均可以用于市场营销对象的维度抽取、营销活动的规则解析，以及用来对营销和销售效果进行分析等。

6. 标签使用与禁忌

客户标签是客户画像和精准营销的数据基础，也是做好服务的基础，但使用标签并不是简单地阅读。

在不同的场景下，客户标签要做好应用梳理，在保证客户利益与信息安全的情况下使用，通过标签信息应用，更加高效地触发客户关怀、产品推荐等服务营销活动。

(三) 客户精准营销系统

企业数字化转型，需要前后联动、全面协同，才能够发挥数字化管理的作用，最大化地挖掘客户价值、产品价值、服务价值，实现利益最大化。

真正实现企业的数字化转型，需要实现客户信息数字化、产品信息数字化、服务信息数字化、营销信息数字化、团队信息数字化。只有在全面数字化的基础上，才能够做到精准营销。

基于社会化营销的环境，量身定制的社会化服务营销系统是企业制胜的关键，如图 9-6 所示。

---

① SQL(structured query language)，结构化查询语言，是一种特殊目的的编程语言，是一种数据库查询和程序设计语言，用于存取数据及查询、更新和管理关系数据库系统。

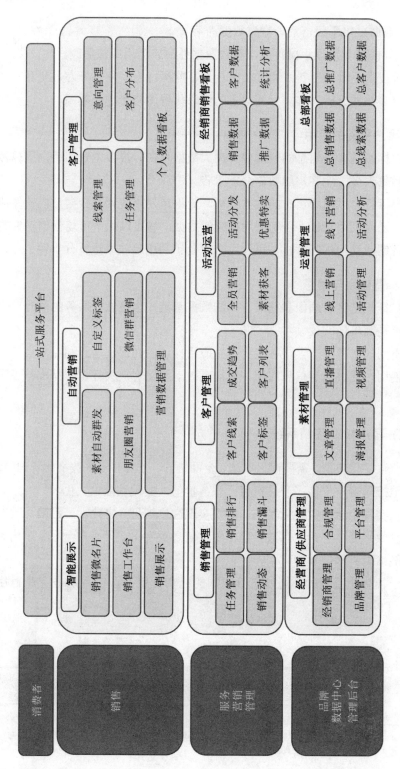

图 9-6　社会化服务营销系统

二、会员激励

(一) 会员权益设计

会员权益，可以理解为所有会员制企业或平台为了激励客户更好地在平台进行购买、分享而制定的激励政策。

1. 设计会员权益的切入点

无论哪个行业，能够吸引并留住客户的除了具有较高性价比的产品之外，就是客户在精神、利益、机会、服务体验这 4 个维度上的感受。因此，会员权益的设计一般要围绕以下几个方向。

(1) 精神层面：①荣誉或特殊身份，如最佳体验员、体验官。②邀请好友享受相应的奖励，这既可以让客户有尊贵的体验，同时达到拉新的目的，可谓一箭双雕。③专业认可，如定期邀请客户座谈，对产品、服务进行反馈等。

(2) 利益层面：①积分或优惠券奖励，这种优惠模式在平台电商、会员制电商中较为常用。②免运费，如京东 PLUS 会员每月赠送 5 张运费券。③异业合作折扣券，如各大银行的信用卡，通过异业合作优惠让会员价值不断放大。④商品更低折扣，如通过消费阶梯可以享受不同折扣。⑤享受分销权限，此激励方案适用于品牌方或品牌电商对分销客户的激励。⑥各类物质奖励，如各种商品试用奖励等。⑦股权激励，常用于合伙人或分销团队。

(3) 机会层面：①培训机会，指与客户需求相匹配的培训机会，如理财平台推出的理财培训机会、母婴平台的溯源之旅或亲子课堂等。②合作机会，如某社交电商平台曾推出一项活动，分销商的月销售额达到一定额度，可成为电商某领域的供应商。③新品试用机会，新品试用及产品信息反馈，既能够让客户享受到物质奖励，又可以感受到责任、信任和荣誉。这种方法有助于激励客户进行分享。④抽奖机会，抽奖是很好的活跃客户的方法，能够有效吸引客户的注意力，使企业有更多的机会与客户产生联系和交易。

(4) 服务层面：①延长无理由退货时长，此类权限在电商中较为常见。②匹配专属客服，这也是服务差异化、服务产品化的开始，通过差异化服务，提升客户对平台或品牌的信任感、依赖度。③快速/极速退款/退货免检，旨在为客户打造更好的服务体验。④优先接入或优先服务，高价值客户可以优先接入，甚至不需要排队。⑤其他各类差异化服务。

2. 会员权益设计遵循的规则

(1) 明确可量化。已经公示的会员权益必须明确、可量化,切忌模棱两可。例如,终身免运费、每月5次免运费资格等。

(2) 可视透明。无论是商家、客户,还是平台,数据都必须做到可视透明且实时同步。

(3) 可兑现。企业所有的承诺均需兑现。

(4) 商品质量问题及售后服务保障。无论是卖品还是赠品,都要保证质量和售后服务。

(5) 成本合理可控。权益方案的设计必须事先控制成本,不能在过程中因成本较高而改变方案。

(6) 相对稳定性。会员权益一旦公布,需要相对稳定,可以逐步增加,切忌繁杂变化。

(7) 规则完整性。涉及会员不同级别权益差异的,必须同步明确升级、降级的规则并事先明示。

(二) 会员权益方案

1. 电商平台对终端会员的权益方案

电商平台通常通过会员消费积分或完成任务累计积分、积分兑换权益的形式拉动客户复购,从而提升客户的活跃度及忠诚度。同时,通过积分兑换实现异业互推。下面列举了7家平台的会员权益设计方案,如表9-5所示。

表9-5 7家平台的会员权益设计方案

平台	考核标准	计算方法	升降规则	会员权益
淘宝	成长值	累计购物金额	升	会员价(部分商品)、服务特权(如生日、快速退款等)
支付宝	积分	缴水电费、转账、花费充值等	升或降	生日特权、线下优惠、旅行特权
京东	成长值	购物、完成任务(如登录、评价、晒单等)	升或降(每年重新计算)	会员价(部分商品)、服务特权(如装机优惠、评价奖励不同等)

(续表)

平台	考核标准	计算方法	升降规则	会员权益
唯品会	成长值	购物、完成任务(如完善资料、绑定微信、评价、邀请他人等)	升或降(每年重新计算)	专享活动准入，服务特权(专享客服)
聚美优品	成长值	累计购物额度	升	专享活动准入
QQ	登录时间	累计登录时长	升	好友上限、QQ群上限、专享工具等
小米	贡献值	通过购买小米产品，完成发帖任务、完善资料、达成论坛任务等，从而达到一定的贡献值；完成全部5项任务，可以升级VIP，达到VIP后可以继续解锁升级奖励	升	新品试用、优先参加线下活动等

2. 电商平台付费会员权益方案

电商平台付费会员权益方案包括：通过客户购买享受相关的服务权益，如免运费、无理由退货、延时收货、享受专属服务等；享受商品优惠，如享受会员价、获得优惠券等。以京东PLUS会员的各项专享权益为例，介绍电商平台付费会员权益方案，如图9-7所示。

3. 社交电商平台会员权益方案

社交电商平台的会员权益以鼓励自用和分享为目标，通过此方式激励会员更多地自购或分享，起到引流、获客、拉动销售的作用。

某社交电商平台会员权益方案设计导图，如图9-8所示。该权益方案的重点是厘清会员的定位、业绩或目标达成与收益或权益的匹配。

图9-7 京东PLUS会员权益

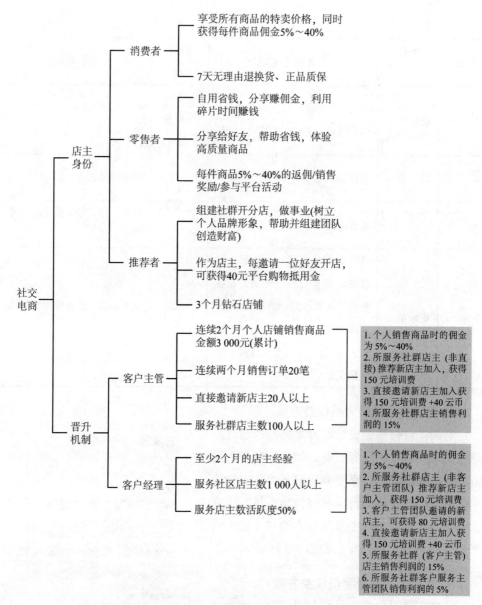

图 9-8　某社交电商平台会员权益方案设计导图

4. 会员制品牌电商会员权益方案

会员制品牌电商通过商品折扣的形式让会员享受更高折扣，品牌方一般会根据会员消费频次、额度等维度设定不同的门槛(如华住会会员加入与升级条件)，并匹配相应的会员权益，来提升会员黏性与活跃度，如图 9-9 所示。

会员等级	星会员	银会员	金会员	铂金会员
加入方式	免费注册	非会员/星会员 49 元购买；活动激活	非会员/星会员 219 元购买；银会员 170 元购买升级；活动激活；满足条件升级	满足条件升级
会员资格有效期	永久	1 年	1 年	1 年
升级条件 (1 个会员周期内)	累计 3 个定级间夜升级为银会员	累计 10 个定级间夜升级为金会员	累计 40 个定级间夜，且 Noshow≤3，升级为铂金会员	—
保级条件 (1 个会员周期内)	—	累计 3 个定级间夜，保级为银会员	累计 5 个定级间夜，保级为金会员	累计 30 个定级间夜，且 Noshow≤3，保级为铂金会员
价格权益	房费折扣	9.8 折	9.2 折	8.8 折	8.5 折
	时租折扣	—	减 20 元起	减 20 元起	减 20 元起
入住权益	免费早餐	—	—	1 份	2 份
	预订保留	18:00	19:00	20:00	20:00
	延迟退房	12:00	13:00	14:00	14:00
	免费 WIFI	√	√	√	√
	提前入住	—	—	—	√
	客房升级 (视房态而定)	—	—	—	√
	客服热线 优先接听	—	—	—	√

图 9-9　华住会标准会员权益

第五节　全民带货时代的会员经营

所有的网站或产品都需要引入新用户、留存老用户、保持用户活跃、促进用户付费、赢回流失或者沉默的用户。这是由网站或产品的生命周期决定的，当一个产品无法有效地获取新用户、维系老用户，无法控制用户的流失行为时，产品就会走向下坡路。

在不同的阶段，面对不同基数的用户数量，运营工作也会发生动态变化。拉新、促活、留存、转化是新媒体运营人员每天都在思考的问题，其中拉新是运营工作的开端，有了用户，"粉丝"足够多，才会有后面的促活、留存等环节。

一、会员拉新

拉新就是通过各类推广手段吸引新客户进行注册、购买的行为。任何一个需要保持增速甚至保持现有规模的公司或品牌商，都需要有一定比例的新增客户。

(一) 拉新的方法

1. 线下推广

线下拉新通常是指地推方式。线下活动要结合产品适合的场景进行策划，由于线下推广受地域限制，以及需要付出较高的成本，因此很多企业通过区域合伙人、分销代理、品牌联合推广的方式组织线下推广。

(1) 线下广告，如地铁(站)、公交(站)、电梯、传单、商圈、小区等。

(2) 线下会议，如论坛、沙龙、展会等。

(3) 地摊经济，通过线下摆摊、线上直播的形式进行。

(4) 线下活动，如胎教音乐会、国际马拉松赛等。

2. 异业合作互推

异业合作互推是指通过与非竞品合作，互相借力、互相引流，这是一种常见的双赢合作形式。选择这种拉新方式，需要从客户的兴趣点出发，找到业务链的上下游企业。例如，母婴类电商与月子中心的合作、早教机构与母婴电商平台的合作、儿童服务品牌与早教机构的合作等，都可以达到互相借力的效果。

3. 线上推广

(1) 站外引流，如短视频、直播平台的引流。目前，借助短视频和直播的风口，大量企业在抖音、快手、淘宝等平台进行精准客户引流，通过销售线索挖掘，迅速获取大量精准客群，在合规的情况下进行回访、转化，成为低成本获客的重要手段。

(2) 绑定下载或资源互换：如入住酒店使用无线网络时需要注册登记，京东PLUS权益中联合推广爱奇艺会员、喜马拉雅会员等。

(3) 会员老带新，这种方式的核心逻辑为老用户对平台的认可，以及用户的社交熟人关系链，老用户完成订单后通过红包激励，主动分享链接给好友，让自己和朋友都可以领到红包，即通过用户主动拉新，实现多赢的效果。

4. 全链路整合营销

全链路整合营销是指借助"公域导流+私域运营"实现公众号加粉、留资派样、加导购三大目标，从而实现低成本获客。

飞鹤在腾讯广告的助力下，通过朋友圈广告、公众号广告等公域流量，以由浅入深的多条链路精准锁定目标人群，如图9-10所示。通过抽奖活动、育儿交流、线上直播等一系列私域流量运营手段，快速为私域流量池高效加粉蓄水，使得飞鹤产品转化率得以提升。

图 9-10 飞鹤多链路获客整合营销方案

(二) 拉新前的准备

良好的用户体验是转化的基础，企业可在拉新前做好如下几项准备工作。

(1) 渠道搭建，包括合作伙伴、线上线下渠道。

(2) 具有诱惑力的引流产品，如赠品、活动奖品、特价产品、拼团产品等。引流产品需要实用且具有吸引力，符合精准客群的持续需求。

(3) 具有传播力的话题或促销活动，如砍价、拼团等促销活动。

(三) 拉新核心关键点

1. 明确的活动目标

活动的方式多种多样，但拉新是活动唯一的目标，在活动中，应明确这一核心目的，以免失去重点。

2. 以用户内心需求为核心

用户的内心需求决定了活动能否吸引用户。因此，对用户的心理需求要多做调查、认真揣摩，不符合用户需求的活动，再精彩也没有用。

3. 设定合理的参与门槛

活动参与门槛要合理，过于简单，会使用户感受不到有预感，过于复杂的条件会让用户难以理解，甚至放弃。

二、会员留存

(一) 会员流程概述

1. 会员留存的意义

会员留存实际上反映的是一种转化率，即由初期的不稳定的客户转化为活跃客户、稳定客户、忠诚客户的过程。随着会员留存率统计过程的不断延展，就能看到不同时期的用户的变化情况。会员留存的意义是从宏观上把握用户的生命周期长度及企业可以改善的余地。

2. 会员留存策略

(1) 战略支持。基于会员调研、会员洞察及对会员数据的挖掘分析，运营人员可以提供产品、价格、营销、时段、渠道、服务差异化经营解决方案，并支撑公司制定产品/营销/渠道/服务的相关战略。

(2) 会员运营。会员运营主要是指搭建会员统一运营体系，下达会员经营指标，管理会员活动预算，优化会员管理流程，持续改进会员的体验。

(3) 会员分级与政策制定。运营人员应结合会员消费频次、消费金额进行会员分类，在运费、税、退货服务等政策上给予不同对待；应针对不同级别的会员设计不同的营销活动，如会员获得每月免运费的机会、抽奖的机会、获取赠品的机会等，从而拉动复购。

(4) 赋能商家进行会员经营。在商家管理系统内为商家提供客户运营方案，有针对性地对其经营的品牌或产品进行复购拉动，如发放优惠券、包邮包税、满减等促销活动。

(5) 会员积分线上线下打通。会员购物所获得的积分等可以兑换优惠券或线下体验、线下活动类门票，可以通过联盟的形式与其他线下或线上业态互相兑换积分，增加积分对用户的价值，拉动复购。

(6) 常态会员关怀活动。通过会员日、会员闲置物品交换日、幸运免单日等常态会员日活动，拉动客户进行复购。

(二) 用户运营拉动会员留存

1. 细化服务型营销接触点

借助客户接触点、节假日、客户体验关键点进行主动服务，可以达到客户关怀与服务营销价值挖掘的双赢效果。服务型营销接触点，如图 9-11 所示。

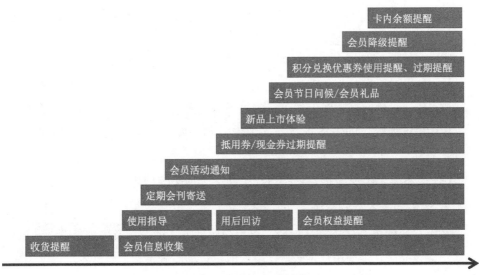

图 9-11 服务型营销接触点

2. 细化客户全生命周期促销型营销接触点

在客户生命周期的不同阶段，通过促销活动策划，对客户进行价值挖掘、激活、唤醒、挽留，以更好地提升客户保有率和贡献值。促销型营销接触点，如图 9-12 所示。

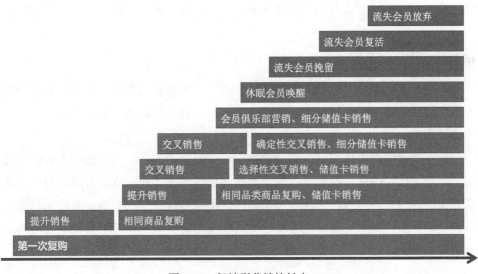

图 9-12 促销型营销接触点

3. 通过社群带动高黏性的客户关系

企业通过社群运营可以连接线上线下各个场景，对会员进行全生命周期的经营，其具体包括以下内容：

(1) 通过社群沟通，不断了解用户偏好，驱动品牌活动与产品创新。

(2) 基于对用户行为的理解，优化产品铺货，以及线下营销投入与创新。

(3) 基于对目标客群线上线下行为的理解，全接触点引流，快速连接客户。

(4) 参与到用户的生活场景与兴趣中，利用知识与情感互动，建立信任与黏性。

(5) 全渠道全生命周期会员经营，不断发现需求与商机。

4. 通过深度会员制分销

按用户运营体系建立产品运营，以用户驱动方式做产品及内容运营，通过内容输出建设品牌，实现用户增长，以用户消费带动品牌传播。通过客户管理系统，分析终端消费者的数据，并对数据持续优化，更新用户体验。

5. 增值服务

增值服务是各行各业提升客户忠诚度、拉动客户复购的主要方式之一。例如，联想推出的上门服务、苏宁旗下的增值服务品牌苏宁帮客等。

增值服务以技术为驱动，以客户为中心，通过商业模式创新，构建顾客与顾客、员工与顾客、商品与客户的强关系，构建产品、服务、社交、行业生态圈。

三、全员营销机制

每个员工都是私域流量的入口，每个员工也都可以成为意见领袖，如果把每个员工的流量都充分利用起来进行全员营销，那就是低成本构建企业私域流量池的最好方式。

从全员营销的角度来看，公司的员工可以分为两类：一类是业务人员，如销售、运营、推广等岗位的人员；另一类是非销售人员，如行政、人力、财务、研发等岗位的人员。所以，实现全员营销的过程可以分两步：一是提升存量价值，将现有销售员打造成为超级销售员；二是创造增量价值，将其他员工逐渐培养成为超级销售员。

全员营销机制看似简单，却蕴含巨大的能力。试想如果平均每个员工有 1 000 个微信好友，那么一个 10 人的小微企业就可以影响 1 万个好友；一个 100 人的中型公司，可以影响 10 万个好友；一个 1 000 人的大型企业，可以影响 100 万个好友。

第六节　全媒体活动策划与运营

活动运营的核心是围绕一个或一系列活动的策划、资源确认、宣传推广、效果评估等做好全流程的项目推进、进度管理和执行落地。活动运营人员必须明确活动的目标，并持续跟踪活动过程的相关数据，做好活动效果的评估。

活动的策划和运营是全媒体运营师必须掌握和熟练运用的一种手段。

一、全媒体活动策划

(一) 锁定目标客群

1. 活动策划准备工作

(1) 拉新，即获取新"粉丝"，并引导注册和购买，扩大品牌影响力。

(2) 促进转化，对于浏览、注册未产生购买的客户，应通过一些手段做客户转化，拉动其完成首次购买。

(3) 提升会员活跃度，即通过设计促销活动方案，拉动客户形成购买习惯。

(4) 唤醒休眠会员或挽回流失会员，即对于超过一定期限未购物的客户，要采取积极的营销活动，争取唤醒或挽回。

(5) 推广新产品或某类产品。

(6) 大型促销活动、购物节策划。在活动策划期确定预期效果，并明确目标值，包括获客数、获客成本、销售额、单量预期、投产预期等；结合预期，匹配相应的服务资源，做好服务承接和转化。

2. 分析人群特点及需求

运营人员应结合人群特点，分析潜在需求，然后策划相关活动。例如，针对 0～3 岁宝妈推广益生菌或宝宝早教产品时，可以通过发送优惠券或领取体验装的方式拉动需求。

(二) 设计活动方案

1. 活动主题及方案策划

运营人员需要在主题、规则、文案、页面设计、立体化宣传海报等方面进行全方位的呈现。策划原则为：文案简短有趣，活动有吸引力，视觉冲突力强，有对话感。

2. 确定活动预算

运营人员需要从产品、物料、活动预算、投放渠道等方面预估成本。

3. 确定活动的最佳时机

整个活动周期包括预热期、活动期、返场期，运营人员应把确认时间细化到月、日、时段。在活动的不同时间周期，市场投入、业务量预测、运营方式、人力匹配需要全面协同。某电商平台活动预算及节奏，如图 9-13 所示。

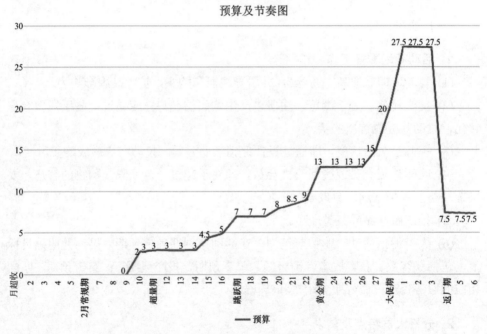

图 9-13　某电商平台活动预算及节奏

4. 活动传播途径

运营人员通过社群、朋友圈等私域流量池，并联合传统广告媒体等，规划活动传播的途径。

5. 活动效果追踪、优化

做活动效果追踪与评估时，需要全面实施数字化管理，实时掌握不同投放渠道、不同引流产品带来的新客数量、转化率、老客户复购情况、整体销售、毛利等动态数据。运营人员应结合预期差异，对投放渠道、内容、产品、力度进行微调，以达到预期效果。

6. 活动复盘

通过活动复盘，在活动方案、推广渠道、活动文案、活动选品、协作流程、服务匹配、服务执行等各个环节找到提升空间。

二、全媒体活动运营

(一) 活动上线内部协同

促销活动能否达到预期的效果，一方面在于策划，另一方面在于是否执行到位，要达成预期效果，需要在内部做好协同工作。促销活动执行流程，如图 9-14 所示。

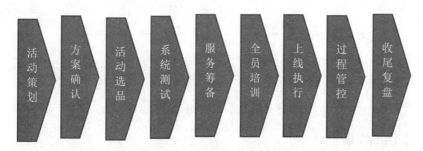

图 9-14　促销活动执行流程

(1) 活动策划：需要明确策划案中相关的活动细节。

(2) 方案确认：协同产品研发、采购运营、售后服务等环节，确认方案的可行性。

(3) 活动选品：严格执行选品规则，确保资质齐全、质量达标、功能介绍与实际相符。

(4) 系统测试：涉及功能开发、活动维护、上线前测试等，目的是确保业务顺利执行。

(5) 服务筹备：涉及与业务预测相匹配的仓储、物流、人力及物料准备。

(6) 全员培训：给相关人员和经销商做培训，培训内容可作为素材传播。

(7) 上线执行：结合促销节奏，上线执行。

(8) 过程管控：跟踪执行效果，对活动执行进行纠偏，进行方案优化。

(9) 收尾复盘：每一次活动的结束是下一次活动的开始。

(二) 活动推广协同

活动的推广需要各渠道配合，如微博、微信、社群、直播平台等，应在内容和节奏上协同，以达到更好的效果。下面以某产品在各渠道的推广排期为例，介绍活动推广协同的具体形式，如图 9-15 所示。

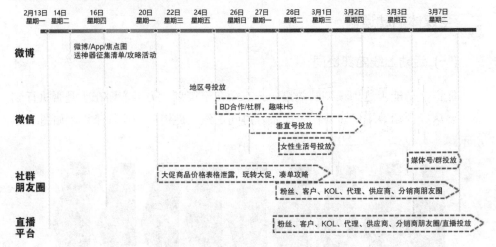

图 9-15 某产品在各渠道的推广排期

(三) 活动文案设计

1. 页面呈现

无论是 App、电商平台、公众号文章，还是微信朋友圈海报，均是呈现活动方案内容的渠道。图 9-16 为某平台在环球美食节和新年焕新季期间的 App 活动文案设计。

2. 私域推广素材

在基础内容框架下，全媒体运营师可结合自身产品和服务定位及客群特点进行创新。

(1) 朋友圈推广方式。朋友圈推广的方式有两种：①文案与链接相结合，如图 9-17(a)所示；②单品介绍与九宫格相结合，如图 9-17(b)所示。

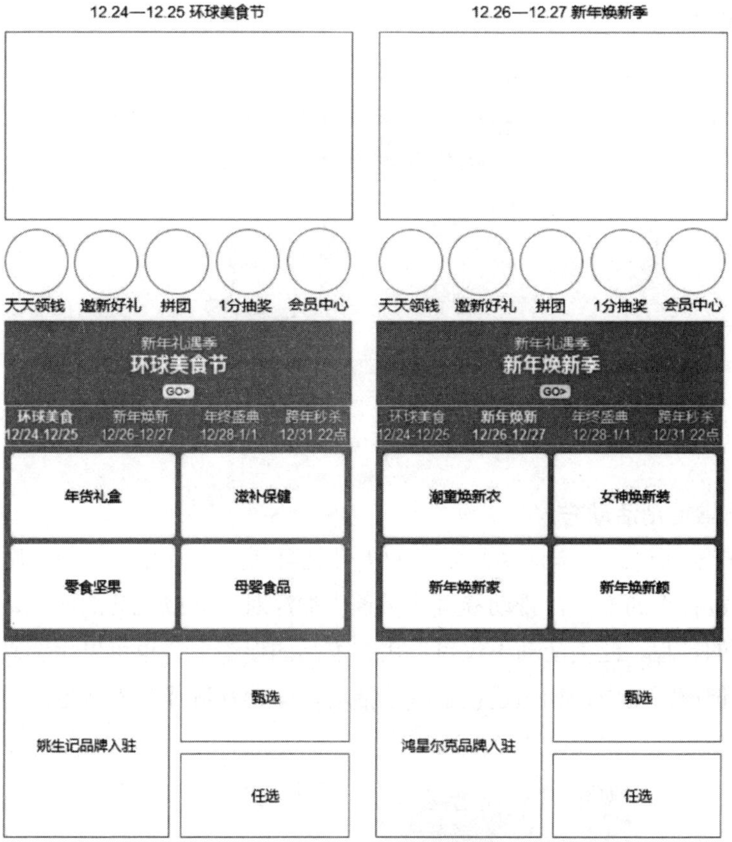

12.24—12.25 环球美食节

12.26—12.27 新年焕新季

○ 天天领钱 ○ 邀新好礼 ○ 拼团 ○ 1分抽奖 ○ 会员中心

○ 天天领钱 ○ 邀新好礼 ○ 拼团 ○ 1分抽奖 ○ 会员中心

新年礼遇季
环球美食节
GO>

| 环球美食 12.24-12.25 | 新年焕新 12/26-12/27 | 年终盛典 12/28-1/1 | 跨年秒杀 12/31 22点 |

| 年货礼盒 | 滋补保健 |
| 零食坚果 | 母婴食品 |

| 姚生记品牌入驻 | 甄选 |
| | 任选 |

新年礼遇季
新年焕新季
GO>

| 环球美食 12.24-12.25 | 新年焕新 12/26-12/27 | 年终盛典 12/28-1/1 | 跨年秒杀 12/31 22点 |

| 潮蜜焕新衣 | 女神焕新装 |
| 新年焕新家 | 新年焕新颜 |

| 鸿星尔克品牌入驻 | 甄选 |
| | 任选 |

图 9-16 App 活动文案设计

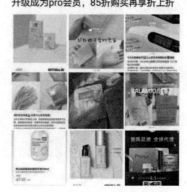

会员日山茶花面膜买3送1
最佳购买攻略: 👣👣👣
先扫789图购买任意一件自有品牌王品礼包
升级成为pro会员, 85折购买再享折上折

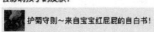

宝宝的红屁股难道只是纸尿裤用得不对? 看看这个红PP的自白, 原来还有这么多原因都会影响孩子的皮肤!

护菊守则~来自宝宝红屁屁的自白书!

(a)

(b)

图 9-17 朋友圈推广方式

(2) 社群/私信推广。社群/私信的推广方式有两种：①文案与链接相结合；②文案与单品图(带二维码)相结合，如图9-18所示。

图9-18　文案加单品图推广方式

3. 日常促销活动方案

(1) 打卡活动。打卡活动是常见的提升社群活跃度及品牌或商品曝光率的活动。通过群打卡的方式，带动社群成员逐步加深对产品或活动的印象，实现从种草到拔草的过程。此类活动不仅可以用在产品的促销上，也可以用在功能型App的推广或健康活动中，如通过社群打卡活动，带动社群成员养成运动习惯等，如图9-19所示。

图9-19　某社群打卡活动

(2) 晒单/评价活动，如图9-20所示的儿童保健品晒单活动。

(3) 分享/签到送红包或优惠券，如图9-21所示的社交分享海报。

图 9-20　儿童保健品晒单活动

图 9-21　社交分享海报

4. 社交裂变类活动

此类活动的目的是通过朋友间的分享，获得更低价格或免单机会，比如拼团、团长免单、砍价活动等。

社交化的核心思想是利他和共赢。因此，在活动方案设计上，只有符合这个核心思想，才能起到传播裂变的效果。

5. 常见促销形式

打折、买立减、买赠、满折、满减、满赠等是最常见的促销形式。此外，以下几种促销形式在实际生活中也比较常见。

(1) 阶梯满减，即设置一个梯度满减规则，例如满 100 减 20、满 200 减 50、满 300 减 80 等，这样能更好地提升客单价。

(2) 阶梯满赠，即设置一个梯度满赠的规则，例如满 100 赠××、满 200 赠××、满 300 赠××。

(3) 阶梯满折，即设置一个梯度折扣，例如满 100 打 9 折，满 200 打 8 折，满 300 打 7 折。

(4) ××元 N 件，即由卖家设定金额后，可在此金额内选购指定件数，例如任买三件 99 元。

(5) 买 M 件免 N 件，即购买指定件数，可减免其中 N 件商品的价款，例如买三免一。

(6) 第 M 件×折，即重复购买一个商品，购买指定件数后可享受折扣，例如买两件 5 折。

(7) 第 M 件××元，即重复购买一个商品，购买指定件数后可享优惠金额，例如第二件 9.9 元。

全媒体运营师作为活动的执行与传播者，只有对活动策划、客群、执行节奏、活动应用场景等有更加充分的理解，才能够做好传播，并达到预期效果。

第十章

全媒体服务营销管理体系

第一节　前台、中台、后台的服务支撑与管理

　　无论是传统企业还是互联网企业，或者是一家餐厅、一个店面，在内部分工中都会涉及前台、中台、后台。对于直播平台或者"网红"主播而言，主播背后也有大众看不到但起着关键作用的中台和后台。所谓"外行看热闹，内行看门道"，我们先了解一下相关的概念。

一、前台、中台、后台的概念

（一）前台

　　这里所说的"前台"和"前端"并不是一回事。前台是企业与最终用户的交点，既包括各种和用户直接交互的界面，比如 Web 页面，手机 App，也包括服务端各种实时响应用户请求的业务逻辑，比如商品查询、订单系统等。每个前台系统就是一个与用户的接触点。

（二）中台

　　中台是为前台而生的平台，可以更好地服务前台的规模化创新，使企业真正做到自身能力与用户需求持续对接。

(三) 后台

后台并不直接面向用户，而是面向企业内部运营人员和后台管理人员的配置管理系统，比如商品管理、物流管理、结算管理。后台是企业的基础建设，是让业务正常流转、保持稳定的核心系统。

二、前台、中台、后台在全媒体运营中的相互协同

(一) 前台、中台、后台的关键要素与分工

对于直播平台而言，你看到的是主播在屏幕上的精彩呈现，这只是前台；直播平台的数字化和线上产业的视觉化，以及平台治理的规则与活动策划方案是中台，其决定着企业能否持续经营与转化；涉及商品、市场、社群等相互渗透的则是后台。

前台、中台、后台相互呼应，在平台承接的关键特性、应用场景、侧重点及运营要求等方面的对比如表 10-1 所示。

表 10-1　前台、中台、后台的关键要素对比

内容	前台	中台	后台
关键特性	用户、交互、设计、场景、体验、转化、价值挖掘	共享、开放、精准、高效、整合、敏锐	业务、逻辑、跨越、结构、控制、数据
应用场景	App 端展示页面 直播间主播互动 客服热线 在线沟通	会员体系、数据看板、优惠券、红包、活动策划、MCN 机构知识库、运营数据、排班	接口、数据源、数据引擎、核心系统
侧重点	• 交互效果 • 用户体验 • 方便易用 • 起到门店的作用 • 根据用户和市场挖掘需求	• 业务能力支撑，系统连接，打通脉络 • 共享信息与微服务 • 场景应用与协同 • 标准组件规范	• 系统的底层逻辑 • 功能的完善性、便捷性、持续有效性 • 串联业务前台、中台、后台所有流程 • 根据业务和发展规划需求 • 保障业务运转

(续表)

内容	前台	中台	后台
运营要求	● 较强的沟通与展示能力 ● 用户需求和用户行为分析能力 ● 对市场的敏锐度 ● 用户体验和转化能力 ● 竞品分析与决策判断	● 了解前台、后台、外部体验流程 ● 专业化、系统化、模块化、产品化、模板化	● 风险预判与管控 ● 稳定的业务支撑能力

在什么情形下，会使中台的效率更高？我们可以通过两个层面来看：第一，客户群体是 C 端(一般是多角色群体，通常有 3 个维度，即决策者、管理者和执行者)，还是 B 端(群体相对单一，一般为单一维度)；第二，需求变化的频率是快还是慢，需求变化的频率直接映射出业务运转和管理的成熟度。

需求变化频率和响应速度快时，中台可整合进前台部门，以减少沟通成本，实现快速响应；当需求变化频率和响应速度低时，中台可整合进后台部门，不断进行优化提升；二者之间的理想区间一旦出现，中台就会应运而生。

相对理想的组织是这样的：前台与客户对接，中台进行高效的赋能支持，后台则重点打造基础能力和做好相关的管理保障。

随着产业互联网的发展，ABC(A 指 AI，即人工智能；B 指 big data，即大数据；C 指 cloud computing，即云计算)等通用技术正在向传统行业渗透，互联网科技公司的中台组织形态也必将融入各个领域，或者形成新的思维方式。

(二) 前台、中台、后台在全媒体运营中的相互协同

1. 紧密沟通

当系统出现新增项目的时候，对于传统的前台和后台，由于各个小型组织相对独立，它们会进行大量重复的工作，让项目本身越来越臃肿，开发效率显著降低。为了提高开发效率，我们需要整合出一个中间组织，为所有的项目提供一些公共资源。这个中间组织，就是人们所说的"中台"。业务中台能为组织中成百上千的小型组织提供专业的服务，但是必须考虑到，不同的业务规模给组织带来的收益价值有很大的差异，因此，要能够识别哪些业务优先级更高。

2. 岗位轮换

考虑到前台、中台人员所处岗位的不同，其可能会在某些业务落地细节上出现分歧，如果双方都比较强势，就会将一些本应通过内部协调解决的问题暴露在更高层面，从而影响业务中台与前台的协同效率。可以在一段时间内采用岗位轮换的方式与对口业务的负责人进行岗位对调，让双方在实际工作中更真切地感知处于不同岗位时对业务的理解和出发点。

3. 共建模式

成立新的服务中心，通过业务共建的模式，既能在最短的时间内实现业务功能，又能很好地满足前端业务方的要求。

三、中台在全媒体运营中的作用

中台是组织中的"腰部"力量。腰部力量决定着人的行动力，要想走得远、走得稳，腰部力量必须强。所以，我们经常听到"小前端+大中台"的管理思想。这种运营模式可以促进组织结构的变化，进而促进管理的扁平化。大到企业组织，小到客服中心或运营管理部门，中台都起着决定性的作用。

大部分组织搭建中台系统都是以驱动业务创新为最终目标的，先发力业务场景，再搭建服务中台，最终实现数据驱动、滋养业务发展，构建以顾客服务为中心的敏捷组织。

中台建设不只是一个单纯的技术问题，更深层的则是企业组织关系的变革、战略价值的选择、企业文化的建设，最终则是一个平台治理的战场。

无论是直播带货的罗×浩、董×珠、李×琦，还是天猫、京东、拼多多这类电商平台，真正拉开差距的，不一定只是前台光鲜亮丽又极富表现力的主播或其他呈现形式，而是智能、敏锐的中台系统。

很多大型互联网平台开始拆分中台，或者打造"双中台"，比如以下两个平台。

- 腾讯敏捷的前台背后是一个强大的中台系统，这也是其打造赋能型组织的重要环节。技术中台在企业内部提供共享技术、数据、产品和标准，同时针对长期投资的基础技术，帮助企业做进一步的研究创新工作，以及探索业务场景。
- 阿里巴巴集团的小前端和大中台是将技术和业务能力整合而沉淀出的一套综合能力平台，是企业的基础建设，可对前台业务变化及创新做出迅速的响应。

图 10-1 为腾讯和阿里巴巴集团的双中台架构。

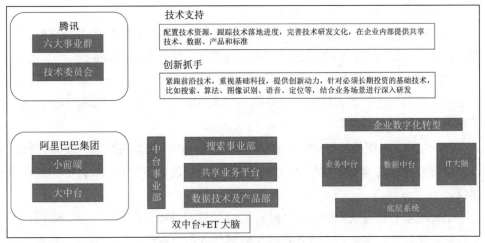

图 10-1 腾讯和阿里巴巴集团的双中台架构

1. 业务中台

业务中台可实现知识、业务规则、管理规范、赋能体系、产品、组织的融合，快速响应创新和市场变化，从而滋养业务发展，并通过智能化的管控平台提高业务运营效率与人效(即人的效率)。企业可以从业务顶层规划、业务建模开始，梳理出各业务领域的边界、服务能力，进而指导系统的服务化建设，比较好的实践有企业 EAI[①]、微服务等。

2. 知识中台

应凝练知识，赋能业务，助力企业智能化升级，实现业务规则线上化，比如供应链的引入规则。

3. 数据中台

数据中台是指通过数据技术，对海量数据进行采集、计算、存储、加工处理，同时统一标准和口径，形成大数据资产层，进而为客户提供高效服务的系统，是数据、技术、产品、组织的融合。搭建数据中台，可以打破 IT 系统数据孤岛，构建数据平台；提升业务效益，提高周转率；构建稳定安全的平台化系统，降低运维成本。

(1) 数据。数据是企业数字化转型的基础，是企业或企业上下游合作伙伴的

---

① EAI(enterprise application integration)，企业应用集成，是将基于各种不同平台、用不同方案建立的异构应用集成的一种方法和技术。

侦察兵，是未来的生产资料。有价值、高质量的有效数据，是预判和预测的基础。因此，数据必须实时、精准、全面。

(2) 技术。技术是让数据可视化、业务决策智能化的基础，向下处理数据，向上形成产品能力。我们必须保持技术的先进性，做到与时俱进。

(3) 产品。产品是经过抽象和设计变成通用化、标准化、可扩展的服务，是业务经验的再一次梳理和沉淀，是业务和技术的枢纽，驱动客户体验和运营效率不断得到提升。

(4) 组织。组织相当于人体的血管，数据是血液，想要血液顺畅流淌，组织必须跟着做相应的调整，包括结构调整，以及增加数据科学家、数据产品经理等岗位。

中台的本质是对通用能力的"封装"，并以接口或组件的形式共享。以用户为中心的持续改善，将后台各式各样的资源转化为前台易于使用的能力，好的中台能够帮助前台打赢这场以用户为中心的战争。

第二节　构建服务营销一体化与服务公关一体化的新型服务体验

服务客户时，要用客户视角、客户的习惯衡量服务体验的合理性；服务不局限于客服，而应关注与客户交互的每个触点；客户服务融入服务各个环节的时候，服务就从一种能力转化成为企业的 DNA，融入与客户交互的每个接触点。

服务运营的本质，让客户获得愉悦的体验和需要的信息及服务，让企业被信任、获得收益，以及达成经营目标。

一、全媒体客户中心管理金字塔

好的服务体验绝非一日之功，其是企业服务文化与服务基因的体现，是企业配合机制与管理成熟度的体现。打造好的服务体验，上到企业决策层，下到企业的前台，都应该渗透着一种换位思考的习惯，以及亲和友善的态度。

习惯的培养是靠体系和制度逐步让不同背景、不同岗位的人，在日常工作中形成默契的配合机制，形成以顾客为中心的服务金字塔。

无论是全媒体客户中心的初建阶段，还是升级阶段，都是很好的构建或重建管理金字塔的时机。全媒体客户中心管理金字塔如图 10-2 所示。

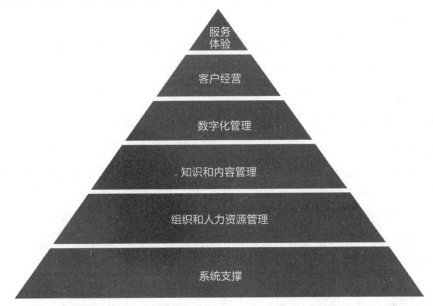

图 10-2　全媒体客户中心管理金字塔

(一) 系统支撑

呼叫中心已在国内发展 20 余年，已在国外发展近 60 年，基础设备日趋成熟，成本也有下降趋势，但各家在技术层面的应用决定着系统能发挥多大的作用。可以说，真正拉开体验差距的不是技术，而是意识与配合机制。很多企业将大量的人力财力投入在系统的招标及采购上，但系统上线后效果未达预期。大家各有说辞，有人认为采购设备的功能与期望有差距，还有人认为基础功能上的应用开发落后于业务需求，业务部门抱怨技术部门对需求了解不够清晰，甚至南辕北辙，而技术部门又抱怨业务部门的需求总在变化，业务逻辑不清晰。当然也有很多公司，技术部门和业务部门亲如一家。业务有需求后，经沟通讨论，技术部门会明确地了解需求，并将需求有节奏地分阶段实现，使系统功能不断完善。良好的配合和服务基因的植入，是服务体验和服务效率提升的关键。

比如携程旅行网业务上线前的务虚讨论，业务关联部门、技术部门均从体验出发，共同梳理内部业务的逻辑，思路清晰后，方可投入开发。在过程中，业务、技术的虚拟小组日日讨论，周周沟通。在最终上线后，系统与需求的差距往往不大，有时还会有惊喜。

要做好系统支撑，需要满足以下要素，包括硬件、软件、快速迭代意识、内部配合机制等。只有这样，才能打造良好的服务体验，解放生产力。

1. 硬件

目前，PBX①、数据库服务器、话务盒/耳机、座席电脑等已基本成熟，各家差异不大，按使用周期进行更新迭代即可。

2. 软件

软件是企业运营的核心，是打造服务体验的核心，更是企业的核心竞争力。在硬件相同的情况下，可以通过不同的软件开发方式带来千差万别的结果。就像中国的美食，虽然原材料一样，却可以运用不同的烹饪方式做出不同风味的美食。

(1) 客户关系管理系统。客户关系管理是一种以"客户关系一对一理论"为基础，旨在改善企业与客户之间关系的新型管理机制。其通过信息科学技术，实现市场营销、销售、服务等活动自动化，使企业能更高效地为客户提供满意、周到的服务，以提高客户满意度、忠诚度。客户关系管理既是一种管理理念，又是一种软件技术，而更多的是通过管理理念驱动技术实践。

随着社交化媒体的发展，即社会化客户关系管理系统成为推动企业数字化转型、挖掘客户价值的管理系统。其核心在于更加以消费者为中心，并充分发挥每个消费者的社交价值。

(2) 业务处理系统。业务处理系统又称业务员信息系统，这是一种在业务处理过程中提供有针对性支持的信息系统，能够为某项工作的完成提供有力的工具支撑，例如订购、退换货、退款、工单管理系统等支撑业务运转的系统。

(3) 运营管理系统。随着公司不断发展壮大、业务量不断增加，业务种类越来越多，企业无法通过手工操作来完成日常运营管理工作。此时，企业可以通过构建运营管理系统与其他系统共享数据，达到高效运营管理的目的，从而提高工作效率。目前，运营管理系统通常包括排班、质检管理、人力资源管理等。

(4) 数据分析系统。从数据采集到数据分析、数据挖掘，数据分析系统在互联网时代下已经演变成企业情报系统。其不仅承载着呼叫中心内部的运营数据，还涉及客户购买信息、网站流量、转化效率、业务规律、人员效率等方面的综合数据分析系统。

(5) 舆情监控系统。舆情监控系统又被称作互联网舆情监控系统，是指通过相关的专业舆情软件按照一定的规则和方法从互联网上繁杂的信息中抓取舆情信

---

① PBX(private branch exchang)，用户级交换机，即公司内部使用的电话业务网络，系统内部分机用户分享一定数量的外线。

息，并通过分析过滤等方式进行加工处理，最终呈现出与需求相匹配的舆情信息。

（6）智能客服系统。智能客服系统是在大规模知识处理基础上发展起来的一项面向行业应用的客服系统，适用于大规模知识处理、自然语言理解、知识管理、自动问答系统、推理等技术行业。智能客服不仅为企业提供了细颗粒度知识管理技术，为企业与海量用户之间的沟通建立了一种基于自然语言的快捷有效的技术手段，还能够为企业提供精细化管理所需的统计分析信息。

3. 快速迭代意识

新业务、新思路、新需求、阶段性促销活动等都要求系统可以不断更新、快速迭代。系统开发周期越长，功能风险越大，很可能上线后已经错过最佳时期，甚至市场化导致需求已变。因此，无论是业务还是技术，都应该做到敏锐开发、快速迭代。

4. 内部配合机制

常规来讲，业务需求往往推动系统完善，以下几点是驱动系统进步的源头，比如：

- 基于新业务上线；
- 基于服务体验提升；
- 基于销售及服务能力提升；
- 基于系统安全及运营效率提升。

通常情况下，企业内部系统开发至少包含明确业务方向、明确需求、需求讨论、需求开发、需求测试、用户测试、系统上线等环节，而每个环节都需要充分讨论，达成共识。因此，很多企业会在较大功能开发前成立虚拟项目组，不断磨合思路，确保思路同步、信息畅通、过程动态调整(若涉及系统招商或外部开发，则需要更多的配合环节)。

无论是业务还是技术，都需要站在用户角度思考和体验，对外提升用户体验，对内解放生产力。只有经过充分沟通、博弈、体验，才能不断完善内部配合机制。很多优秀的系统开发团队往往会"坐"在客服中心，听听客户的想法，看看用户的操作，研究运营数据，主动寻找突破点，当技术团队融入服务的 DNA 时，才能优化用户体验。

(二) 组织和人力资源管理

客服中心转向价值中心，实现服务营销一体化、服务运营一体化、服务公关一体化，而一线客服进化成为全媒体运营师时，我们所需要的组织、人才能力、人才培养体系，甚至我们所需要的基因都会发生巨大的变化，与人的管理相关的管理机制也需要进行匹配。

从效率角度、配合角度来看，简单高效协同的组织，以及清楚的部门职责和岗位职责都是至关重要的，组织扁平化是提升组织协同能力、减少内耗的途径。随着社会化的力量补充，员工需要运营而非管理。

1. 岗位配置与人才培养

岗位职责和岗位的工作特点决定着岗位胜任能力，进而决定着岗位的招聘标准。人才培养与开发应基于各岗位胜任能力的岗前培训、岗中培训、晋升培训体系。目前，服务营销形态产生了变化，服务场景产生了变化，营销阵地产生了变化，客户关系产生了变化，以及客服人员向全媒体运营师进化的能力要求及与之匹配的培训产生了巨大的变化，除了以往的能力以外，还需要补充以下能力：

- 客户的需求分析与精准营销能力；
- 内容和课程的整合能力；
- 社群及朋友圈的运营能力；
- 会员价值的评估与管理能力。

2. 薪酬与激励

薪酬是指劳动者依靠劳动所获得的所有劳动报酬的总和。

激励，简言之就是调动人的工作积极性，把其潜在的能力充分地发挥出来。

薪酬与激励可以有效提高员工工作的积极性，在此基础上促进效率的提高，最终促进企业的发展。在企业盈利的同时，员工的能力也能得到很好的提升，实现自我价值。薪酬是基础，但对于作业类岗位，仍应按劳取酬，通过技能级别、计件提成方式体现多劳多得。激励是导向，目的是激发潜能，因此，激励应与阶段重点及倡导的方向相同，促进执行，激发潜能。

3. 绩效管理机制

所谓绩效管理，是指各级管理者和员工为了达到组织目标共同参与的绩效计划制订、绩效辅导沟通、绩效考核评价、绩效结果应用、绩效目标提升的持续循环过程，绩效管理的目的是持续提升个人、部门和组织的绩效。对于以顾客为中心追求良好服务体验的企业，在目标分解与绩效管理过程中，要有明确的目标，有言出必行的考核机制，以推动内部重视度。

4. 组织文化

良好的企业文化可以实现"无为而治"，组织文化可以培养根植于心的服务基因和服务意识，让换位思考成为组织文化的一部分；而文化的形成，是每个人在潜移默化中通过长期身体力行形成的。

(三) 知识和内容管理

全媒体社交化的特点是利用多种形式的内容聚客和提供服务。因此，传统的知识库不再局限于内部使用，还可以成为赋能客户的内容素材，即知识走向资本化，转化成为生产力，甚至创造更高的价值。要实现知识资本化，需要对过往的知识内容进行加工和转化，以图、文、视频、表情、文件等生动有趣的形式呈现内容。内容设计应更加有趣、有料、有益，以激发读者收藏和传播的意愿。

(四) 数字化管理

除了以往服务运营数据和经营分析数据以外，还需要对会员、产品、营销、供应商、经销商、业务团队、交互信息等进行数字化管理，实现精细化管理和运营。

(五) 客户经营

全媒体运营师通过社会化媒体，包括微信、社群、直播、电话、短信等渠道，进行获客及存量客户经营的一系列活动。

(六) 服务体验

基于单客经营的会员服务体系、基于主动交互的数字化智能化服务体系、基于物联网数据驱动的服务体系，以及基于传统服务渠道的客户旅程设计，构建新的服务体验管理体系。

二、新渠道的接入点与接触点

直播实际上是视频时代的一个组成部分，2017 年，我们平均在手机上花费 5个小时：图文时间占 30%，视频时间占 10%。2021 年第一季度到 2022 年第一季度，视频人均使用时长占比进一步提高，用户人均每日使用视频类 App 时长占比提升至 33.8%，稳居用户时长占比最高地位。截至 2022 年 3 月，人均视频使用时长达 56.4 小时。

从前，直播以内容和娱乐为主，对互动的需求相对较少。随着直播、短视频成为快速成交、变现的新的交易渠道，互动已成为"刚需"。

互联网不断创新，App、PC、公众号、直播、短视频等新渠道的客户交互入口随之增加，给服务营销领域带来了新的机会、新的挑战，需要新的管理方法和手段与之匹配。

新的交易渠道、互动渠道、客户重点操作及交易漏洞的关键环节是全媒体运营师关注的重点，也是营销关键点，技术开发软件需要与时俱进地接入这些节点(见表 10-2)，支持数据采集、统计、分析的功能。

表 10-2　业务接入渠道与触点

模块	功能	重点描述
接入节点	视频评论	新的交易渠道、互动渠道、客户重点操作及交易漏洞的关键环节是全媒体运营师关注的重点，也是营销关键点，技术开发软件需要与时俱进地接入这些节点和支持数据采集、统计、分析的功能
	直播购物车	
	企业号私信(抖音、快手等)	
	企业号商品(抖音、快手等)	
	App 或小程序中"我的"—"购物车"—"订单列表"	
短视频和直播平台的运营	多抖音号管理：企业号矩阵	短视频平台"大号"涉及视频发布，在该环节，咨询量暴增，此时的观看数据、评价数、转发数、推广方式决定着接入量、互动机会、转化效果；直播平台的数字化管理及互动的方式、话术是新渠道的重点
	发布视频：多平台、多账号	
	查看视频数据：观看、评价、转发	
	查看榜单：视频排名、抖音号排名	

三、服务营销的机会点

(一) 公域流量引流进入客户公海

公域流量引流进入客户公海，是对公域流量进行价值挖掘的重要环节。

(二) 客户标签管理

客户标签管理是系统化工程，在本书中有专门章节介绍。随着获客渠道的增加，需要为"粉丝"(或客户)来源设置标签，比如：客户来自公众号、视频号、抖音号等，当有多个账户时，也需要做出明确的划分，便于后续经营管理及效果评估；标签还需要记录账户创建时间、交互时间、交互记录、评论、评论关键字、私信关键字、观看时长、次数等信息，以精准地定义客户类型及需求类别。

(三) 流量分配与私域转化

全媒体运营师应结合客户类型，把合理的流量渠道分配给需要的客户群，推进精准化的服务营销，完成私域流量转化。

(四) 新渠道营销的机会点及 SOP[①]梳理

虽然每个接入渠道都对应不同的客户群，但是各客户群也会有所重叠。随着客户聚集地的变化，沟通习惯的变化，管理重点也随之变化。

渠道接入越多，流量入口越多，新的营销机会点也就越多，需要结合新渠道人群特点及互动价值进行知识库及各类 SOP 梳理(见表 10-3)。

表 10-3 接入渠道与价值梳理

业务重点	关键环节	功能价值
CRM	客户公海	客户基础数据，如是否关注、关注时长、消费记录等
	自动标签	根据客户信息创建时间、交互时间、交互记录、评论、评论关键字、私信关键字、观看时长、观看次数等信息定义客户类型及需求类别
	流量分配	结合客户类型，进行内部流量分配，推进服务营销，进行私域流量转化
	沟通记录	将沟通记录记入数据档案

① SOP(standard operating procedure)，即标准作业程序，指将某一事件的标准操作步骤和要求以统一的格式描述出来，用于指导和规范日常的工作。

(续表)

业务重点	关键环节	功能价值
营销	自动回复	自动回复评论
	智能聊天	接入在线聊天机器人,自动回复客户问题
	新客关注 SOP	对于新关注客户及未关注意向客户,设置为自动触发信息,以促进新客关注
	新客培育 SOP	对于不同阶段客户,应分不同内容、不同方式培育
	分层触达 SOP	发送视频时,自动根据视频属性选择相关的"粉丝"
	内部追踪 SOP	对私信互动、评论互动、客户标签等相关 SOP 执行情况进行跟踪

四、客户与平台互动的 5 个阶段

做服务运营时,可以从客户与平台互动的 5 个阶段入手,抓住和创造机会,实现客户、企业、员工、合作伙伴多赢。

(一) 前置服务埋点营销机会

前置服务是在企业的平台、网站操作界面、业务流程及提供的产品中融入服务的 DNA,在人机交互过程中,通过人性化的功能让客户有良好的服务体验,同时又潜移默化地创造销售机会。

(二) 自助服务

自助服务是客户通过人机交互的方式完成服务的过程。

对于全媒体客户中心,自助服务可以通过以下几个方面逐步提升。

(1) 语音自助:如 IVR[①]语音导航功能的应用。

(2) 短信或站内信:如流程节点短信或站内信的应用。

(3) 帮助中心:如问题分类、关键字搜索、关联问题,以及热门问题展示、答案展示。

(4) 智能服务系统:如智能机器人应答、智能质检等。

(5) 微信和公众号的自动应答。

(6) 社群公告及新人欢迎语设置。

全媒体运营师可借助关键节点的自助服务提示,影响消费者的心智,对未来

---

① IVR(interactive voice response),即互动式语音应答,您只须用电话即可进入服务中心,可以根据操作提示收听手机娱乐产品,也可以根据用户输入的内容播放有关的信息。

的消费带动起到四两拨千斤的作用。

(三) 互助服务

互助服务是由企业搭建与客户交流的平台，借助社区、社群、圈子，在顾客间进行互助性的问题解答。这类服务形式不仅可以降低企业内部的人力成本，更重要的是可以提升客户对平台的依赖程度，让用户与用户进行交流，使产品更有说服力。

传统的客服人员更多的是解答客户问题，而全媒体运营师则调动内外部力量，让客户更多地互动、互助、链接，通过有效的引导，让客户通过提升自己的能力解决问题或通过客户之间互助的形式解决问题。人们因为某个平台产生强链接，在某种意义上，也会强化用户与平台的链接，产生强关系。

(四) 帮助或辅助

全媒体客户中心更需要像"顾问"一样的客服人员，他们可以解答许多专业问题，工作难度更高，需要一定的业务深度和较高的专业度。尤其随着自助服务能力的提升，人工体现的是专业度和解决问题的能力。

(五) 私人定制与专家级辅导阶段

传统的客服与客户的关系是单向的，通过单渠道与客户沟通，为客户解决问题。因此，客服与客户之间一直处于弱关系，缺少情感维系与连接纽带。

全媒体运营师与客户的关系是全方位的，通过与客户进行沟通，和客户在某一领域或某一人生阶段共同成长，与客户成为"朋友"，产生链接，形成强关系。所以，全媒体运营师为客户提供的是私人定制的或者量身定制的、专家级的服务、辅导、赋能。这里要强调"赋能"，当我们把客户当成"合作伙伴"时，更需要以开放的心态赋能客户。

实现私人定制服务需要满足以下条件：

- 基于会员做精准定位与分析，即借助互联网、CRM 系统、大数据技术绘制会员的画像及进行多维分析；
- 借助自助服务实现解放人力；
- 将服务人员的专业水平提升到更高级别，实现由标准化到专业化、差异化的转变。

五、服务营销的用户运营工作

(一) 服务营销的特点

在服务营销逐步社交化的趋势之下，服务营销具有两个明显的特点。

1. 服务营销一体化

服务营销一体化是在服务的过程中植入品牌营销、商品介绍、促销介绍、分享拉动等动作，通过介绍、通知、信息推送、专属解决方案引导，在满足客户需求、解决客户问题的同时，达成产品销售转化、向上销售、交叉销售、拉动会员活跃度、激活流失会员的目的。最殷勤的服务是销售，当导入销售概念之后，做好服务成为一切的起点。

2. 服务公关一体化

服务营销社交化的优势在于传播速度快、裂变速度快，是企业营销推广的利器。但是，当出现负面舆情时，传播速度快会对品牌造成更大的破坏，其破坏性也远超于传统渠道。因此，服务公关一体化是在服务过程中植入品牌营销与口碑传播的内容特点与品牌意识，让服务成为打造品牌形象的核心竞争力，形成品牌影响力。

(二) 服务营销运营

1. 关键推进动作

线上线下接入渠道包括 PC、App、公众号、小程序、移动社交平台、直播平台、线下渠道、其他合作渠道等。在各个渠道中，可以梳理服务营销的机会点，在服务中植入关键话术，以下是几个渠道接触点。

(1) App/PC/小程序/H5。其包括访问、浏览、咨询、加购物车、购买、评论、转发分享、退货、换货等。

(2) 朋友圈、直播平台、社群。其包括点赞、私信、评论、在线互动、分享等。

在每一个触点，可结合以下场景进行推进：

- 通过互动进行相互了解；
- 通过注册或扫码，留下可跟进的线索；
- 转化会员或促成订单；
- 传递知识与政策；

- 带动分享;
- 拉动复购或体验其他产品;
- 懂得互动话术,会做客户心理洞察。

2. 构建用户增长体系

用户运营的本质是快速构建完善的用户增长体系,应借助会员激励、分级服务、分级体验设计、分级权益等拉动会员黏性,全媒体运营师是推进快速增长和会员裂变的推手。

3. 数据洞察

借助统一的数据模型,了解渠道、会员、内外部团队业绩及销售效果;结合产品自用、分享的数据来分析、调动、赋能内外部销售团队,以及外部合作渠道(见图 10-3)。

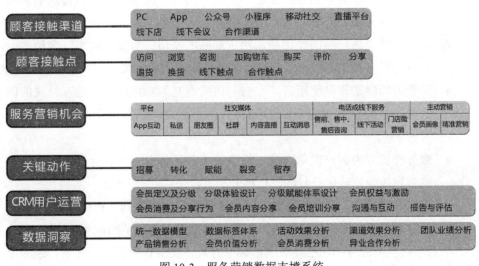

图 10-3　服务营销数据支撑系统

第三节　上游供应商服务运营与管理

客户关系管理(CRM)是用来改善与客户的关系的系统,供应商关系管理(supplier relationship management,SRM)与之类似,是用来改善与上游供应商的关系的系统,旨在改善企业与供应商之间的关系,实施于与企业采购业务相关的领域,目标是通过与供应商建立长期、紧密的业务关系,并通过对双方资源和竞争优势的整合来共同开拓市场，扩大市场需求和份额，降低产品前期的高额成本，实现双赢的企业管理模式。

一、关系重塑

上游供应商在传统的商业环境中，只提供货源，并不进行其他相关合作。甚至在面向终端客户时，上游供应商始终保持距离，不做接触。但在社交化的背景下、在企业追求轻服务降成本的前提下、在随时掌握商品及相关实时动态信息并动态确定方案的情况下，上游供应商与平台的关系已经产生了巨大的变化。

上游供应商与平台的关系不仅是单纯的供货关系，而是多种关系并存的合作伙伴关系，包括生产方、渠道方、消费方、服务提供方、推广联盟、服务联盟等关系。而定位哪一类关系，则取决于企业或平台本身的定位属性及战略规划。

- 生产方即产品的制造者，商品的品相、质量、成本、定价直接影响和决定着市场认知、消费认同、销售结果。
- 渠道方即提供产品的经销商，决定商品的品相、质量、成本、定价等，并直接影响和决定着市场认知、消费体验、销售结果。
- 消费方即终端产品使用者。平台与供应商互为客户，往往是互补式的供应合作，更能够促进资源协同与共生。因此，其在合作关系上也更加紧密。
- 服务提供方为客户提供仓储、物流、售前、售中、售后等服务，直接影响客户体验、转化、复购、传播分享等。
- 推广联盟：与平台互相协作，进行关联推广，即达到互相引流的作用。
- 服务联盟：与平台进行合作，削峰填谷，最大化地节约成本。

平台与供应商的合作，已经表现出你中有我、我中有你的竞合关系，因而原来对客户群体割裂经营、背靠背维系的形式，也需要转变为客户群体共同维系的形式。若要长期合作、共同经营客情关系，则需要建立双方认同、相互理解、目标一致、严格执行的规范。

二、商家准入标准与商品评选规则

精选合作伙伴需要体系化的规则、自动化的系统审核，以避免过多人为因素干预带来的过程和结果不可控。在社交化的环境下，消费者对商品质量、服务质量的要求已经成为底线要求，或者是最基本的要求，因此只有严把准入关，才能够保证基本的服务体验。

即使是利用个人视频号、抖音和快手等短视频"带货"，也需要把好产品的准入关，以打造口碑，建立更具吸引力的个人口碑。

一般来讲，无论是品牌电商还是平台电商，入驻平台需要以下几个环节。

(1) 入驻申请环节：结合经营品类了解平台入驻要求，结合各类法律法规提交入驻资质、预交平台入驻押金或保证金，了解平台规则(发货时效、售前、售后处理等规范)、提交自荐申请。

(2) 平台审核环节：因品类差异大，采用人工自动审核相结合的模式。审核通过后，进入商务沟通洽谈环节。

(3) 正式入驻提报环节：自荐申请通过后，开始入驻。此时，应提交入驻材料、资质，填写品牌信息，并进行审核。

(4) 上传合同环节：下载电子合同，确认合同内容，上传盖章合同，按要求缴纳保证金。

(5) 入驻完成后进入培训考核环节，包括：平台系统操作、与数字化管理相关的数据解读、服务技巧、销售技巧、各类法规、客诉案例等。对于承接各类服务的商品，需要对相关岗位人员进行培训、考核，通过后才可上岗。

(6) 正式运营环节：发布商品及活动，测试基础业务流程、客户体验流程，并不断迭代升级。

三、商家管理规则与监管

(一) 商家运营 SOP 体系

无论是传统电商、品牌电商，还是平台电商，无论是甲方，还是乙方，都需要建立或遵循相关的 SOP 进行基本的业务操作。无论是微信生态布局，还是抖音、快手等直播平台的运营，本质上都是企业在推广和引流方式上、客户互动方式上、促销形式上、用户运营上的创新，而电商基本的业务基础及基础运营的规范都是相对稳定的，可适度创新、定期迭代。

1. 商家管理规范

(1) 品牌创建规范。其涉及品牌名称、授权、经营范围、品类设置等相关信息的创建。

(2) 商品发布规范。平台以《中华人民共和国消费者权益保护法》(以下简称"消费者权益保护法")、《中华人民共和国广告法》(以下简称"广告法")等国家法律为依据制定相关规范，一般涉及各类商品涵盖的信息。

- 商品基础信息：涉及名称、材质、规格、颜色、有效期限、产地、口味、功能描述、适用人群、使用方法与禁忌等信息。

- 页面详情页规范：按用户购买逻辑、关注点和需求来布置页面顺序及内容，让用户能够方便地找到并且看到他所关注的内容。

- 功能功效描述：严格遵循广告法、消费者权益保护法等相关管理规范。此法律规章为执行的最低标准，涉及极限词、违禁词等应严格执行。

- 价格信息规范：涉及商品定价、渠道价格管控、商品变价规则等必须明确相关规范，随着消费者权益保护法的完善，因变价造成的消费者损失，应受到价格保护条款的保护，确保消费者买得放心。

- 售后服务信息：配送时效、配送范围要满足平台要求，同时与促销推广结合，避免推广后无法兑现服务；同时，明确商品退货、换货、保修期、维护网点等相关细则。

- 全面的信息：是构成消费决策的主要依据，也是影响页面转化效果的主因。但在外部信息纷杂、推广方式多变的环境下，很多平台、企业、个人"网红"往往只是在"表"上做文章，在"里"上却缺乏基础沉淀。这导致基础不牢，发展不稳，后劲不足、增长乏力。

(3) 活动发布规范。活动运营是获客和拉动销售的重要手段，其特点是频次高、变化大、创新方式多；也因为这些特点，经常导致规则描述不清、时间周期不清、参与范围不清等，从而遭到客户投诉。因此，活动发布规范中必须明确活动主题、活动起止时间、参与商品范围、参与形式、活动力度、产品属性等。对于商品有效期、商品质量、商品来源与非促销商品存在差异的，也需要明确提示客户。

(4) 仓储管理规范。不同品类在仓储条件上有不同的要求，需要对包装温度、湿度、效期管理等进行规范及抽查。

- 包裹包装规范：严格规范不同商品的包装，包括：外包装、分量、标志标识、尺寸、封口、防护措施、打包带、包装材料等。除此之外，还应从宣传角度、安全、卫生等方面进行规范管理。

- 退换货规则：不同品类的商品，其退货规则应有所不同，但总体遵循消费者权益保护法的规定。应明确退换货规则，如无理由退换货周期、有理由退换货场景、退货退款时效等。
- 客户服务规范：包括应答时效、应答规范、客诉处理时效、客诉处理原则、客诉处理规范、客户赔付规则等。
- 营销与用户运营规范：2020 年中华人民共和国工业和信息化部发布的《通信短信息和语音呼叫服务管理规定(征求意见稿)》明确指出，任何组织或个人未经用户同意或者请求，或者用户明确表示拒绝的，不得向其发送商业性短信息或拨打商业性电话；用户未明确同意的，视为拒绝；用户同意后又明确表示拒绝接收的，应当停止。

随着此规定推出，商家进行营销工作时更加需要结合业务场景进行设计和制定规范。一方面规范接触场景及相关话术或文案，另一方面对于明确拒绝接收的客户，还要实时标记标签，避免骚扰客户。

无论是个人品牌，还是平台，交易安全、信息安全、合法合规都是首要要求和业务底线，也是全媒体运营师在开展业务前必须具备的知识和意识。

2. 检验与执行监管

在全媒体、社交化、数字化、智能化的背景下，全方位的检验和监管可以同步进行，包括以下几点。

(1) 专人抽测。企业可通过质量小组或者业务外包形式定时定量地针对某些业务环节的执行进行检测。

(2) 全量质检、数据监测与自动预警。在运营环节，通过各类智能化系统进行全量检测，设定预警阈值，若发生超出可接受范围或出现违规词汇等情况，将直接触发商品下架、关店、员工下线、业务整顿等整改措施。

(3) 神秘访客。通过神秘访客抽测的形式对全程服务体验、商品质量、服务执行等各个环节的关键执行节点进行监测。其可以通过组建内部团队、外部机构、内部或外部客户等形式完成。

(4) 问题或客户投诉倒逼。通过对问题、客户投诉的深入分析，进一步分析商品、运营、服务执行中的问题，优化相关规范和规则中存在的不合理或漏洞，从而解决问题，并做好执行监督工作。

(5) 客户反馈。当消费者也是分享者的时候，当供应商同为分销商的时候，当一对一交流变成社群沟通互动的时候，客户反馈意见的态度更加积极，企业触角更加敏锐。此时，应更重视客户反馈。

(6) 一票否决。针对商品售假、虚假交易、欺诈消费者、恶意骚扰客户、信息安全问题等严重违规问题，应实行一票否决制。凡是客户不能够接受的涉及诚信、安全方面的问题，都应列为一票否决。在原则性问题上，客户是不会给品牌或平台第二次重塑客户体验的机会的。

3. 规则迭代

管理规则要遵循相对稳定、定期迭代、理解到位、执行一致的原则。一般来讲，应结合客诉反馈、公司战略方向、日常业绩走势等进行迭代。

(二) 上游供应商备战协同

电商平台各个渠道，包括 App、直播平台、社群或者品牌商等，都需要提前做好协同，其在不同时期的协同重点也不同。

1. 大促沟通期

结合大促力度、销售预期提前进行沟通，明确促销形式、商品销量预估、价格、返佣、市场补贴、主打产品、宣传力度、活动主题、参与形式、备货预估等。像每年一次的双十一、感恩节、618、女人节、周年店庆、中秋节等活动，最长要提前一年进行沟通，确定细节，签订协议，甚至还会涉及排他协议、专属产品等。

2. 预热期

预热期与活动周期相关，一般至少在活动前三天预热。预热期是营销推广的最佳时期，也是私域流量种草的最佳时期及会员制电商裂变的最佳时期。

3. 爆发期

爆发期即活动正式开展的时期，除了要协同页面运营、监测库存状态、关注客户反馈、关注销售动态以外，还要通过持续种草、客户分享产品、晒单、私域流量轻松拉动销售。

4. 返场期

在返场期，一般结合大促效果，及时补货或增加品牌活动。其目的是拉长活动峰值周期，使活动热度不减，不断激活客群、拉动消费。

5. 复盘期

在此阶段，上游供应商及内外部合作伙伴共同协作，分析数据、收集反馈、分析问题、制订改善方案；全媒体运营师收集客户反馈，进一步经营客情关系，策划下一次活动。

供应商赋能包括规则、能力、工具、权力或授权。传统客服中心对内部客服人员的培训、知识管理的方式，同样适用于供应商、经销商。通过远程培训、考核、分级知识库阅读学习权限，达到知识同步、意识同步、能力同步的目标。全媒体时代，供应商的赋能还包括客户经营、活动运营、内容运营。供应商从产品生产制造的源头分享内容，更容易赢得消费者的信任度。

(三) 平台赋能

应将平台规则、服务规则、管理规则等传达到位。很多平台在上线销售或分销开始前，会组织相关人员参加培训，考核通过后才能进入下一环节。

(1) 能力：参与日常运营的传统运营人员、客服人员或者目前的全媒体运营师都需要参加培训，确保可以为客户提供良好的服务。

(2) 工具：越来越多的平台为商家提供全方位的赋能工具，包括运营。

(3) 权限：结合商家的合作形式授权商家相应的服务权限，包括日常服务、客户先行赔付等。

(4) 赋能形式：包括自学、远程培训、线下集中培训、经验分享、系统操作权限等。

大的平台为避免执行差异，会涉及管理规范或系统化运作；而个人带货则需要以此作为处理流程和规范。

第四节　新经济、新媒体、新常态下的风控体系建设

服务渠道的变化，带动着内外部管理机制及客服中心价值标准的变革，包括客户中心的用人标准、服务标准、客户互动语言、价值评估标准、关键考核指标、日常运营报表、内部管理机制等一系列改变。全媒体客户中心能否创造出更大的价值，不仅在于服务渠道是否丰富，更重要的是内部管理体系和服务管理体系的变革能否成功。

随着人工智能的推动，简单重复的劳动逐步被自助服务取代，这为服务升级提供了快速发展和快速迭代的土壤。企业间服务体验、服务效率、服务成本的竞争更加激烈，这既影响客户的活跃度，也影响企业的运营成本。

客户中心承载着服务运营、服务营销、服务公关等与客户强关联、常互动、实时社交的职责，每天发生着大量的案例，每个案例都交集着各个运营环节的问题。如果不能将问题看清、摸透，让日常的问题通过流程、制度及系统来解决，则会被困在日常协调的泥潭中无法自拔，更无法升级到通过全媒体运营实现服务营销的转型。

同时，全员分销的模式使得每个角色都在努力打造个人IP，这就要求每个全媒体运营师需要从思维上、角色定位上、处理问题能力上、处理问题的决断力和自主性上进行突破。

要在整体业务中做到事前关注、事中参与、事后补漏，形成PDCA①的改善循环。

一、思维方式转变

(一) 推进服务公关一体化

以往的客服人员，尤其是客诉处理人员，往往认为投诉的完成意味着客户接受解释或接受相关的处理方案，投诉处理完成，即工作完成。对于全媒体运营师而言，这只完成了投诉的1/3，在问题发生后还要完成几件事，才算做到"服务公关一体化"。

(1) 投诉或事件圆满处理，当事人表示满意。

(2) 当事人由负面态度转到正面态度，能在社交媒体上做出回应或对事件处理表示肯定。

(3) 照顾围观群众，这里包括社群中的围观者，以及短视频、直播、微博等评论区的内容回复。

(4) 公布或传递内部措施、行动方式、改善计划，重树消费信心。

(二) 由处理问题向根除问题转变

从单点的处理问题转向举一反三梳理同类问题，从判断问题及问题的判责进化到从源头上根除问题，这需要管理者在充分了解问题的情况下，梳理上下游业

---

① PDCA循环是美国质量管理专家沃特·阿曼德·休哈特(Walter A. Shewhart)首先提出的，由戴明采纳、宣传，获得普及，所以又称戴明环。PDCA循环的含义是将质量管理分为四个阶段，即Plan(计划)、Do(执行)、Check(检查)和Act(处理)。在质量管理活动中，要求把各项工作按照作出计划、计划实施、检查实施效果，然后将成功的纳入标准，不成功的留待下一循环去解决。这一工作方法是质量管理的基本方法，也是企业管理各项工作的一般规律。

务流程及规则的执行。只有这样，才能够追本溯源，推进问题改进。

(三) 由平台的使用者向平台的建设者转变

服务的自助化，要求平台的迭代速度更快，更加贴近需求。而推动技术平台不断迭代的一定是业务需求和业务问题。因此，必须摆脱"等、靠、要"的心态，从业务场景出发来改变技术的功能；而系统的功能，要从支持常规业务向支持多场景业务的方向转变。

(四) 由用人解决问题向通过流程与系统解决问题转变

在业务波峰阶段或在销售大促集中期，传统的客服中心往往从人力测算、人员储备的角度做出应对，而全媒体客户中心应从自动化推动的角度提升自助化服务能力，并做出以下转变。

1. 从预知到预防

无论是单点的促销还是常规的业务，全媒体客户中心都要预测服务场景、问题场景、需求场景，然后设计预防方案。

2. 从预防到预设

预防方案的设计将推动系统在各个业务场景的功能设计。系统的自助服务程度取决于预设场景的覆盖程度，当各类突发事件全部在预设的常规服务机制当中时，服务的自动化能力就会得以体现。

(五) 前置服务场景测试

传统客服中心大量的工作是在问题发生后，而全媒体客户中心大量的工作是在前置服务时，包括服务场景的设计、系统测试、知识库应答测试等。

正所谓："思维转变天地变，思想不变原地转。"只有自上而下地转变思维方式，才能够推动客服中心不断地创新、提升与改变。

二、管理机制与流程的转变

(一) 问题改善流程与问题预防机制并重

在过去的服务管理中，售后服务类的客服中心在流程中的管理与执行，一般可分为三个阶段，如图 10-4 所示。

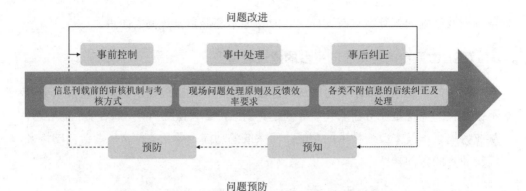

图 10-4 售后服务类的客服中心在流程中的管理与执行

(1) 事前控制：处于这一阶段的作业流程较为被动，易导致管理者局限于眼前的工作内容，从而缺乏全局观。

(2) 事中处理：作为问题处理的一个环节，通过问题反馈倒逼前端事前预防与事中的规范执行。从客户问题的反馈到内部问题的反馈，其起到反馈和推动的作用，是后知后觉的管理。

(3) 事后纠正：通过大量的案例积累与专业服务的沉淀，建立预知和预防风险机制，做到先知先觉的管理，引领服务提升。

(二) 强化场景细分

在多媒体运营环境下，需要做好从主业务流程的梳理到场景流程细化的转变，通过场景细化，细分业务单元，推动人工智能的完善。

三、日常分析思路的转变

(一) 运营分析与案例分析并重

传统客服中心的分析以业务量、咨询量、处理效率及各项运营指标为主，但要实现服务管理推动服务提升，则需要侧重于案例的深度分析与持续跟踪。

对于案例的分析，必须深入分析每一个环节，并进行各个时间节点和业务节点的细节分析，包括：投诉处理状态、案例类名称、留存图片、投诉日期、工单号、投诉渠道、客户地址、责任部门、订单类型、投诉人、备注、客户投诉内容详细记录、投诉受理人、投诉事件调查情况分析、调查人、协商后解决方案及结果、回复人、目前存在的问题、分析人、回访客户情况记录、回访人、投诉后购物行为、客户贡献值等。

这些分析有助于整体服务体验的改进与完善，对于私人定制的个性化服务、服务营销一体化的全媒体运营，必须对其进行深入了解和持续跟踪。

(二) 结果分析结合归因分析

无论是不满意的服务评价、网站的各类差评，还是日常的投诉工单，都需要分析原因，并结合问题、责任归属追踪投诉率、处理速度等(见图10-5)。

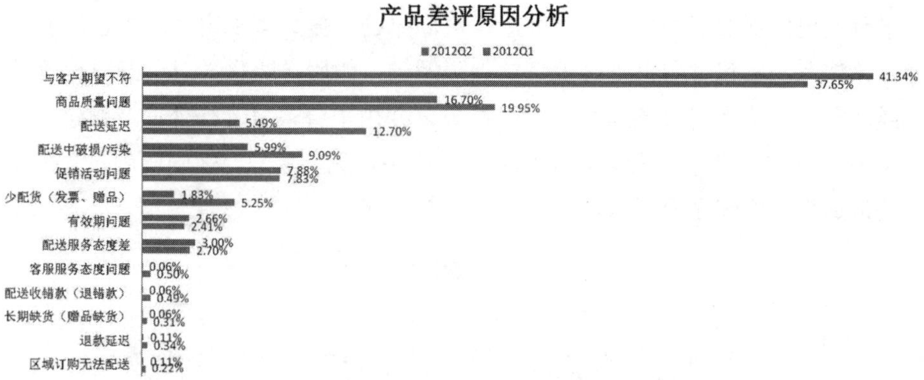

图 10-5　产品差评原因分析

进行产品差评原因分析，需要以下几个前提条件。

1. 多渠道接入的工单系统

对评价、舆情、升级投诉、客户发起投诉等生成工单，并进行统一路由分配。

2. 投诉分级处理、投诉判责功能支持

(1) 设立内部投诉工单路由规则及超时提醒等流转流程。

(2) 通过判责、追踪、目标分解等方式降低人为失误带来的投诉风险。

四、外部服务政策制定

统一的对外服务政策是客户服务体验的基础保障。客户中心作为各类业务和投诉的受理中心，应结合行业政策、业务场景、客户诉求制定统一的对外服务政策并推动政策在全公司内执行，对内达成共识，对外形成服务保障。例如，电商企业必须要遵守的政策包含以下几点。

(一) 政策及鉴定标准

要结合商品品类确定退换货周期及可退换的范围，尽可能地细化、量化鉴定标准。早期的电商企业由人来判断退换货，服务人员起到的是讨价还价的作用，这不仅是一种低效能的处理方式，还会伤害客户并导致客户流失。

(二) 消费者服务保障体系

平台类电商消费者服务保障体系既是对商家的服务约束，也是对顾客的服务保障。该体系一般包含服务处理效率的保障及超时的服务赔付。对于商家违规的服务或产品，消费者可直接与平台监管举报，并由平台客服进行处理及跟进。

图10-6为淘宝消费者保障服务体系。从图中可见，其平台规则明确，系统功能完善，退换货实现了全面自助化。

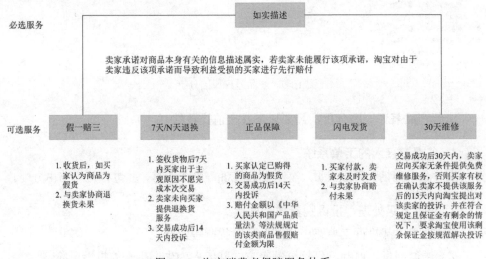

图 10-6　淘宝消费者保障服务体系

(三) 投诉理赔政策

对于投诉的处理时效、不同情节的投诉，可按场景细分，制定理赔标准及赔付流程，除了一单一议的处理机制以外，还要形成不断完善标准、持续改善的良性循环。服务体系的搭建除了明确、细化的服务政策以外，还要强化场景化、客户化的知识转化。

五、内部管理机制制定

(一) 投诉内部管理和处罚

投诉必须进行定责、追责和分析。投诉的内部管理制度包括客户投诉回复及解决的时效、问题纠正及持续改善的时效、追责涉及的处罚、降职等内容。

(二) 平台质量监控

通常，电商包括商户和自营两种模式。对于商户提供客服及物流服务的，在服务时效、政策、规范方面应按统一的管理规范进行执行，并形成考核制度。其基本通过培训认证的方式颁发上岗和提供服务的资质，后续进行统一的服务监控。

(三) 风险预防与应急处理

涉及支付风险、个人信息风险、流程风险、运营风险等，应有现场突发事件的预防与应急处理方案。

(四) 内部分析与沟通机制

作为推动各环节进步的服务管理部门、服务体验优化部门、在一线经营客户的全媒体运营师，必须建立起投诉分享及改进方案，推进项目进度，更好地服务客户。

(五) 商品上架、下架原则

商品上架必须在商家服务保障达标、商品质量及证照相关材料审核通过的前提下上架销售，对于同类商品周期性出现一定比率的质量投诉情况，必须有紧急的下架检核机制，检核通过后方可恢复上架。拥有完善的检核机制，一方面可以规避风险，另一方面可以防止风险再次发生。

六、关注新规与时俱进

无论在哪个平台获得信息、产生购买，消费者的根本权益是不变的。而需要改变的是，我们应不断完善渠道推广规则，培养合作伙伴。

全媒体运营师更需要了解相关的法规，对于赋能型的运营师，比如承担着分销团队服务及管理职能的运营师，还需要培养分销团队，并监督其执行。

2020 年，由于新型冠状病毒感染疫情的影响，品牌方甚至各地方营商部门，迅速借助直播平台进行商品的推广销售，带动经济和增长的背后，也隐藏着危机。

2020 年 6 月 24 日，中国广告协会发布《网络直播营销行为规范》(以下简称《规范》)。该《规范》要求网络直播营销活动应当全面、真实、准确地披露商品或者服务信息，依法保障消费者的知情权和选择权；严格履行产品责任，严把直播产品和服务质量关。商家应当依法保障消费者合法权益，积极履行自身作出的承诺，依法提供退换货保障等售后服务。

这次由中国广告协会制定的《规范》，是国内第一个出台的关于网络直播营销活动的专门规范，具有创新性，将对业态的健康发展起到引领作用。此规范自 2020 年 7 月 1 日起施行。

第五节　舆情与风控

社会化媒体的发展为品牌传播插上翅膀，随着新的曝光渠道影响力扩大，舆情的监管难度也随之增加，加之新生事物在监管机制上仍处在磨合和探索期，难免存在监管和维护不足或过度的现象，仍需要全媒体运营师在推广当中恰当处理、因势利导。

舆情本身是一个中性词，并不是所有舆情都是负面的，但因为在互联网中往往负面评价最能引发传播和讨论，负面信息的能量也因为互联网传播渠道的多样化而不断被放大，一些非理性评价和负面报道常常在一定程度上影响其他客户的购买判断，甚至影响其他客户对企业和品牌的认同。如不及时采取正确的措施，会造成难以估计的后果，所以做好对负面评论、舆情评价的监控和处理对企业、品牌方、个人品牌非常重要。如何做好客户舆情评价监控，成为当下最关心的问题之一。

在人人都是自媒体的社交网络环境下，社会化网络既是广泛的传播平台，又是群体发布平台。每个人都借助周围的社交"圈子"重新对事物做出判断。对于企业来讲，在面对社会化媒体传播多样性、平民化、普泛化的特点下，传统的"堵""拦""封"的舆情评价处理思路显然已经不能为企业发展和树立正面形象扫清障碍，然而对于百花争艳下的社会化媒体来讲，如何开展全渠道、渗透式的舆情评价监控工作来应对四面八方的舆情评价之声，显得尤为重要。

一般来说，舆情评价监控和处理分为三个阶段：舆情评价防范阶段、舆情评价处理阶段和舆情评价总结阶段。

一、舆情评价防范阶段

(一) 舆情评价防范阶段之平台搭建

随着社会化媒体高速发展，线上交易和交互渠道增加，舆情评价收集方式也日新月异，不再局限于企业内部的客户反馈通道，网络、论坛、微博、微信、社群、直播平台(抖音、快手)、小红书等社会化媒体的崛起和迅速壮大，迫使企业需要以同样的速度拓宽舆情监测视野，研发新一代的多渠道舆情评价集成系统。

如果企业自身得到强大的技术研发部门的支持，可自主研发社会化媒体舆情评价交互系统，实现对全渠道负面舆情声音的收集；不具备自主研发能力的企业，可借力第三方公司实现。全渠道舆情评价集成系统能够及时对行业动态、同行动态、负面敏感信息进行采集、分析、汇总，并识别其中的关键信息，做出预警并及时通知相关人员，进行正确舆论导向。

1. 外部舆情监控

一般来说，目前舆情评价监控平台对于外部的监测范围基本涵盖以下几个方面：

(1) 传统媒体，如电视、电台、纸媒等机构；

(2) 网络媒体，如新浪新闻、搜狐新闻、天涯社区等平台；

(3) 社会化媒体，如微博、抖音、快手、知乎、小红书等平台；

(4) 私域流量池，如微信朋友圈、社群等；

(5) 政府及监管机构，如国家食品药品监督管理总局、国家市场监督管理总局、12315 消费者投诉举报专线电话和全国互联网平台等。

2. 企业内部的评价系统

从监控要素来看，企业内部的评价系统主要包括：公众关注点、敏感信息及内容、产品使用效果。

从监控内容来看，企业内部的评价系统主要包括如下几点。

(1) 企业内部的页面咨询、客户评价、在线咨询、电话投诉及官方微博微信。

(2) 企业外部的网络舆论、时事热点中与企业相关的舆论导向，涉及企业的"故事"及其他相关的"声音"。

(3) 社会化媒体，如直播间评论互动区、社群互动区、朋友圈发布的内容。

社会化媒体舆情评价系统的上线，将大大提升企业对舆情评价监控的覆盖面积，精准的舆情评价筛查能力，能迅速从千千万万的舆情信息中筛查出对企业不利的消息，从而降低企业负面舆情评价事态升级的概率，避免企业发生不必要的损失或将损失降到最低，同时为企业及时处理负面舆情评价争取时间上的先机，将负面影响扼杀在摇篮里。

(二) 舆情评价防范阶段之团队搭建

针对舆情评价的监控，仅有监控系统还不行，还要搭建一支专业化的舆情服务管理团队来操控系统。调研发现，组成专业化舆情服务管理团队需要从以下几个因素考虑。

1. 明确的岗位职能划分

应该根据负面舆论的轻重缓急程度匹配不同的技能处理人员，包括：紧急协调型专项处理人员、抱怨型专项处理人员、赔付型及重大型专项处理人员。

2. 岗位胜任能力要求

应该优先选择熟知企业产品、文化和各环节业务流程的资深员工，进行系统的培训，并且在上岗前必须通过企业内部技能考核或者外部的资格认证考试。同时，他们应该富于创新、善于沟通、严谨细致、处事不惊、具有亲和力，以便在日后处理舆情评价时统揽全局，迅速果敢地做出决策。

3. 培训体系支持

工欲善其事，必先利其器。组建专业化的舆情管理团队，离不开系统化培训的支持，培训的主体结构包括业务知识、业务流程、内外部政策、话术、系统操作及沟通技巧等。

4. 信息系统支持

社会化舆情评价交互系统，基本能实现信息采集、信息处理、舆情分析、舆情展示等，为企业舆论信息安全保驾护航。

(三) 舆情评价防范阶段之预案制订

对于舆情评价处理机制健全的企业来说，负面信息的出现不会给企业造成太大的伤害，所以客户互动中心对于处理预案的提前制订显得尤为重要，应该具体、明确、有针对性，同时也需要考虑保留一定的灵活性，最后形成书面的方案，使之制度化、规范化。

制订舆情评价处理紧急预案时，应该从以下几个方面考虑：

- 相关部门对接人联络机制的建立；
- 舆情评价处理时效机制的建立；
- 重大舆情评价上报处理机制的建立；
- 舆情评价理赔和惩罚机制的建立。

二、舆情评价处理阶段

(一) 处理问题思路变化

当负面舆情评价出现后，全媒体客户中心应该准确判断，并根据舆情评价的轻重缓急分配不同技能员工进行处理。处理人员在收到负面舆情评价后要第一时间结合指导方针给予回复，并且在约定的时间内与客户达成一致意见。处理的基本思路应该由"堵"转"疏"，比如：传播故事，应尊重客观事实；面对诉求，应树立公正平和的态度。

(二) 问题处理原则

1. 及时响应

企业在收到每项负面舆情信息时，应按照其紧急程度进行处理，保持良好的服务态度与客户沟通，并第一时间告知其反馈信息处理过程的进展。

2. 准确处理

结合应急处理预案和指导方针，以尽量让客户满意的方式与客户沟通，防止事态蔓延，并迅速找出负面舆情产生的原因，进行处理。

3. 消除负面

针对已出现的负面舆情评价，要更多地关注公众利益，而不仅仅是企业的短期利益，尽量为受到负面舆情评价影响的客户消除或者弥补负面舆情所带来的损失，这样不仅有利于企业形象的维护，更有利于企业的长远发展。

4. 多些宽容

对已出现的负面舆情评价，面对客户的情绪和偏见我们要多些包容和理解，个别客户的想法是很难通过一两个案子扭转的,在处理过程中应该表达自己的观点,但不要进行针锋相对的辩论。

不要试图通过一个案例就彻底翻转公众口碑,因为口碑的形成源于太多的外界要素,我们的任务是提供专业的"服务",设身处地地为客户着想并解决问题。"你若盛开,蝴蝶自来",坚持不懈地提供优质服务,才是口碑塑造的"正解"。

社会化媒体不是一个严肃的课堂,而是一个维系情感的平台和纽带,因此在回复时需要注意几点。

- 共情,即理解客户是处理舆情最重要的核心。
- 全媒体运营师与客户的关系定位是"朋友",因此在处理过程中,应从对方的角度出发给予合理的解决方案,而不仅是道歉。
- 营造轻松愉悦的氛围,因此在回复过程中不妨加入一些幽默元素,更容易树立"平和"的企业形象。

三、舆情评价总结阶段

对负面舆情评价中存在的各种问题进行综合归类,同时每周进行分析,提炼出典型案例,分别提出整改措施,并责成有关部门逐项落实,并督促改善;同时,应该定期对负评客户进行回访,了解负评处理满意度,推动客户回购,并定期提供客户回访报告。

(一) 业务风险监控

无论是服务于企业,还是个人品牌,全媒体运营师的定位都应该是经营者,以经营思路管理,除了舆情之外,业务风险监控也是需要重点关注的,其包括以下几点。

(1) 恶意订单。可结合产品使用习惯,制定对恶意刷单的判断规则。在电商的发展过程中,一直存在恶意刷单占用库存或信用卡套现的行为,需要通过系统进行判断和拦截。

(2) 恶意评论。在社群或直播间,无事实依据的恶意评论都应及时处理。社群采用澄清、警告甚至移出社群的形式进行处理;直播间则采用禁言的形式减少对品牌造成的伤害。

(3) 影响业务安全的风险点。支付漏洞、信息安全漏洞等问题都可能影响业务的安全性。

(4) 产品使用或产品质量风险。所有的风险判断都基于对自身产品、客户需求、功能要求的充分掌握，因此全媒体运营师除了运营能力以外，应该首先成为相关领域的行家、专家。

(二) 互动规范

全媒体运营师作为向客户推荐商品和提供服务解决方案的人员，风险意识与服务意识并重。在互动过程中，需要关注以下几个方面。

(1) 严把产品质量关。

(2) 宣传中做到实事求是，不进行虚假宣传，严格遵守《中华人民共和国广告法》要求。

(3) 严格兑现承诺，无论在任何渠道，所有承诺必须兑现，严格执行《中华人民共和国消费者权益保护法》。

(4) 严守信息安全：在企业自建平台当中，对于客户的数据可通过隔离、脱敏、权限细分等方式有效保护客户信息安全，而全媒体运营师在社会化媒体互动与运营当中，信息开放程度更高，在宣传、分享、转发、晒单时必须对客户的隐私信息(姓名、证件、联系方式、地址、形象等)进行"打码"处理，在未经客户同意的情况下，严禁转发分享。

(5) 守护不打扰：私域流量运营的特点是随时可触达，但必须在不打扰客户的前提下进行，私信发送及社群互动的时间和频次必须符合客户的习惯，私信发送时间最好在 8:00—21:00，每日不超过 1 次。

全媒体运营师切忌急功近利，最殷勤的服务应该是销售，而服务是一切销售的起点和前提。服务为本，销售于无形，才是服务营销的根本。

参考文献

[1] 彭聃龄. 普通心理学[M]. 北京：北京师范大学出版社，2003.

[2] [美]唐·E. 舒尔茨. 重塑消费者：品牌关系[M]. 沈虹，郭嘉，译. 北京：机械工业出版社，2015.

[3] 张艳. 全媒体客户中心管理[M]. 成都：成都时代出版社，2016.

[4] 范冰. 增长黑客：创业公司的用户与收入增长秘籍[M]. 北京：电子工业出版社，2015.

[5] 张波. O2O 移动互联网时代的商业革命[M]. 北京：机械工业出版社，2014.

[6] 刘翌. 私域流量池[M]. 北京：机械工业出版社，2020.

[7] 青木老贼，峥嵘. 场景化社群运营实战手册[M]. 北京：人民邮电出版社，2016.

[8] 唐兴通. 引爆社群：移动互联网时代的新 4C 法则[M]. 第 2 版. 北京：机械工业出版社，2017.

[9] [美]大卫·奥格威. 一个广告人的自白[M]. 北京：中信出版社，2008.

[10] 赵星义. 大学生创业指导教程[M]. 北京：新华出版社，2009.

[11] 吴楚媛，罗朗，旷虎兵. 市场营销学[M]. 上海：上海财经大学出版社，2018.

[12] 戴国良. C2B 电子商务的概念 商业模型与演进路径[J]. 商业时代，2013(17): 53-54.

[13] 程平，陈维城. 李佳琦谈直播间全网最低价从何而来？商家用广告费贴补[N]. 新京报，2019-12-18.

[14] 巨量算数. 2020 年抖音用户画像报告[EB/OL]. http://www.199it.com/archives/ 1017794.html，2020-03-14.

附 录

附录A 网络热词汇总

一、新媒体热词

- 个人 IP：指个人对某种成果的占有权。在互联网时代，它可以指一个符号、一种价值观、一个具有共同特征的群体、一部自带流量的内容；也被看作个人品牌，当我们提到某人，就知道他在哪个领域是值得信任的人，拥有高于常人的认知能力和价值。

- KOL(key opinion leader)：关键意见领袖，通常指拥有更多、更准确的产品信息，且为相关群体所接受或信任，并对该群体的购买行为有较大影响力的人。KOL 是营销学上的概念。

- KOC(key opinion consumer)：消费者领袖，是指某种品类的高势能客户。

- UGC(user generated content)：用户生成内容，也就是用户原创内容。UGC 的概念最早起源于互联网领域，即用户将自己原创的内容通过互联网平台进行展示或者提供给其他用户。

- PGC(professionally-generated content)：专业生产内容，也称为 PPC(professionally-produced content)。它是随着移动互联网的发展，从网络内容的创作中细分出来的。

- MCN(multi-channel network)：一种多频道网络的产品形态，一种新的"网红"经济运作模式。这种模式将不同类型和不同内容的 PGC(专业生产内容)联合起来，在资本的有力支持下，保障内容的持续输出，从而最终实现商业的稳定变现。

- 完播率：指完整看完视频的比率，计算方法是用从头到尾看完视频的人数除以观看总人数。

- "粉丝"(fans)：也叫作追星族，在微博、百度贴吧等网络空间，"粉丝"就是博主、空间主的支持者。

- 僵尸粉(zombie fans)：一般指微博、百度贴吧或微信上的虚假"粉丝"，它们通常是由系统自动产生的恶意注册用户，或者是不关注、不发言、不消费、不互动的"粉丝"群体。

- 流量：在规定期间内通过某指定点的车辆或行人数量，是指在一定时间内打开网站地址的人气访问量。

- 私域流量：在初次产生"关系"的基础上相对封闭的信任流量，比如微信朋友圈。

- 公域流量：指商家直接入驻平台实现流量转换，比如拼多多、京东、淘宝、饿了么等，以及内容付费行业的喜马拉雅、知乎、得到等公域流量平台。

- 种草：表示"分享推荐某一商品的优秀品质，以激发他人购买欲望"的行为，或自己根据外界信息，对某事物产生体验或拥有欲望的过程；也表示"把一样事物分享、推荐给另一个人，让另一个人喜欢这样事物"的行为，与网络用语"安利"类似；还表示一件事物让自己由衷地喜欢。

- 拔草：把这种心痒痒的感觉和购买欲"拔"掉，即取消购买的计划或已经购买。

二、经营管理相关词汇

- UV(unique visitor)：独立访客，访问网站的一台电脑客户端通常认为是一个访客。

- PV(page view)：具体是指网站的页面浏览量或者点击量，页面被刷新一次就计算一次。如果网站被刷新了 1 000 次，那么流量统计工具显示的 PV 就是 1 000。

- GMV(gross merchandise volume)：主要是指网站的成交金额，包括付款金额和未付款金额，计算公式为

$$GMV = 销售额 + 取消订单金额 + 拒收订单金额 + 退货订单金额$$

- ROI(return on investment)：投资回报率，是指企业从一项投资性商业活动的投资中得到的经济回报，是衡量一个企业盈利状况所使用的比率，也是衡量一个企业经营效果和效率的一项综合性的指标，计算公式为

$$ROI = (税前年利润 / 投资总额) \times 100\%$$

- DAU(daily active user)：日活跃用户数量，是指一日内登录或者使用某个产品的用户数量(去除重复用户数)。

- MAU(monthly active user)：月活跃用户量，是指网站、App 等月活跃用户数量(去除重复用户数)。

- ARPU (average revenue per user)：每用户平均收入，是衡量电信运营商和互联网公司业务收入的指标。

- KPI (key performance indicator)：关键绩效指标，用于衡量工作人员的工作绩效表现。关键绩效指标法是企业绩效考核的方法之一。

- MOU(minutes of usage)：平均每户每月通话时间，是电信行业的一个衡量指标。

- OTT(over the top)：指通过互联网向用户提供各种应用服务。这种应用和目前运营商所提供的通信业务不同，它仅利用运营商的网络，而服务由运营商之外的第三方提供。目前，典型的 OTT 业务有互联网电视业务、苹果应用商店等。

- CPC(cost per click)：以每点击一次计费，在这种模式下广告主仅为用户点击广告的行为付费。

- CPM(cost per mille)：指广告投放过程中听到或者看到某广告的每个人平均分担到多少广告成本。

- CPA(cost per action)：每次动作成本，是指根据每个访问者对网络广告所采取的行动收费的定价模式。

- CPR(cost per response)：每次回应成本，以浏览者的每一个回应计费。这种广告计费方式充分体现了网络广告"及时反应、直接互动、准确记录"的特点。

- CPP(cost per purchase)：每次购买成本，这种广告计费方式可以帮助广告主规避广告费用风险。
- SEM(search engine marketing)：搜索引擎营销，是指根据用户使用搜索引擎的方式利用用户检索信息的机会尽可能地将营销信息传递给目标用户。
- EDM(electronic direct marketing)：电子邮件营销，是指企业向目标客户发送 EDM 邮件，建立与目标顾客沟通的渠道，向其直接传达相关信息，用来促进销售的一种营销手段。
- CPS(cost per sales)：按销售付费。CPS 实际上是一种广告，以实际销售产品数量来计算广告费用，是最直接的效果营销广告。
- SEO(search engine optimization)：搜索引擎优化，是指利用搜索引擎的规则提高网站在有关搜索引擎内的自然排名，目的是让其在行业内占据领先地位，获得品牌收益。
- CR(conversion rate)：转化率，是指访问某一网站的访客中，转化的访客占全部访客的比例。
- B2C(business to customer)：指电子商务的一种模式，也是直接面向消费者销售产品和服务的商业零售模式。
- B2B2C：指一种电子商务类型的网络购物商业模式，B 是 business 的简称，C 是 customer 的简称，第一个 B 指的是商品或服务的供应商，第二个 B 指的是从事电子商务的企业，C 表示消费者。
- C2B(customer to business)：消费者到企业，是互联网经济时代新的商业模式。这一模式改变了原有生产者(企业和机构)和消费者的关系。
- C2F(customer-to-factory)：消费者到工厂，这是消费者通过互联网向工厂定制商品的一种新型电子商务模式。
- F2C(factory to customer)：从厂商到消费者的电子商务模式。
- C2M(customer-to-manufacturer)：用户直连制造，是一种新型的工业互联网电子商务的商业模式，又被称为"短路经济"。

附录 B　全媒体运营师职业能力认证

一、范围

- 本标准规定了全媒体运营师的等级划分、基本条件，以及不同等级从业人员的岗位技能要求。
- 本标准适用于全媒体运营师的培训、认定工作。

二、基本条件

(一) 职业道德要求

全媒体运营师的职业道德应包括但不限于以下要求：

(1) 爱岗敬业、诚实守信；

(2) 遵纪守法、实事求是；

(3) 见贤思齐、躬行践履；

(4) 开放心态、乐于分享。

(二) 基本素质要求

全媒体运营师的基本素质应包括但不限于以下要求：

(1) 具备相关领域的产品知识、专业知识；

(2) 具备良好的沟通能力、语言和文字的理解与表达能力；

(3) 具备相关业务的理解能力；

(4) 具备良好的学习能力和判断能力；

(5) 熟练操作电脑，并熟练运用新媒体图文、视频处理软件。

(三) 主要工作任务

全媒体运营师的主要工作任务包括：

(1) 运用网络信息技术和相关工具，对媒介和受众进行数据化分析，确保媒体运营和信息传播的匹配性与精准性；

(2) 负责对文字、声音、影像、动画、网页等信息内容进行策划和加工，使其成为适用于传播的信息载体；

(3) 将信息载体向目标受众进行精准分发、传播和营销;

(4) 采集相关数据,根据实时数据分析、监控情况,精准调整媒体分发的渠道、策略和动作;

(5) 建立全媒体传播矩阵,构建多维度立体化的信息出入口,对各端口进行协同运营。

三、全媒体运营师等级划分

全媒体运营师根据行业从业经验、业务特征相关能力、模型运营管理能力、知识运营能力、数据管理分析能力5个维度划分初级、中级、高级三个等级,技能要求依次递进,高级全媒体运营师为最高级别,覆盖初级、中级人员的要求。

(一) 初级全媒体运营师

1. 行业从业经验

(1) 企业新媒体渠道运营专员或相应背景从业人员。

(2) 从事电销基层管理、运营,或线下店店长、连锁店运营等相关工作一年以上,且在相应岗位业务能力优秀。

(3) 从事电销、服务咨询、客诉处理、导购等工作两年以上,有电话、文字服务经验。

(4) 通过全媒体运营师初级认证培训,考试成绩为60分以上。

2. 业务特征相关能力

(1) 熟悉线上线下各业务流程节点体验关键点。

(2) 了解移动互联网时代用户特点与运营对策。

(3) 掌握社会化营销生态运营流程。

(4) 掌握三种以上公域流量转化运营规则与技巧。

(5) 掌握两种以上私域流量运营方法与技巧。

3. 模型、知识运营管理能力

(1) 能够整理行业及产品相关的业务知识、产品卖点、客户需求痛点、售后业务常识,并在各个业务场景灵活应用。

(2) 掌握三种以上线上促销形式、规则、算法。

(3) 能够结合产品卖点匹配需求,并产出图、文、视频等相关形式的素材。

(4) 掌握 4C 营销理论底层逻辑，并能结合产品制订营销活动方案、设计场景转化话术。

4. 数据管理分析能力

(1) 掌握互联网营销关键节点数据定义及影响因素。

(2) 掌握会员经营相关数据分析及关键指标影响因素。

(3) 掌握各渠道获客效果追踪方法及渠道效率提升思路。

(4) 掌握客户消费画像需求解析与商机挖掘方法。

(二) 中级全媒体运营师

1. 行业从业经验

(1) 企业新媒体渠道运营专员或相应背景从业人员。

(2) 客服经理、电销经理、连锁店店长、品牌渠道运营、自媒体或电商从业者。

(3) 从事电销基层管理、运营，或线下店店长、连锁店运营等相关工作一年以上。

(4) 通过全媒体运营师中级认证培训，考试成绩为 60 分以上。

2. 业务特征相关能力

(1) 掌握"粉丝"经营与朋友圈经济在服务营销中的应用技巧。

(2) 掌握层层递进的"粉丝"转化与客情关系维护技巧。

(3) 掌握直播风口下的服务渠道沟通技巧。

(4) 可通过私人定制服务营销一体化，提升客户终生价值。

(5) 可变诉为金，进行服务公关一体化的反舆情内容传播。

3. 模型运营管理能力

(1) 具备个人或企业微生态建设与"粉丝"转化能力。

(2) 掌握社群建设与运营管理方法，可建立 300 人以上的社群，完成社群运营整体操作。

(3) 能进行"粉丝"分类经营与销售机会挖掘，可通过统一操作进行内容变现或商品销售转化。

(4) 能制订获客及会员留存促销方案，可结合自身业务和产品成功策划三个以上获客或会员留存活动。

(5) 能制订利他分享机制与传播预热计划，可结合自身业务和产品设计两类会员权益方案。

4. 知识运营管理能力

(1) 能够整理与产品相关的业务知识、产品卖点、客户需求痛点、售后业务常识，并在各个业务场景灵活应用。

(2) 掌握 5 种以上线上与线下促销形式、规则、算法。

(3) 掌握三种以上线上与线下立体化互动营销与传播方法。

(4) 能够结合产品卖点匹配相应的需求，并产出图、文、视频等相关形式的素材。

(5) 掌握三种以上立体化工具，并能够产出素材，在全媒体渠道进行传播。

5. 数据管理分析能力

(1) 能进行基于用户转化的营销漏斗与数据分析。

(2) 能进行基于会员精准营销的会员标签设计与分类。

(3) 能进行从服务个体到植入生活的服务营销机会分析。

(4) 能进行品类交叉机会分析，并与营销场景匹配。

(5) 能分析分销团队业绩，并挖掘种子用户。

(三) 高级全媒体运营师

1. 行业从业经验

(1) 传统企业转型操盘手、品牌电商负责人、企业新渠道负责人、中小企业主。

(2) 客服经理、电销经理、连锁店店长、品牌渠道运营、自媒体或电商从业者。

(3) 从事电销基层管理、运营，或线下店店长、连锁店运营等相关管理经验两年以上。

(4) 通过全媒体运营师高级认证培训，考试成绩不低于 60 分。

2. 业务特征相关能力

(1) 了解技术变革及电商直播行业发展现状。

(2) 有较强的表达能力、表现力，乐于分享，能带动氛围。

(3) 能够精准定位短视频人设，并策划与之匹配的内容标签。

(4) 具备短视频内容策划、视频拍摄、剪辑制作能力。

(5) 善于做品牌营销与管理，能进行短视频运营与推广工作。

3. 模型运营管理能力

(1) 具备短视频、直播间人设定位与形象打造能力。

(2) 了解内容电商的高转化实战技巧。

(3) 能结合短视频平台的特点，寻找与受众契合的渠道。

(4) 掌握内容付费变现方式实战技巧(知识付费)。

(5) 掌握"平台广告分成+打赏变现+分成签约"模式(MCN)。

(6) 能进行直播间预告、热场、直播互动。

4. 知识运营管理能力

(1) 了解新媒体品牌营销特点，并能制订与之相匹配的活动策划方案。

(2) 掌握 5 种以上线上与线下立体化互动营销与传播方式。

(3) 掌握三种以上品牌活动策划与运营方法。

(4) 掌握渠道选品技巧与产品运营和产品内容传播技巧。

(5) 了解三大主流直播平台的特征。

(6) 了解直播营销的特点、影响因素与优势。

5. 数据管理分析能力

(1) 善用数据锁定受众内容偏好。

(2) 掌握短视频平台分析、推流机制与权重算法技巧。

(3) 能运用数据分析方法分析短视频的生命周期，并进行布局。

(4) 掌握短视频预算规则，能合理预估费用。

(5) 掌握直播中控与数据分析技巧。

附件 C　全媒体运营师职业认证培训体系

一、职业前景

2020 年 2 月 25 日，中华人民共和国人力资源和社会保障部、市场监管总局、国家统计局联合向社会发布了智能制造工程技术人员等 16 个新职业。"全媒体运营师"成为自 2015 年版《中华人民共和国职业分类大典》颁布以来发布的第二批新职业。在全媒体时代，此职业成为企业经营的刚需岗位，人才缺口达 4 000 多万，全媒体运营人才就业机会多，薪酬水平高。

二、课程目标

全媒体运营师培训课程立足于企业线上转型、客服中心服务营销转型、个人创业者与个人自媒体的商机挖掘、个人品牌打造等，涉及用户拓展与经营所需要建立的思维模型、用户经营思路、"短社播"运营管理工具应用，以及全媒体运营师的必备技能。课程分为初级课程、中级课程和高级课程。

全媒体运营师培训课程的目标包括：

(1) 了解行业发展趋势及消费者心理，为企业制定前瞻性服务营销发展策略；

(2) 掌握电商基本运营常识及流量生态建设；

(3) 了解移动互联网时代用户特点与运营对策；

(4) 掌握社会化营销的生态运营；

(5) 掌握公域流量转化的运营规则与技巧；

(6) 掌握私域流量的运营方法与技巧；

(7) 掌握社群建设与运营的方法与技巧；

(8) 了解移动互联网时代的流量生态建设；

(9) 掌握直播、短视频运营逻辑与实操方法；

(10) 运用数字化管理工具有效地维护和管理会员。

全媒体运营师学员通过考试后，可获得中国认证认可协会颁发的全媒体运营师证书，含金量高，可满足多维度的业务需求。

三、面向人群

(1) 企业中从事客服、运营、电销的员工及业务管理者。

(2) 商务流程外包企业中承接电商代运营、代播的客服及管理人员。

(3) 个人创业人群。

(4) 新媒体运营人员。

(5) 传统企业转型期的企业运营管理者。

(6) 线下实体店销售人员及经营管理者。

四、课程体系

(一) 初级认证课程

形式	课程模块	课程内容		形式	课程详细内容	
线下课与录播课	数字经济背景下的机遇	第1讲	数字经济背景下的机遇与定位	线上直播与一对一辅导	第一讲	会员营销机会点梳理
		第2讲	互联网发展变革与客户中心产业发展			
		第3讲	数字化经济与营销手段的变化			分行业服务营销场景机会点梳理
		第4讲	全员服务营销核心思维与机会挖掘			
	社会化营销	第5讲	社会化媒体的认知		第二讲	打造立体化内容
		第6讲	社会化营销新4C营销理论			
		第7讲	社会化营销生态建设与运营			
		第8讲	社会化营销立体化内容打造技巧			
	私域流量生态建设	第9讲	流量的认知			呈现特定产品和场景的立体化内容
		第10讲	私域流量获取与转化			
		第11讲	线上线下结合的流量转化与经营闭环		第三讲	打造个人及企业微信号
		第12讲	微信生态建设与经营模型			
	个人IP打造&粉丝经营	第13讲	个人IP打造			打造个人微信号及如何发送朋友圈
		第14讲	个人微信号建立步骤与养熟周期			
		第15讲	粉丝互动、辨识与标签妙用			
		第16讲	微信朋友圈营销的兵法		第四讲	吸粉、互动及社群建立与运营
		第17讲	吸粉、促活、裂变策略与实操方法			
		第18讲	粉丝经营与朋友圈经济			实操三类以上吸粉方式，建立一个百人以上社群
	社群建立与运营	第19讲	社群的定位与价值分类			
		第20讲	社群运营初期准备与内部生态建设			
		第21讲	社群推广拉新与活动策划		课程结束后	实操平台考核任务提交
		第22讲	社群素材与内容管理			
		第23讲	社群运营与管理			
		第24讲	社群活跃度控制与持续经营			
		第25讲	社群经营在客户中心的应用			

(二) 中级认证课程

形式	课程模块	课程内容		形式	课程详细内容
线下课与录播课	短视频内容策划、拍摄、剪辑制作	第 1 讲	短视频人设定位与内容标签	第一讲	短视频人设打造及内容标签
		第 2 讲	视听内容创作逻辑与脚本撰写		
		第 3 讲	视频拍摄与剪辑技巧		完成人设打造及一条短视频的制作
		第 4 讲	配乐背景与片头片尾设计技巧		
		第 5 讲	热门玩法的拍摄剪辑技巧汇总		
		第 6 讲	善用数据锁定受众内容偏好	第二讲	短视频+电商模式方案设计
	短视频运营与推广	第 7 讲	短视频平台分析、推流机制与权重算法		
		第 8 讲	数据分析与短视频的生命周期对标布局		
		第 9 讲	短视频的分发渠道与受众渠道契合(长视频、短视频、小视频、社区)		制作商品或内容推广短视频
		第 10 讲	内容+电商,高转化实战技巧		
		第 11 讲	创意短视频经典案例解析	第三讲	直播间定位及 IP 打造
	短视频变现与运营管理	第 12 讲	短视频预算规则与合理化费用预估		
		第 13 讲	短视频拍摄设备选择与环境搭建		开设直播(选品、活动策划、互动文案)
		第 14 讲	平台广告分成+打赏变现+分成签约模式(MCN)		
		第 15 讲	内容付费变现方式实战技巧(知识付费)		
	互联网直播的发展&直播人设与直播间搭建运营变现	第 16 讲	技术变革与电商直播行业发展现状	第四讲	短视频及直播数据分析与回顾
		第 17 讲	各主流直播平台区分与政策优势解析		
		第 18 讲	平台热门推流机制与权重算法		短视频及直播方案优化
		第 19 讲	直播营销的特点、影响因素与优势		
		第 20 讲	直播人设定位、打造与个人 IP 运营		
		第 21 讲	直播间的人员岗位&分工	课程结束后	实操平台考核任务提交
		第 22 讲	直播场地&货品陈列		
		第 23 讲	直播内容与选品		
		第 24 讲	粉丝福利&粉丝分级管理&粉丝群		
		第 25 讲	直播间预告、热场与直播互动		
		第 26 讲	产品&促销&页面优化&二次营销		
		第 27 讲	直播中控与数据分析		

注:第二列右侧"形式"栏为"线上直播与一对一辅导"。

(三) 高级认证课程

形式	课程模块	课程内容		咨询服务
线下课与录播课	品牌营销与管理	第1讲	传统品牌营销特点	• 供应商管理体系与系统搭建 • 绩效管理体系的搭建 • 客服与分销团队赋能体系与知识框架 • 数字化管理体系与管理报表模型设计 • CRM系统及会员经营体系搭建
		第2讲	新媒体品牌营销特点(年轻化、客户化、高互动)	
		第3讲	线上与线下立体化互动营销与传播	
		第4讲	品牌活动策划与运营——引爆线上与线下	
		第5讲	渠道选品技巧、产品运营与产品内容传播	
		第6讲	内容为王——产品卖点中提炼的13个维度	
	全媒体互动社会化客户关系管理	第7讲	全媒体时代会员经营趋势	
		第8讲	全媒体渠道互动与交互设计	
		第9讲	全媒体获客渠道与会员转化	
		第10讲	数字化驱动智能营销	
		第11讲	会员权益设计	
		第12讲	全民带货时代下的会员经营	
		第13讲	全媒体活动策划与运营	
	服务能力打造与服务体验管理	第14讲	客服在新经济形式下的定位	
		第15讲	微生态中客服的作用	
		第16讲	直播风口下的服务渠道	
		第17讲	营销能力导入意愿激发与绩效管理	
		第18讲	营销业绩追踪与数据分析体系	
		第19讲	社交化人才胜任能力与人才培养	
		第20讲	赋能小B打造云端联盟	
		第21讲	新经济形式下的服务运营与服务管理	
		第22讲	服务公关一体化的反舆情内容传播	
	服务营销管理体系	第23讲	新前台、新中台、新后台服务支撑与管理	
		第24讲	服务营销一体化与服务公关一体化的服务体验构建	
		第25讲	上游供应商服务运营与管理	
		第26讲	新经济、新媒体、新常态下的风控体系与相关法规	

后 记

2020 年，对于所有人来说都是充满变化和未知的一年，于我而言更是刻骨铭心的。突发的新型冠状病毒感染疫情、父亲病重、女儿高考，这一系列的变故，不得不使我从繁忙的工作和生活中慢下来、静下来。

回首过去的二十多年，我与互联网服务工作结下不解之缘，忙碌而充实，收获很多。一直以来，我的职业生涯似乎都紧扣服务行业的变化，从基层到管理层、从前端到后端、从分布到集中、从服务到营销、从单渠道到全渠道、从线上到线下。回顾过去，似乎所有的尝试与实践都极有意义。

近年来，中国经济的飞速增长，与互联网技术的发展密不可分。未来，传统企业、制造业等线下业态也将迅速布局线上；全行业互联网化、企业"数智化"程度飞速发展；获客渠道、经营渠道、交易渠道、交互渠道发生巨变。

互联网技术的发展与外部环境的变化，快速推动客服行业的标准化发展，整个行业也迎来了一次产业升级与价值提升。服务逐步被人工智能分担，从提供服务到提供服务解决方案，全渠道的服务场景越来越成为经营客户的最佳阵地。

小客服大体验时代即将到来，在服务企业与客户的同时，将服务的基因植入业务流程的每一个环节，带动传统客服升级成为懂客户、善经营的全媒体运营师，是我们服务管理者的使命与价值。

应客户世界机构之邀，我有幸负责本书的编写工作，这是我再学习、再梳理和再沉淀的过程。我也很荣幸，在人生的下半场、在个人的转型期，有机会把二十余年的实战经验和行业同仁的先进案例分享给更多的同行。

感谢参与本书直播与短视频创作内容编写的陆元捷、许伊伊、温婷、姚雨薇和黄熙伦；感谢客户世界机构的钱益、微店王丽红对书中内容提出的建议；感谢读者健康工厂丁文龙、日超产业园刘新刚对本书的反馈。

未来扑面而来，改变无处不在，愿此书为服务产业变革阶段寻求转型的客服从业者、线下实体经营者、个人创业者提供一些参考。

愿你我携手同行，共赴新征程！

张　艳

2022 年 12 月